师生心理成长丛书

主编：林崇德　董　奇　副主编：伍新春　石　铁

中学生心理健康教育

（心理教师用书）

蒋　奖　编著

中国轻工业出版社

图书在版编目（CIP）数据

中学生心理健康教育：心理教师用书/蒋奖编著. —北京：中国轻工业出版社，2008.10（2021.1重印）
（师生心理成长丛书）
ISBN 978-7-5019-6607-3

Ⅰ.中…　Ⅱ.蒋…　Ⅲ.心理卫生－健康教育－中学－教学参考资料　Ⅳ.G479

中国版本图书馆CIP数据核字（2008）第140361号

总 策 划：石　铁
策划编辑：吴　红　　　　责任终审：杜文勇
责任编辑：吴　红　　　　责任监印：刘志颖

出版发行：中国轻工业出版社（北京东长安街6号，邮编：100740）
印　　刷：中国电影出版社印刷厂
经　　销：各地新华书店
版　　次：2021年1月第1版第12次印刷
开　　本：740×1050　1/16　印张：17.50
字　　数：206千字
印　　数：31001—34000
书　　号：ISBN 978-7-5019-6607-3　定价：26.00元
读者热线：010-65181109，65262933
发行电话：010-85119832　传真：010-85113293
网　　址：http://www.chlip.com.cn　http://www.wqedu.com
电子信箱：1012305542@qq.com

070782J6X101ZBW

总　序

《师生心理成长丛书》马上就要和广大读者见面了。作为作者，我们内心充满着喜悦与激动。

编写《师生心理成长丛书》，为的是要体现时代发展的要求，完成党的十七大赋予我们的光荣使命。党的十七大报告，明确提出了运用科学发展观全面构建和谐社会的发展目标。和谐社会不仅包括政治、经济、文化、环境、生态等外部世界的和谐，也包括个体内心世界的和谐即心理和谐。心理和谐是个体幸福的指标，也是社会发展的基石。心理和谐的实质是心理健康，大力开展心理健康教育是实现心理和谐的前提和保证。和其他重要个人素质一样，心理和谐也应从小抓起，切实重视和关注成长中的儿童、青少年的心理健康，“注重人文关怀和心理疏导”，提高广大教师开展心理健康教育的意识和能力，“为青少年健康成长创造良好社会环境”。

编写《师生心理成长丛书》，为的是要体现“优先发展教育”的要求，落实党提出的育人为本、德育为先、实施素质教育的艰巨任务。当前我国教育改革和发展面临的重大任务和时代旋律，是全面实施和推进素质教育。素质教育的重要内容和目标之一，就是促使学生养成良好的心理素质，提高学生的心理健康水平。而要想培养和发展学生的心理素质，最重要的方法就是全面系统地开展心理健康教育。应该说，最近几年，尤其是2002年颁布《中小学心理健康教育指导纲要》以来，在教育部的组织领导下，全国各地都把心理健康教育看做是德育工作的重要组成部分，许多中小学校开始系统地开展心理健康教育活动，许多教育研究机构尝试开展了系统的心理健康教育培训，在一定程度上提高了广大教师开展心理健康教育的能力，促进了广大中小学生心理素质的健康发展。在开展心理健康教育的研究和实践过程中，人们逐渐认识到：心理健康素质是关系到个体发展全局的、随年龄增长而逐渐形成的重要品质，它直接或间接地影响到个体的生活态度、学业成就、人际交往、社会适应、职业发展等，必须引起高度重视。

但是，在看到取得成绩和可喜进步的同时，我们也应该清醒地认识到：心理健康教育绝不仅仅是心理教师的任务，它也应该成为全体教师的重要使命；心理健康教育绝不仅仅是中小学的教育主题，幼儿早期教育和大学专业教育也应该注意渗透；心理健康教育绝不仅仅是辅导技术和教育方法的简单使用，确立“育人为本、德育为先”的教育理念和辅导取向更是重要前提。因此，为了保证心理健康教育朝着全体受益、全面培养、全员参与、全程关注的方向发展，在总结行之有效的既往经验的基础上，我们更要用前瞻的视角规划和引领心理健康教育的发展，使我们的广大教师不仅能明确心理健康教育的基本性质、核心内容、主要途径和组织管理等基本原理，而且能深入了解基础教育各年龄阶段学生心理健康教育的主要方法，科学把握心理健康教育的渗透手段，有效运用心理健康教育的专业途径。

编写《师生心理成长丛书》，为的是要体现教师教育和教师专业发展的要求，贯彻党加强教师队伍建设的战略方针。联系心理健康教育的实践，我们认为，要想有效地开展学生心理健康教育，教师不仅要掌握心理健康教育的理念和方法，更重要的是，要切实重视和提高自身的心理健康素质。最近有关教育心理和教师教育的研究成果表明，在影响学生发展的诸多因素中，先进的教育理念和方法、优良的教育环境和资源等就好像武器，它虽然对教育效果具有重要影响，但真正决定学生发展的根本却是使用武器的人——教师——的素质。最近几年来的心理健康实践也证明，在学生心理障碍的成因中，除学生自身的素质和家庭教育的影响外，最重要的成因就是教师不当的教育方式。造成教师教育不当的根源，在于教师自身的心理状态不佳。为了从根本上减少学生“师源性疾病”的发生，促进学生心理的健康成长，必须切实重视和高度关注教师的心理成长。

促进教师的心理成长，不仅是开展学生心理健康教育的需要，也是教师作为一名专业工作者个人发展的需要。在认真实践科学发展观、全面倡导以人为本思想的今天，我们应该深刻地认识到：教师的个人成长和专业发展是相辅相成、协调共进的。客观地讲，广大中小学教师身处社会经济飞速发展、素质教育强力推进、课程改革全面铺开的年代，他们自己所接受的专业教育、所处的学校环境、所承载的家长期望，往往与变革求新的时代主题有相当的落差，他们大多承受了较重的工作和专业压力，甚至出现了不同程度的职业倦怠。因此，广大教师如何学会进行工作压力的自我管理、有效预防职业倦怠的发生，学会人际关系的调适技巧、切实维护自身的健康人格，进而促进职业生涯的合理规划，已经成为教师专业发展和个人成长的重要议题。

在全社会高度重视儿童青少年健康成长、高度关注中小学教师素质提高的今天，北京师范大学常务副校长董奇教授、教育心理与心理健康研究所所长伍新春教授、“万千教育”与“万千心理”总策划石铁先生和我一起牵头，组织全国十多位长期从事心理健康教育、潜心研究教师专业发展、有相当学术造诣和社会影响的中青年学者，共同完成了《师生心理成长丛书》的出版。我相信该丛书对于推动我国的心理健康教育事业，对于促进教师的专业发展和个人成长，都将起到积极的作用。

是为序！

教育部中小学心理健康教育专家指导委员会主任

2008 年 8 月 6 日

于北京师范大学

前　言

作为《师生心理成长丛书》中的一分子，本书是关于中学生心理健康教育的教师读本。关于“心理健康的标准”，中外学者对此可谓仁者见仁，智者见智，提出了很多见解。《师生心理成长丛书》认为“心理健康有一个内在的层次结构：智力正常是基础，关系协调是关键，情绪状态是表现，人格完善是结果”。本书遵循了这个内在逻辑结构，依据中学生身心发展特点，本着科学性和实用性原则编写，希望能为中学心理教师或心理健康辅导员提供教学参考。

本书从学习、自我认识、人际交往、适应性、情绪情感、意志力和职业发展等方面来阐述中学生心理健康教育。这些内容集中于帮助学生适应学习环境，提高学习能力；认识自己，客观评价和悦纳自己；建立良好的同伴、师生关系；逐步适应生活的变化，培养耐挫力；识别情绪，学会调节情绪；把握升学和择业，规划生涯。

教师在使用时会发现本书并存着理论和实践两个平行的层面，即结合案例分析的基础理论和可操作性强的课堂内外活动。有些案例紧跟在某一理论阐述之后，帮助学生更好地理解这一理论；有些案例和活动则体现几个知识点的综合，所以采取集中列出的形式。这些鲜活的例子和多样的活动既使学生感到趣味性十足，又使其在潜移默化中受到了教育。

教师在使用该书时可适当讲解案例，但建议所设计的活动要尽量让学生参与，并注意活动技巧，使学生在活动中获得内心体验。真诚希望此书能够为教师提供参考，有助于中学生的健康发展。

最后要感谢我的硕士研究生郑芳芳和于生凯，他们收集、整理资料，并承担了部分章节的写作，本书的顺利完成离不开他们的辛勤努力。

本书虽然经过了多次修改和推敲，但疏漏之处在所难免，恳请读者批评指正。

蒋　奖

2008 年 9 月

于北京师范大学英东楼

目录

第一章

心理健康教育，心灵的阳光工程

心理健康教育是教育者根据学生生理、心理发展特点，运用心理学、教育学及其相关学科的理论与技术，通过心理健康教育课程、心理健康教育活动、学科渗透、心理辅导与咨询以及优化教育环境等有关心理健康教育的途径和方法，帮助学生解决成长过程中的心理问题，提高全体学生的心理素质，充分开发学生的潜能，培养学生乐观、向上的心理品质，促进学生人格健全发展的教育（王庆芳，2003）。

心理健康教育于19世纪末20世纪初起源于西方发达国家，历经百余年的发展，是学校心理学的主要研究和实践领域。以美国为例，在20世纪五六十年代，美国就在学校设立了心理辅导与心理咨询课。20世纪80年代之前，美国心理健康教育的重点是向有心理问题的学生提供支持和帮助。80年代之后，美国相继推出了一系列的学生心理训练课程和心理健康教育活动，使心理健康教育工作的重心逐渐向全体学生转移，而不仅仅局限于关注有心理问题的学生，学校让学生通过参与各种心理教育活动，体验心理感受，了解自己的心理状况，掌握相应的心理知识，逐渐提高适应能力，从而达到心理健康教育的目的。

我国的教育工作者从20世纪80年代开始对学生心理健康教育给予关注，至今仅有20余年的发展时间。因此，相比之下，我国的心理健康教育处于探索发展阶段，仍有很长的路要走。20世纪80年代，通过借鉴国外的经验，国内部分高校开始了心理健康教育的尝试，开设了心理咨询课，取得了一些成果，于是，心理健康教育逐渐在高校推行。之后，随着素质教育观念的不断深入，中小学也逐渐具备了进行心理健康教育的条件。1999年，教育部成立"全国中小学心理健康教育咨询委员会"，印发了《关于加强中小学心理健康教育的若干意见》（以下简称《意见》），要求"从2000年秋季开学起，大中城市有条件的中小学要逐步开展心理教育，小城镇及农村的中小学也要从实际出发，逐步创造条件开展心理健康教育"。2002年，教育部又颁布了《中小学心理健康教育指导纲要》（以下简称《纲要》），对分层、逐步、有序地在全国中小学推行心理健康教育工作进行了系统部署，明确了心理健康教育的指导思想、基本原则、目标任

图 1.1 《中小学心理健康教育》杂志

务、主要内容、实施途径和方法及组织领导等方面的要求，进一步指导、规划了今后的中小学心理健康教育工作。而在这之前的2001年7月，《中小学心理健康教育》杂志创刊（见图1.1），每月发行一期，标志着国内中小学心理健康教育有了本领域专门的刊物。它为学校开展心理健康教育提供了指导和帮助，也为一线教育工作者学习、交流、研究、讨论中小学心理健康教育工作提供了坚实的阵地。

近年来，心理健康教育在中小学如火如荼地进行着，设施逐渐完备，人员慢慢齐整，那么在当前情况下，对于学生，尤其是中学生而言，开展心理健康教育的意义何在，内容与方法又是什么呢？

第一节
意义与原则，心理健康教育的航标

正如《纲要》中指出的，学生正处于身心发展的重要时期，随着生理、心理的发育和发展、社会阅历的扩展及思维方式的变化，特别是面对社会竞争的压力，他们容易在学习、生活、人际交往、自我意识和升学就业等方面，遇到各种心理困惑和问题，影响德、智、体、美诸方面的发展。在这种情形下，开展学生心理健康教育就显得意义重大。

一、中学生心理健康教育的意义

从总体上看，中学生心理健康教育不仅是社会和时代发展的需要，是对传统学校教育的重要补充，也是学生全面发展、实施素质教育的需要。

1. 时代发展的需要

随着社会的发展，人们对健康的看法发生了改变，1948年世界卫生组织（World Health Organization，WHO）提出了新的健康观念："健康不仅是没有疾病或衰弱，而且是一种完全的生理、心理健康和社会适应完好状态。"从此，健康由生物医学模式向生物—心理—社会医学模式转变。

近年来，随着时代的发展与新的健康观念深入人心，全社会对学生的心理健康给予了前所未有的关注。21世纪是一个经济全球化、竞争空前激烈、科学技术迅猛发展的世纪，这对未来的国家栋梁之材——中学生提出了新的要求。富有进取和创新精神，善于竞争，勇于探索，拥有高度的责任感和社会道德，具有良好的社会适应能力，这些都是时代发展对后备人才的基本要求。可以看到，这些要求中的绝大部分都与良好的心理素质密切相关。这说明，一个合格的人才，首先应该是心理健康的，而心理健康教育的目的正在于全面提高学生的心理素质，适应未来社会发展的客观需要。因此，对中学生心理素质的培养应当在学校教育中占有重要的一席之地。

2. 素质教育的需要

很长一段时间以来，在我国中学教育实践中，片面的“应试教育”使教师和家长将分数作为评价学生的唯一标准，认为只有高分的学生才是好学生，因此，教师往往只重视知识的传授和智力的开发，忽视学生心理素质的培养，尤其忽视动机、兴趣、意志等非智力因素的培养和健全人格的塑造。从学生的角度来说，“应试教育”使得中学生产生角色的片面性，误以为自己仅仅是一个学生，再加上家庭和其他环境的影响，导致中学生常常以自我为中心，影响了学生全面素质的发展。总而言之，传统教育中忽视得最多的就是心理健康教育，学校心理健康教育的缺失对全面推进素质教育产生了不良影响。

中学生正处在身心发展的关键时期，随着生理的发育、心理的发展和社会阅历的增加，特别是面对学习、升学、就业等方面的压力，他们在人际交往、情绪情感、自我意识、生涯发展等方面，会出现各种各样的矛盾，遇到各种各样的心理困惑。有些问题如不能及时解决将会对学生的健康成长产生不良影响，严重的会使学生出现行为障碍或人格缺陷。在这种情形下，对中学生开展心理健康教育，帮助他们掌握认识自我、接纳自我和发展自我的方法，提高他们的心理素质，从智力因素和非智力因素两方面促进学生的发展，是学生身心健康成长的需要，是素质教育的具体实践，也是对传统学校教育的重要补充。

3. 身心发展的需要

中学生正处于青春发育期，无论是生理还是心理都处在一个由不成熟向成熟发展的过渡中，这时候，他们一方面经历着青春期生理的巨变，另一方面又要经历心理发展的种种困惑与问题。

中学生的自我意识明显增长，他们更关注自己的内心世界，自我评价的独立性不断增强。同时，教师和家长会发现过去那个乖乖听话的孩子不见了，他们的参与意识增强，自尊心增强，但心理闭锁，常常隐瞒自己的真实想法；他们在情感上表现出强烈的不稳定性，容易急躁、感情用事，不善于控制自己的情绪和情感，容易从一个极端走向另一个极端。这些身心发展的特点，使得中学生的心理状态表现出不稳定性和冲突性。所以，针对这一阶段中学生的特点，学校有目的地开展心理健康教育十分必要且势在必行。

推孟及其研究

推孟（L. M. Terman，1877—1956），美国心理学家。推孟1898年在印第安纳州的中心师范学院获文学学士学位，1903年在印第安纳大学获文学硕士学位，1905年在马萨诸塞州的克拉克大学获博士学位。推孟除在1918—1919年间作为心理学家从军外，自1910年起到1956年供职于斯坦福大学并获得荣誉教授头衔；1923年担任美国心理学会主席，曾获美国职业指导协会的优秀奖、美国心理学基金会的杰出心理学家奖。推孟一生的心理学研究主要有两大贡献：①修订比纳—西蒙量表；②进行心理学史上历时最长的纵向研究。前者服务于后者，而且因为前一工作在心理测量学方面有独特建树而使后一工作彪炳史册。1928年推孟当选为美国科学院院士。

推孟选择了数千名高智商儿童进行追踪研究，历时几十年，在他逝世后，这项研究仍在继续进行。这项关于智力出类拔萃儿童的研究结果表明：①天才儿童并不像西方所迷信的那样体弱多病而且容易夭折，事实上情况正好相反；②天才儿童的智力优势能保持到成人期甚至老年期，因此，个体的智商是相当稳定的，当考察的范围扩大到总体智力分布的全域后，智商的稳定性就表现得更明显了；③在智力表现水平相差不大的条件下，一些人格特征差异往往对个体间职业成就差异起着重要的影响作用。

二、中学生心理健康教育的基本原则

根据《纲要》的精神，开展中小学心理健康教育，要立足教育，重在指导，遵循学生身心发展规律，保证心理健康教育的实践性与实效性。为此，中学开展心理健康教育工作必须遵循下列基本原则来进行。

1. 全体性原则

全体性原则是指心理健康教育要面向全体学生，也就是说，心理健康教育是为全体学生服务的，着眼于全体学生的发展和成长，考虑到绝大多数学生的共同需要和普遍存在的心理健康问题，最大限度地吸纳所有学生参与其中的活动。

有人认为，心理健康教育只需要关注学校中已经表现出心理问题的那部分学生，工作重点只需要放在个别学生的心理咨询和治疗上，这种看法是片面的。这是因为，大部分学生虽然没有表现出明显的心理问题，但并不意味着没有潜在的心理危机的存在；另外，中学生正经历着急速的生理和心理变化，感受着社会环境和家庭因素的影响，这一切意味着中学生普遍需要接受心理健康教育，从而从根本上提高所有学生的心理素质。

不可否认，在注重全体性原则的同时，也要做到面向全体学生与关注个别差异相结合，要留意、关注个别有特殊心理困惑的学生，及时给予这些学生具体的帮助，协助他们走出心理困惑。

2. 差异性原则

差异性原则指心理健康教育要关注和重视学生的个别差异，根据不同学生的不同需要，开展多种形式、有针对性的心理健康教育活动，切实提高学生的心理健康水平。

中学生虽然共同处于身体发育、心理发展的时期，但相互之间仍存在差异：年龄、性别的不同，思维、情感和个性特征的差异，家庭背景、生活经历的不同，学校心理健康教育并非要消除这些差异，相反，是为了使这些差异性能够完整地展现出来。因此，心理健康教育强调差异性原则，就是要求学校心理健康教育要做到因材施教，区别对待不同学生，灵活采用心理健康教育的原理和不同的方法、手段，根据学生身心发展特点和心理发展规律，实施有针对性的教育，提高每个学生的心理健康水平，最终提高全体学生的心理素质。

3. 发展性原则

发展性原则是指心理健康教育要立足于促进学生的心理发展，以发展的眼光看待学生的心理状况，通过优化学生的心理素质，尽量避免或减少心理问题的发生，做到防患于未然。

中学生时期是学生生理和心理快速变化与发展的重要时期，心理健康教育的内容、技术和手段都要吻合学生的心理，尤其是教育的内容，更要紧跟学生的身心发展，并具有一定的超前性。也就是说，心理健康教育课程要走在学生发展的前面，促使学生向心理上的“最近发展区”前进，有效地、逐步地提高学生的心理健康水平。

第二节
目标与内容，心理健康教育的要旨

根据学生年龄的差异和心理发展的特点，中小学要选择相应的内容开展心理健康教育，以达到心理健康教育的目标。

一、中学生心理健康教育的目标

中小学心理健康教育的目标要服从素质教育的总目标。针对当前中小学心理健康教育的实际，《纲要》规定心理健康教育的总目标是：提高全体学生的心理素质，充分开发他们的潜能，培养学生乐观、向上的心理品质，促进学生人格的健全发展。也就是说，心理健康教育要培养身心健康、具有创新精神和实践能力的高素质人才。

《纲要》规定的心理健康教育的具体目标是：使学生不断正确认识自我，增强调控自我、承受挫折、适应环境的能力；培养学生健全的人格和良好的个性心理品质；对少数有心理困扰或心理障碍的学生，给予科学有效的心理咨询和辅导，使他们尽快摆脱障碍，调节自我，提高心理健康水平，增强自我教育能力。

从上述具体目标的设置可以看出，目标的设置是具有层次性的。首先，目标要具有预防性。在学生未出现心理困惑和问题之前，学校应有计划、有步骤地实施系统的心理健康教育，使学生掌握一定的心理健康常识，正确处理学习、生活、人际关系等方面的事项，减少或避免心理问题的产生，促进学生心理素质的提高和发展。其次，目标要具有矫治性。对于少数已经出现心理问题和障碍的学生，学校要及时运用多种方法进行矫正和治疗，帮助其摆脱心理障碍，恢复心理健康。

二、中学生心理健康教育的主要内容

《纲要》规定的心理健康教育的主要内容包括：普及心理健康基本知识，树立心理健康意识，了解简单的心理调节方法，认识心理异常现象，初步掌握心理保健常识。其重点是学会学习、人际交往、升学择业以及生活和社会适应等方面的常识。

对于具体的心理健康教育内容，《纲要》要求，各级学校必须从不同地区的实际和学生身心发展的特点出发，循序渐进进行设置。根据《纲要》精神、中学生身心发展的特点以及面向全体学生的发展性辅导取向，本书将中学生心理健康教育内容具体分为六个主要部分：学习心理教育、自我意识教育、人际交往教育、情绪情感教育、意志品质教育和生涯发展教育。

1. 学习心理教育

学生的天职是学习，学习是学生的主要活动，也是协助学生培养其良好心理素质的重要途径。学习心理教育指的是运用学习心理学及其相关理论，指导学生的学习活动，目的在于培养学生良好的学习态度与学习习惯，使其掌握良好的学习方法，增强学习的主动性和自觉性，全身心地投入到学习生活中，体验到学习的快乐。

本部分从学习动机的激发、学习策略的使用等方面进行学习心理教育和训练。

2. 自我意识教育

青少年学生处于成长的疾风骤雨期，特点之一是自我意识的苏醒。自我意识教育目的在于引导学生探索自己，对自己有一个全面的认识，既要看到自己的长处，也要看到自己的不足，客观地评价自己，并无条件地接纳自己的优点和缺点。

本部分从探索自我、认识自我和接纳自我等角度出发，进行自我意识教育。

3. 人际交往教育

进入中学后，学生人际交往的范围扩大，人际关系的性质相对复杂。中学生结交朋友的意识增强，与同伴和朋友的交往逐渐密切，朋友的影响逐渐超过父母对他们的影响。这成为中学生人际关系的特点之一，原因在于朋友间有更多的共同语言。在这个过程中，值得关注的另一个问题是中学生常常不懂得如何与教师、家长等成人进行沟通。因此，教会中学生与成人沟通的方法和技巧，有助于双方的沟通顺畅、相互理解和缩小代沟。此外，随着青春期的到来，中学生的性萌动引发一系列的烦恼，尤其是与异性的交往和沟通。

本部分从与朋友、老师、家长和异性的沟通与交往入手，进行人际交往的教育。

4. 情绪情感教育

青春期生理发育的剧变，引起中学生情感上的动荡。这种动荡表现为中学生的情绪和情感经常处于大起大落、此消彼涨的两极状态，甚至有时表露出来，有时内隐难觅踪迹。例如，老师一句表扬的话可以让学生情绪飞扬，兴高采烈，同样，老师一句轻微批评的话又可以使学生愁眉深锁，沮丧不安。众所周知，积极的情绪状态，对个体的身心健康有促进作用，有助于充分发挥潜能，而消极的情绪状态则会对个体的身心健康产生不良的影响。

本部分主要涉及调节和培养情绪情感以及消除焦虑、抑郁、愤怒等不良情绪，以帮助中学生学会调节和控制自己的情绪，形成积极、稳定、健康的情绪。

5. 意志品质教育

意志是人在完成一种有目的的活动时所进行的选择、决定和执行的心理过程。意志行动总是与克服困难密切联系着，既要克服内部的困难，如疲劳、懒惰、分心等，又要克服外部的困难，如学习、生活中遇到的困难和挫折等。良好的意志品质对中学生的成长起着重要的作用，而这些意志品质更多的是通过后天培养的。

本部分从挫折应对、意志力磨炼和危机干预等方面进行意志品质教育，以期提高中学生的挫折耐受力，使其形成良好的意志品质。

6. 生涯发展教育

升学和择业是人生发展过程中的必经之路。生涯发展辅导是为中学生未来的职业生涯做准备的教育活动，它旨在帮助中学生进行初步的人生规划与生涯设计，在了解自己的能力、特长、兴趣和社会需求的基础上，确立自己的职业意向，进行职业选择和准备，培养职业道德，掌握求职技巧，并正视社会问题，为今后顺利地进入社会打下良好的基础。

本部分从了解职业、了解自己的职业兴趣、职业能力和人格特征、职业选择等方面，开展生涯发展辅导教育活动。

第三节
途径与方法，心理健康教育的航道

正如《纲要》所言，中学开展心理健康教育的途径和方法可以多种多样，学校可以根据自身的实际情况灵活选择和使用，只是要注意发挥各种方式和途径的综合作用。在初中，心理健康教育以活动和体验为主，在做好心理品质教育的同时，突出品格修养的教育；在高中，以体验和调适为主，提倡课内与课外、教育与指导、咨询与服务的紧密配合。具体可供选择的心理健康教育途径和方法如下：

（1）心理健康教育课程。开设心理健康选修课、活动课或专题讲座，包括心理训练、问题辨析、情境设计、角色扮演、游戏辅导、心理知识讲座等，这些课程和活动旨在普及心理健康科学知识，帮助学生掌握一般的心理保健知识，培养其良好的心理素质。

（2）个别咨询与辅导。开设心理咨询室（或心理辅导室）进行个别辅导。也就是说，通过一对一的沟通方式，辅导教师对学生在学习和生活中出现的心理问题给予直接的指导，排解其心理困扰，并对有关的心理行为问题进行诊断和干预。对极个别有严重心理问题的学生，辅导教师需要及时识别并转介到专科医院的心理治疗部门。

(3) 团体辅导。学校团体心理辅导是指具有专业水平的学校心理辅导人员针对学生成长中存在的共性心理问题，预先设定目标、形式、内容、活动、情境等，以小组或班级为单位，在团体情境下为其成员提供心理援助的辅导方式。团体辅导涉及的内容较广泛，诸如学习适应、同伴交往、异性交往、应对挫折、情绪调节等方面的问题，都可以以团体辅导的形式进行。此外，团体辅导效率高，形式切合实际、新颖，容易引发学生的兴趣。

(4) 学科渗透。中学在各科教学中都渗透心理健康教育，使学生的心理素质在潜移默化中得到发展。要做到这一点，每一位任课教师都要有一定的心理学知识和心理健康教育意识，根据中学生的心理发展规律来组织教学，在各科教学中有意识地向学生普及心理健康知识，尤其是与学习有关的心理学常识。

(5) 优化学校教育环境。努力营造良好的校园文化氛围，创设符合心理健康教育所要求的物质环境、人际环境和心理环境。把心理健康教育渗透到学校所有的教育教学活动之中，与班级活动、团队活动和班主任工作有机地结合起来。

(6) 建立学校、家庭、社会协同的整体教育网络。心理健康教育是一个系统工程，除了学校教育途径外，还应改善学生的生活环境，如家庭、社区等，创造健康的教育环境。这是因为中学生的有些心理问题与障碍源于家庭和社会，因此，光凭借学校的力量开展心理健康教育是不够的，应该取得家庭、社会的支持和帮助，建立一种以学校为中心，家庭、社会共同参与的大系统、大氛围的心理健康教育网络。

在上述各种途径和方法之中，心理健康教育课程、个别咨询与辅导、团体辅导是三种最主要的途径和方法。在本章中，重点阐述心理健康教育课程、个别咨询、团体辅导这三种途径和方法。

一、心理健康教育课程

心理健康教育课程与活动是中学课程体系的重要组成部分，是体现把人格健全发展作为课程建设重要目标的直接途径。中学开设心理健康教育课程，要以学生为中心、活动为中心、发展为中心，教育的途径和方法可以多种多样，但是，以课程形式，开设心理健康教育选修课、实践活动课或专题讲座是中小学进行心理健康教育的主渠道。

(一) 什么是心理健康教育课程

心理健康教育课程是指学校根据学生心理发展的规律和特点，以团体心理辅导及其相关的理论与技术为指导，以班级为单位，通过各种辅导活动，有目的、有计划、有步骤地去培养、训练、提高学生的心理品质，激发潜能，增强社会适应，帮助解决学生成长中的各种心理问题，维护心理健康，达到塑造和完善人格的团体心理辅导活动的形式（吴增强等，2007）。

心理健康教育课程的特点是以活动为主，把心理健康教育的内容渗透到灵活多样、富有情趣的活动中，给予学生充分的参与机会，使学生在活动过程中产生深刻的体验，再从切身的体验中领悟；也可以在课堂上练习在某些特殊情境下可能的反应范式，以作为实际生活中类似情境的参照，并迁移到不同的生活情境中。总体而言，课程发挥活动的优势，突出活动过程的教育作用。

在学校心理健康教育课中，教师应创造性地设计丰富多彩的活动，采取灵活多样的形式，如表演、角色扮演、小组讨论、游戏、趣味活动、绘画、演讲、主题辩论、竞赛等，让学生在活动中、在参与中、在亲身体验中获得成长与发展。

这种形式的课程注重积极的参与、细心的体验、深刻的领悟和技能的操作训练，如人际交往规则和技能的训练、交流与合作能力的训练、自我表现能力的训练等。在活动课中，教师和学生的充分参与、师生互动，是保证良好效果的前提条件。参与的含义包含以下几个方面：在课堂上，每个学生参与活动的机会均等；教师针对学生的参与给予及时和积极的反馈，尤其要关注个别参与活动有困难的学生，适时提供个别帮助；教师以平等的身份参与活动和交流，与学生一同成长并做出示范。

（二）心理健康教育课程的特点

与传统意义上的学科课程相比较，以活动为主的心理健康教育课程有着自身鲜明的特色，与传统课程的差异较大。

1. 强调参与和体验

传统的学科课程既具有科学性的社会经验又具有自然经验，是一种“了解→体验”的课程，心理健康教育课程恰恰与之相反，是一种“体验→了解”的课程，这决定了心理健康教育课的教学模式也有别于其他学科。在心理健康教育课上，教师通过运用多元化的手段与方法，创设一定的情境，营造一定的氛围，将内容逐步呈现在学生面前，而在这逐步呈现的过程中，学生要积极参与，投入到活动中去，感受问题情境，归纳总结，从而悟出道理，感悟生活，从体验中获得对自己成长有意义的东西。

2. 强调自我探索

心理健康教育活动是一种学生自我教育活动，心理健康教育课传授的是关于自己的知识，是学生进行自我探索、感受真我的过程。心理健康教育课程使教师和学生一起分担了学生成长过程中的烦恼，给学生带来了欢乐，让学生学会如何去正确处理生活、学习中所遇到的困惑与疑问，更利于学生探索自我、认识自我、调节自我和完善自我。在心理健康教育课上，教师只是组织者和引导者，不是对学生进行说教和灌输，而是帮助学生发现自己的问题，找到解决问题的办法，从而达到自助。

（三）心理健康教育课程建设应注意的问题

心理健康教育课程在国内中学开设的时间还不长，课程建设还处于初步探索阶段，不论在课程内容、课程形式还是在师资力量上都存在不少问题，需要边摸索边思考边解决。在现阶段的中学心理健康教育课程建设中，我们需要特别关注以下几个消极倾向：

1. 学科化倾向

关于这一点，1999年教育部颁布的《意见》中明确指出，“要注意防止心理健康教育医学化和学科化的倾向。不能把心理健康教育搞成心理学知识的传授和心理学理论的教育。”这是因为心理健康教育课程不是传统意义上的学科课程，它是为了帮助学生解决成长过程中遇到的心理困惑和问题，促进学生的心理健康，虽然心理健康教育课程也要向学生讲授有关心理发展、心理健康的理论和知识，但它的内涵、意义和特点与传统的学科课程截然不同，因此，不能将心理健康课程简单地当做一门学科来看待。如果按照心理学学科知识体系来设计课程，以知识掌握为目的，沿用传统的学科教学模式，过多地依赖教材，过分地强调教学过程的完整性，把心理健康教育变成心理学原理和知识的单纯传授，要求学生机械记忆，甚至还组织考试，纳入学业考核成绩，那就本末倒置了，其结果必然适得其反，不但不能促进学生的心理健康，反而使学生承受了更多的心理压力与负担。

2. 课程化倾向

课程化倾向指把心理健康教育课程当做学校心理健康教育的唯一途径，只采用一种方法，而忽视其他的途径与方法。心理健康教育课程化倾向容易带来一些弊端：一是无法优化学校资源，调动班主任、科任教师和其他教育力量参与心理健康教育，容易形成心理健康教育只是心理辅导教师的责任和义务这样一种局面，从而失去更多的支持和配合。二是无法照顾到差异性。心理健康教育是一种共性教育，针对学生在发展过程中一般都会遇到的心理困惑展开讲解和讨论，因此，往往难以顾及学生的个别需求。如果不同时配以个别辅导等方法就不能满足学生多样化的心理需求。《意见》中也指出，在面对全体学生的同时，还要“关注个别差异，根据不同学生的不同需要开展多种形式的教育和辅导，提高他们的心理健康水平”。因此，为了杜绝课程化倾向，需要将心理健康教育与学校的各项教育活动有机结合起来，积极鼓励全体教师参与心理健康教育，通过多种途径促进学生健康成长。

3. 形式化倾向

形式化倾向是指学校把心理健康教育课程当成一件“摆设”，做样子，撑门面，应付各种检查，实际上并未真正开展心理健康教育。这是因为目前仍有部分学校的领导及教师错误地认为素质教育、心理健康教育仅是形式，可有可无，升学、应试才是根本，正如有人所说：“上级检查时重要，平常教学中次要，抓统考升学时不要。”学校虽然开设了心理健康教育课程，建设了心理咨询室，建立了学生心理档案，开展了一些心理健康实验和研究，但由于教育者自身思想观念并未真正转变，并未意识到心理健康教育对学生的重要意义，最终使学生心理健康教育流于形式。

二、个别咨询

开展个别心理辅导与咨询，教师与学生面对面地进行交流与沟通，这是解决学生发展中遇到的心理困惑与行为问题、克服各种心理障碍、促进学生学会独立解决自己面临的问题、最大限度地发展自己的重要途径之一。它在学校心理健康教育中的地位和作用是其他教育形式所不能替代的。

（一）个别咨询概述

一般而言，心理咨询是由受过专业训练的咨询人员通过人际关系，运用心理学方法，帮助来访者解决问题，促进其适应和发展的过程。心理咨询有两种形式：个别咨询和团体辅导。在中学里，个别咨询就是由受过一定专业训练的辅导教师通过与来访学生建立良好的人际关系，运用心理学的原理、技术和方法，帮助学生解决当前的问题，促进学生改变和成长，并且自立自强的过程。

个别咨询一般在学校的心理咨询室进行，心理咨询室需要隔音且安静、陈设温馨，让学生一进来就有踏实、安全的感觉，容易敞开心扉与教师进行真诚的交流。

辅导教师除了向学生提供直接的咨询以外，还可以向其他教师和家长提供间接的咨询服务，起到学生和其他教师、家长之间的纽带作用。

当未成年的学生是咨询对象时，辅导教师肩负着多重责任，既有对学生的责任，也有对学校、家长和社会的责任。当各种责任之间发生冲突时，辅导教师需要做出伦理上的抉择。因此，在学校工作的辅导教师，需要了解咨询工作的伦理守则，在任何情况下，辅导教师都要尊重学生，尊重学生的隐私权、自我决定权，努力让学生得到适当的服务并避免受到伤害。

咨询中的保密原则

心理师在心理咨询与治疗工作中，有责任向寻求专业服务者说明工作的保密原则以及这一原则应用的限度。在家庭治疗、团体咨询或治疗开始时，应首先在咨询或治疗团体中确立保密原则。

心理师应清楚地了解保密原则的应用有其限度，下列情况为保密原则的例外：①心理师发现寻求专业服务者有伤害自身或伤害他人的严重危险时；②寻求专业服务者有致命的传染性疾病等且可能危及他人时；③未成年人在受到性侵犯或虐待时；④法律规定需要披露时。

[摘自中国心理学会：《临床与咨询心理学工作伦理守则》（第一版）]

（二）咨询态度

良好的咨询关系对咨询的进程和咨询的有效性有着举足轻重的作用，罗杰斯曾说："当一个为许多困难而苦恼的人来找我时，最有用的方法是创造一个使他感到安全、自由的关系，目的在于理解他内在的情感，接受他本来的面目。营造自由的气氛，使他的思想、情感沿着他要去的方向发展……"如何建立一个安全、自由，有利于咨询的关系？辅导教师需要具备下列态度并将其体现在咨询过程当中。

1. 同感

所谓同感，是指"体会学生的内心世界，如同自己的内心世界一样，但永远不能失去'如同'这个词"。也就是说，辅导教师以设身处地的立场去体会学生的内心世界。辅导教师对学生的同感表现在两个方面：一是辅导教师的非言语性行为，即辅导教师通过姿势、表情、语气、语调、与学生的目光接触等，反映出对学生的理解。因此，辅导教师应当善于运用自己的身体语言表达对学生的关注与感同身受。二是辅导教师与学生的言语交流，即深入理解学生说话时表达出来的主要意思，辨识出学生隐藏在言语里的感受与情绪，恰如其分地用自己的话反馈给学生。

学生：我从来没有担心过这次期中考试，就算想过，也只是估计自己能不能取得前几名，想不到总分居然排名倒数，真是越想越难过。这次考试应该说不难，班上原先成绩一般的人都考得不错，没想到一向成绩不错的我……。班主任和任课老师不断找我谈心，有些同学幸灾乐祸地看着我，我都烦死了。

辅导教师：你的成绩一向在班里很好，但不知为何这次期中考试你失败了，你觉得失望、难过，也感到有些气愤。

2. 积极关注

积极关注是指辅导教师以积极的态度来对待来访的学生。具体而言，辅导教师要尊重学生，在咨询过程中突出学生言语和行为中积极的方面，强调他们的长处，引导学生充分利用其自身的一切优点和长处。积极关注的出发点在于：每个人都是有自身价值的人，每个人的身上都有潜力存在，都有一种向上的成长动力。因此，辅导教师要相信学生是能够改变的，相信他们具有自我指导的能力。在辅导教师等外界的帮助下，只要学生主观上努力，任何学生都可以比现在更好。

3. 真诚

所谓真诚，是指辅导教师言行一致，表里如一，开诚布公地与学生交谈，直截了当地表达自己的想法，从不隐瞒自己的情感和态度，也无需让学生去猜测辅导教师话语中的真实含义。

例如，一个学生在上一次咨询结束时，答应回去进行肌肉放松训练，但在这次来时，却说并没有做。

学生：对不起，我没做放松练习，您是不是很生气呀？

辅导教师：我希望你在家时能认真进行放松训练，你一次都没有做，我确实感到有些失望。

咨询中的会诊与转介

会诊（consultation），又称照会，是指辅导教师在处理自己的学生个案时，遇到一些困难，自己无力解决，遂邀请校内外的同行、专家来协助进行诊断与治疗。

转介（referral）是指辅导教师将自己的当事人转给别的辅导人员或专家。转介是辅导人员在专业生涯中常用的方式，用以解决那些不适合自己接的个案。因此，辅导人员应当了解自己的专业知识和能力的限制，避免接受超过自己专业能力的个案，必要时，要予以转介。

中国心理学会《临床与咨询心理学工作理论守则》（第一版）指出：心理师认为自己已不适合对某个寻求专业服务者进行工作时，应向对方明确说明，并本着为对方负责的态度将其转介给另一位合适的心理师或医师。

（三）个别咨询的技术与方法

1. 单纯的接纳

学生表现出来的情感或态度，不管是肯定的或否定的，都予以接受。辅导教师把焦点对准学生的内在感情，与学生共同体验，促进其自我探究或自我表现。辅导教师可用简单的应答声（如“嗯”“是”“是这样吗”“不错”等）或点头、扬眉等非言语行为表示接纳。单纯地接纳可以使学生感到辅导教师是全神贯注地还是心不在焉地在听，是非常尊重自己还是只做形式上的应付。因此，辅导教师在回答时要充分考虑到自己的态度、表情和行为等。

2. 简述语意

简述语意是指辅导教师用自己的话，简明扼要地把学生刚才所说的内容表达出来，反馈给学生听。当辅导教师想要核实自己对学生的了解是否正确时，就可以用这种技术。需要注意的是，在简述语意时，要避免加入辅导教师个人的主观看法，同时也不要遗漏学生的关键感觉与观点。

3. 情感反映

情感反映就是辅导教师理解学生用言语或者非言语表达的情绪与情感后，再用自己的话反映给对方，以协助学生觉察并接纳自己的情感，并进一步了解自己。

4. 面质

当学生在态度、思想、行为之间表现出矛盾时，辅导教师要明确指出，并要求学生应对，这就是面质。面质的意义在于直接向学生指出其存在的混乱不清、自相矛盾的观点、态度或言行，而不是告诉学生他做错了或说错了，目的在于促进学生自我思考，勇敢面对现实。

面质时要表现出同感、接纳与认可的态度，否则，学生会感觉受到攻击和威胁。一般在以下几种情况下需要运用面质：学生所说的与所做的不一致；学生的理想自我与真实自我不一致；学生前后言语不一致；学生与辅导教师就某个问题的意见不一致。

5. 自我表露

自我表露是指在适当情况下，辅导教师公开有关自己的类似经验，与学生一起分享，以此帮助学生对自己的态度、情绪和行为后果有进一步的了解，并且从中得到积极的启示。

使用自我表露技术时，辅导教师必须预先确信，表露自己的类似经验将有助于学生问题的解决。另外，自我表露技术适用于辅导教师与学生已经建立起良好咨询关系以后。

学生：在课间或者体育课上玩分组对抗游戏时，他们总是不要我，即使选我也往往是最后一个。不过，我确实很差，不能帮一点忙，还老拖后腿。可是，我真的很喜欢和他们一起玩，但我在这里没有机会，他们对我不好，我该怎么办呢？

辅导教师：在我像你这么大的时候，当时打篮球、踢足球都没我的份儿，他们没有一个人要我，我花了好长一段时间才加入到他们的行列中。我那时的经历跟你现在的遭遇有些一样，或许我们能一起探讨并解决。

6. 沉默的技术

在咨询过程中，因为各种各样的原因，学生无法继续所谈的内容而停顿下来，出现沉默。缺乏经验的辅导教师害怕出现沉默，看到学生沉默时会感到巨大的压力，不知如何是好，于是慌忙中随意丢给学生一个问题，很可能把谈话引到无关的主题上。事实上，沉默并非坏事一桩，当学生沉默时，辅导教师要仔细观察学生此时的非言语行为，分析沉默出现的原因，然后根据当时的状况决定介入的时机。

学生：昨天我不知道为什么，大概气疯了吧，口不择言，骂了我妈妈一些很难听的话，她当时就脸色很难看，一言不发地离开了。

辅导教师：你能说说你都骂了妈妈哪些话吗？

学生：我说她……（欲言又止，沉默了约15秒钟）

辅导教师：刚刚我问你问题后，看到你吞吞吐吐，然后沉默了一会儿。告诉我，在你沉默的时间里，你都在想些什么？

7. 总结

在咨询进行一段时间后，辅导教师将两人先前的谈话要点进行整理与归纳，然后反馈给学生。有时，辅导教师也可以请学生将两人的谈话内容进行整理，再表达出来。

总结技术有助于学生整理思绪，找到线索，将有关的信息串联起来，使得学生进一步看清自己问题和困惑的本质，并同时产生新的看法。

一般在转换咨询主题或者咨询结束时，都会使用到总结技术。

三、团体辅导

每个人从出生开始就成为家庭的一分子，开始了其团体生活。之后，个体在漫长的一生当中，在成长的各个不同阶段，作为一名社会成员都有意或者无意地在团体中生活，获得团体的支持，满足自己的需要和期望。青少年时期的中学生逐渐从家庭走向了社会，他们的态度、行为、观念等都深受同辈群体的影响。心理学研究证明，团体对一个人的成长与发展有重要的影响，每个人的成长都离不开团体，在帮助那些有着共同成长问题和有类似问题及困扰的人时，团体辅导不失为一种经济而有效的方法。团体辅导的实践也充分证明，团体辅导对帮助学生成长和发展有很大效用，其所得到的帮助有些是在个别咨询中不能获得的。当前，团体辅导已经在学校心理健康教育中受到重视，成为学校心理健康教育常用的方法之一，普遍应用于学生的学业辅导、人际关系辅导、情绪辅导、适应辅导、生涯辅导等。

（一）团体辅导概述

1.“团体辅导”的概念

学校中的团体辅导是在团体情境下向学生提供指导与帮助的一种心理咨询形式，即教师从学生的实际情况出发，将学生组成团体，通过共同讨论、学习、体验与训练，解决学生的发展问题或心理困惑的过程。团体辅导是相对于个别咨询而言的。

一般而言，团体辅导通常由一位或两位教师主持（称为团体领导者），多名学生参加（称为团体成员）。团体的规模因学生的问题性质和咨询目标而异，一般6～12人，多则几十人。通过多次活动，成员讨论共同关心的问题，互相交流与支持，彼此启发，既加深了对自己的了解，也了解了他人，从而改善了人际关系，提高了社会适应性，促进了人格的成长。

2. 团体辅导与心理健康教育课程的关系

从理论依据上看，团体辅导和心理健康教育课程都以团体辅导理论为基础，设计课程和活动；从结构上看，两者开展的活动都具有结构性，并非随意而为。除此之外，两者在形式上存在一些明显的区别（见表1.1）。

参加团体辅导的学生可以是同质的，也可以是异质的；人数一般在6～12人之间，

表1.1 团体辅导与心理健康教育课程的对比（吴增强等，2007）

	团体辅导	心理健康教育课程
成员性质	同质或者异质	异质
辅导取向	矫治性或发展性	发展性
规模	规模小	规模大
活动结构	结构性	结构性
承担者	专职辅导教师	班主任或辅导教师

也可以稍多些；团体辅导的目标可以是发展性的，也可以是矫治性的；团体领导者一般是受过专业训练的人员。

心理健康教育课程一般以班级为单位，因此学生不可能是同质的，而且规模比较大；目标主要是发展性的；由接受过一定培训的教师来承担，如班主任、辅导教师等。

3. 团体辅导的价值

（1）影响广泛。团体辅导是一个多向沟通的过程，对每个成员来说，都存在着多个影响源。通过多重反馈，成员将得到更多的信息，可以从多个角度了解自己。每个成员不仅接受他人的帮助，也可以帮助其他成员。此外，团体辅导过程中，成员之间相互支持、共同探讨解决问题的方法，减少了成员对领导者的依赖。

（2）效率高。在团体辅导过程中，一名领导者可以同时指导多个学生，讨论学生共同的问题，了解学生多方面的情况，这样既增加了咨询人数，又节省了咨询的时间、人力与物力，提高了咨询的经济效益。

（3）效果容易巩固。美国著名心理咨询学家柯瑞（Corey）指出："团体辅导提供了一种一致的生活经验，参加者能把它应用于日常生活中与他人的互动。"这是因为团体辅导创造了一个类似真实的社会生活情境，为学生提供了社交的机会，学生在团体中的言行往往是他们日常行为的复制品。在充满信任的良好的团体气氛中，参加者可以尝试与他人建立协调的人际关系。学生如果能在团体中有所改变，这种改变就会延伸到团体之外的现实生活中。也就是说，实践的结果会迁移到日常生活中去，从而巩固咨询的效果。

4. 团体辅导的局限性

团体辅导存在明显价值和优势的同时，也存在一些局限和缺陷，教师需要在使用过程中加以注意和防范。柯瑞指出，团体辅导存在如下问题：

■团体辅导不是唯一或全能的咨询方法。

■团体压力会使成员放弃自己的原则而向团体的标准妥协。

■有人会过分依赖团体，而把团体经验本身作为目的。

■不是所有人都适合参与团体辅导，如极端内向、害羞、自我封闭的人不宜参加团体辅导。

■有些人会把团体作为表现自己可怜、博取他人同情的地方，聊以自慰。

此外，团体辅导的局限性还表现在：在团体情境中，个人深层次的问题不易暴露；学生间的个体差异难以照顾周全；成员可能会受到伤害；在团体辅导过程中暴露的一些个人隐私，可能被泄露；不称职的领导者会给成员带来消极的影响。

（二）团体辅导的准备过程

在团体辅导开展之前，团体领导者需要进行精心的准备。具体步骤如下：

1. 确定辅导目标

领导者首先要确定一个合适的团体辅导目标，这是整个团体活动的中心，今后的所有活动都围绕这个目标展开。目标必须具体、明确，具有可操作性，为整个活动奠定良好的基础。

确定活动目标后，需要为活动起一个好听的名字，名字要富有创意，具有吸引力、独特性和可理解性，还要考虑到学生的接纳程度，不必都写上“心理咨询与治疗”字样，比如可以称为“悦纳自我团体”“人际交往团体”等。

2. 设计辅导计划

合理、有效的团体辅导计划是团体辅导开展的依据，也是取得预期效果的重要前提。计划内容包括：

- ■团体规模。团体辅导是以集体的形式展开的，团体人数过少，成员会觉得乏味、有压力；人数过多，成员间不易沟通，参与交流的机会受限。所以，必须确定一个较理想的规模，一般来说，6~12人较为恰当。
- ■活动时间、次数及频率。学校开展的团体活动通常为定期的持续式团体，一般活动8~15次，每周1~2次，每次1.5~2小时，持续4~10周。活动具体时间的确定要充分考虑到学生的方便。
- ■活动场所。团体的活动场所可以选用学校的教室、咨询室等，要求安静、隔音效果好，且有足够空间。

3. 准备活动材料

根据活动需要准备彩色纸、笔、卡片、收录机、磁带、摄像机、电视机、照相机、音响等材料和器材。

4. 组建团体

（1）招募团体成员的途径。团体成员的招募遵循自愿参加的原则。主要有两条途径：一是通过海报、校园广播、校园网、校刊校报等各种宣传途径，让学生报名参加；二是教师根据平时个别咨询时的情况，建议某些学生参加。其中宣传招募是最常用的。

（2）筛选成员。通过面谈，了解应征者来参加团体的真实意图，并确定其是否适合参加本团体。同时用相关量表进行前测，并备案。

（3）组成团体。向未来的成员宣布团体纪律：坦率真诚，保守秘密。同时签订团体契约。

（三）团体辅导的活动过程

由于团体的类型不同、目标不同，因此，各个团体都有自己的活动过程。但是，无论何种形式的团体辅导，大体上要经过四个阶段，即起始阶段、过渡阶段、成熟阶段和结束阶段。

1. 起始阶段

在这一阶段，团体的主要任务是使成员间互相交往，尽快熟悉，建立信任感，逐步形成团体的凝聚力；制订团体活动规范；规定团体的纪律，如不得无故迟到、早退、缺席，不得在团体外随便谈论成员的秘密等。

起初，因为参加团体辅导，陌生的学生聚集在一起，每个人既想了解别人，又想了解领导者，想知道他怎样指导团体以及他对每个成员的态度。通过一些言语与非言语的交流，成员开始交往，但这种交往是谨慎的、试探性的，轻易不会暴露自己，而是尽量寻找和别人的相似之处，寻找共同语言。

随着活动的进行，成员之间的关系开始深入。成员变得愿意表达自己的情感，对团体的目标表示认同，团体的凝聚力和信任感慢慢形成。

在这一阶段，有些成员常担心自己的言行不被他人接受，而显得小心谨慎；有的成员会故意表现出令人不快的言行，想试试团体是否接受他所有的行为和情绪以及团体是否安全；有的成员为了避免冷场而滔滔不绝地说话，占用了大部分时间。有时候，团体还可能会出现沉默、令人尴尬的气氛。有一部分成员会产生否定的情绪，诸如对领导者的言行感到不满、对指手画脚的人或一言不发的人感到厌烦。

2. 过渡阶段

在这一阶段，团体的主要任务是：处理成员的焦虑与期待；澄清团体的负面情绪和冲突；了解并指出成员冲突的真实寓意，使成员能有效地解决其消极情绪。

在过渡阶段，团体中会出现各种各样的抗拒，成员的焦虑程度和自我防御都很强。这时候的成员普遍有矛盾心理：一方面担心自己遭到别人的拒绝，为了追求安全而把自己伪装起来；另一方面又特别想冒险说出自己心中的话。因此，成员显得小心谨慎，不敢贸然投入团体的活动。对于团体领导者，成员也会仔细审视其是否值得信赖，甚至公开挑战，以试探领导者能否恰当处理问题。

这时的团体领导者必须冷静沉着地面对，主动而真诚地关心每一个成员，协助他们了解自我防御的行为方式及处理冲突的方法，鼓励成员谈论与此时此地有关的事情，协助他们成为独立自主、有责任感的一员。

3. 成熟阶段

这一阶段，团体的主要任务是在充满信任、理解、真诚的团体气氛下，鼓励成员探索个人的价值观与行为，深化对自我的认识，解决问题，尝试新的行为。

在这个阶段，团体的凝聚力已达到很高的程度。成员充满了安全感、归属感，互相支持，真诚地关心他人。成员从自我探索与他人的反馈中尝试改变自己的生活，并得到其他成员的支持与鼓励。此时，领导者也必须开放自我，共同分享感受，并使成员在团体进行过程中集中注意力，朝向团体目标和个人目标，做有益的改变。

4. 结束阶段

这一阶段，团体的主要任务是使成员能够面对即将分离的事实，并协助成员整理、归纳在团体中所学的东西，使之应用于日常生活，引导成员继续成长。

在结束阶段，由于即将分离，一些成员心中充满离愁别绪。领导者要趁此机会，引导成员讨论对分别的感受，让成员认识到分开是不可避免的，为正式的离别做好准备，并认真总结整个团体辅导过程，协助成员做出个人的评估，鼓励成员充满信心地面对生活，也可以听听成员对团体辅导的意见、感受，以便总结经验。

（四）团体辅导的常用技术与方法

团体辅导情境中，人际互动复杂多变，领导者仅拥有个别咨询的方法和技巧并不足够，还必须敏锐察觉团体的特质和动态、成员的变化和互动，使用各种“催化”技巧，以充分发挥团体的潜力。

1. 团体辅导的基本技术

（1）反应的技术

■倾听。倾听是最基本的反应技术。倾听是指咨询员要用心去听，设身处地地去感受。不仅要听懂对方通过语言表达出来的内容，还要听出对方的言外之意，即通过非言语行为表达出来的东西。倾听不仅能掌握成员的情况，也有助于建立良好的咨询关系。

■复述。复述不是简单地重复对方所说过的话，而是倾听他的谈话后，以更明确、更恰当的方式重新描述对方传递的信息。它包括把信息简化、突出重点并准确地反馈。复述包含了咨询员的理解、分析、判断和概括，有助于成员更清楚地了解自己的感受。

■澄清。团体成员有时没有整理好思绪，未能明确地表达自己的感情，显得含糊不清，或者表达能力较弱，表述不清。此时，领导者需要澄清成员想表达的意思，使之具体化，从而使成员更好地了解自己。

（2）互动的技术

■建立关系。领导者应当具备真诚、无条件的积极尊重、共情等基本态度，使成员感到温暖、安全，从而在团体中开放自己，形成互相信任的团体气氛，增强团体的凝聚力。

■解释。解释是领导者对成员的言语或非言语行为赋予意义的过程，目的在于帮助成员了解自我，并引导成员改变行为。当成员对团体的活动或他人的行为有所曲解时，解释是必要的。解释要采用清晰、准确、简洁的语言。

■联结。联结是指团体领导者将成员的某些共同感受加以衔接，使之产生关联，或者把成员未察觉到的一些片段资料加以串联，增加成员间的相互认同，并且提供重新审视个人资料的机会，促使成员领悟，最终导向行为的改变。

■促动。促动是指团体领导者采取措施，促使团体成员共同参与，或介绍一些重要的资料给团体成员的一种技术。团体辅导过程中，需要提供一些资料，包括活动过程的说明、活动方式以及与团体辅导相关知识的介绍。

■沟通。沟通是互动最重要的技术。从广义上讲，沟通包括所有人与人之间的交往技巧。从狭义上讲，沟通主要是指说话的技巧。当团体领导者的言行无法被成员领会，甚至被误解时，领导者就不可能向成员提供有效的帮助。因此，团体领导者应不断提高沟通技巧，准确表达自己的想法，使每个成员都能正确地理解与接纳。通过反馈，可以了解成员是否正确把握了领导者的意见。

■鼓励。团体成员在开始面对自己的心理困扰时，往往会表现出一定程度的抗拒，变得不愿意坦率地表达，或吞吞吐吐，或顾左右而言它，有的甚至沉默不语。此时，团体领导者要对成员进行鼓励和支持，表扬其优点，肯定已取得的进步，增强信心，直面问题。

（3）行动的技术

■提问。提问的问题需与成员自身状况有关。例如，成员目前的生活状况、愿意努力并改变的内容、愿意承担的责任。提问可以引导成员深入思考，探索自己的内心世界，了解自己可以改变的领域，掌握行动的方向。

■调停。调停是对团体活动所采取的干涉行动。目的在于保护成员不受极端的刺激，防止具有破坏性的行动。需采取调停行动的情况有：成员的反应含有强烈的敌意；大部分成员的意见不正确；团体成员被迫接受团体的决定；团体气氛过分紧张，成员过分顺从。

■ 聚焦。指把团体辅导的主题集中到与团体有关的内容上。在团体辅导过程中，当成员出现漫无边际的高谈阔论或者袖手旁观、漫不经心时，团体领导者必须采取行动，把漫谈拉回到团体活动的主题上。

■ 示范。指通过电影、录像及领导者、同龄人的适应行为，为团体成员提供学习的榜样，通过模仿矫正不良行为。在团体辅导中，团体领导者的言行始终是团体成员的模仿对象，所以，团体领导者要注重自己的一言一行。

2. 团体辅导的技术

从团体辅导发展过程来看，团体辅导的技术由五个方面组成，即组成的技术、起始的技术、过程的技术、结束的技术和追踪的技术。

（1）组成的技术。组成的技术包括建立目标的技术和成员构成的技术。建立的目标应该是具体可行、切合实际的，同时也是可评估的。目标建立后，应该让团体成员充分了解，准确把握，使团体辅导沿着一个共同的方向发展。成员构成的技术是指如何选定恰当的人数，如何确定团体的性质（如同质还是异质、开放还是封闭、志愿还是非志愿）等问题。成员组成不同，导致的结果也不同。其中，成员的筛选是关键的一环。选择成员时，最好的方法是以面谈的方式进行双向沟通，交换意见，决定去留。柯瑞建议咨询者用询问的方式，问他们参与团体的理由、对生活的看法、对团体及领导者的期望、对团体性质及目标的认知及个人希望探讨的问题等。这样的个别面谈非常重要且有用，不仅可建立初步的信任，也可帮助学生排除害怕的情绪，为团体辅导的进行奠定基础。

（2）起始的技术。起始的技术就是指尽快地、有效地使团体成员互相认识，初步形成团体凝聚力所采取的技术。例如，以微笑握手、自我介绍、名字串联等活动方式，使团体成员互相了解，减轻焦虑和不安。起始的技术有言语的形式和非言语的形式，活动方式多种多样。每个团体在选取起始技术时，要根据团体的性质及成员的特征而定。

（3）过程的技术。过程的技术是指维持和发展团体，并有效地促进成员改变的技术的总称。团体辅导的三种基本技术，即反应的技术、互动的技术、行动的技术，都应包括在内。如果单从过程的发展看，还可以分为引导参与的技术和解决问题的技术。

■ 引导参与的技术。它是指领导者能够根据成员的个人需要进行指导，能够提供足够的资料，激发成员深入思考，促进相互间的沟通，以选定最佳的解决问题的方法。因此，团体领导者要协助成员讨论并决定团体的事务，向每一个成员提供参与的机会，不使过于活跃的人抢占团体活动的所有时间，也不使拘谨的人作壁上观。

■解决问题的技术。它是指成员能正确评估自己的能力，积极地做出符合价值观的决定，减轻心理压力，使身心有效地适应社会生活。在团体辅导中，领导者若提供给成员比较合理的解决问题的原则，将有助于成员处理生活问题。这些原则是：正确的观察；以分析与综合的方法解释观察的结果；证明结论的正确性。团体成员在团体中运用这些原则，不断学习与改进解决问题的技术，将使自己多方面受益。

（4）结束的技术。团体辅导的结束是自然而然的，当团体预定的目标达到时，团体辅导结束的时候也到来了。一般来说，团体辅导的结束可以按下列步骤进行：

■团体领导者做简要的回顾与总结。

■成员反思自己在团体中扮演的角色、切身感受以及期望是否达到等。

■明确今后该如何行动，即如何在生活中巩固团体辅导的效果。

（5）追踪的技术。追踪的技术是指在团体辅导结束以后相当长的一段时间内，追踪团体成员，检查咨询效果以及所采用的技术的有效性。一般可以采用下述追踪方法：团体辅导结束的时候，给成员一定数量的备忘录，让成员定期填写，按时交给领导者；团体领导者定期逐一回访学生，了解情况；团体成员定期聚会，交流经验。

第二章

应用策略，快乐学习

1972 年，联合国教科文组织的国际教育发展委员会提出的报告《学会生存》(*Learning To Be*) 曾经预言：未来社会“最终将走向学习化社会”。埃德加·富尔同时在这本书中提到：“未来的文盲不再是目不识丁的人，而是没有学会学习的人。”美国著名未来学家约·奈比斯特断言：“在不断变动的世界上，没有一门或一套课程可以供可见的未来使用或可供终生受用，现在需要的最重要的技能是学会如何学习。”

“教育的核心即学习。”联合国教科文组织教育规划研究所负责人库姆斯提出的这一论断，标志着教育发展史上教学重心的根本转变——从传统的以教师“教”为主过渡到现代的以学生“学”为主。

但是，处于信息化时代的今天，科学技术日新月异，单纯强调死记硬背的教育明显无法适应社会的迅速变化。“授人以鱼不如授人以渔”就是“学会学习”的最好诠释，只有学会学习，学生才能在未来的社会更好地生存和适应。

第一节

由表及里，激发学习动机

动机是由目标或对象引导、激发和维持个体活动的一种内在心理过程或内部动力。学习动机是指在学习活动中，激发和维持个体进行学习，并使个体朝向一定的学习目标的内部动力。

学习需要和学习期待是学习动机的两个基本成分，学习需要是指个体内部的一种不平衡状态，主要包括学习兴趣、个人爱好、价值取向等。学习期待是指个体对学习活动所要达到目标的主观预测。诱因是指能够引发个体的定向行为，并能够满足某种需要的目标。诱因可以是简单的物体，如食物、水等，也可以是不具有实体性的名誉、地位等。在激发学生学习动机的过程中，学校、教师和学生家长提供的奖品、成绩都是积极诱因；消极诱因指阻碍学习的目标，比如打电脑游戏等。

一、学习需要与学习动机

学习需要与学习动机有着密切的关系。心理学中对学习需要和学习动机之间的关系已经展开了深入具体的探讨。

（一）学习需要与成就动机

成就动机是指个体总是希望从事对其有重要意义的、有一定困难的、具有挑战性的活动，在活动中取得满意的结果和优异的成绩，并超过他人的动机。

在学习过程中表现出来的成就动机与学习动机有密切的关系，美国心理学家奥苏伯尔（D. P. Ausubel，1969）认为，在学习中存在着以下三种成就动机：

1. 认知内驱力

它是指个体理解事物、掌握知识、系统地阐述并解决问题的需要，它以求知作为目标，从知识的获得上得到满足，这种内驱力主要是从人类原始的好奇心和探究欲中产生的。

2. 自我提高的内驱力

它是指个体由自己的学业成就而获得相应的地位和威望的需要。它可以使学生把学习行为指向在当前的学校学习中可能取得的成就，以及在此基础上将自己的行为指向未来学术和职业方面的成就和地位。自我提高的内驱力不直接指向知识和学习任务本身，而是把学业成就看做是赢得地位和自尊的根源。成就的大小决定所赢得地位的高低，同时又决定着自尊需要的满足与否。所以，这是一种间接的学习需要，属于外部动机。然而在学习过程中，它又是必不可少的。

3. 附属的内驱力

它是指个体为了获得长者（如教师和家长）的赞许而表现出来的把学习、工作搞好的一种需要，它的直接目的是从长者那里获得赞许和接纳。

在上述三种成就动机中，教师和家长往往最关注的是“认知内驱力”，也就是学生有兴趣去学习。这样，教师和家长就可以少花些心思在督促学生学习上面。在课堂教学中，教师可以通过多种多样的方式来引导学生对讲课内容发生兴趣。

魏书生老师在《激发学习兴趣十三法》中提到了自己曾经激发学生学习兴趣的两个例子：

《论语六则》这课书的导语我这样说：“火之光、电之光能照亮世间的道路，思想之光能照亮人的精神世界。谁是世界上最伟大的思想家呢？联合国教科文组织确定了全世界最伟大的十位思想家，如牛顿、哥白尼……谁知道这十位思想家谁排在第一位？他就是我们中国的孔夫子。”这么一说，学生们学《论语六则》的兴趣便浓了一些。

有一次，十几座城市的300多位教师到我们班听课，我讲的是《刻舟记》。遵照学生意见，翻译时先易后难。最后剩下船头一段，因这一段的人物位置关系不太好理解，翻译效率可能不高。我就说：“老师想了一个好办法，用这个办法，大家很容易理解课文。谁能猜一猜，老师想的是什么办法？”我刚说完，一个同学就举手抢答：“老师一定是想找三名同学，分别扮演苏东坡、鲁直、佛印，让他们照课文内容去表演自己的角色，他们边做、老师边指导，大家看书纠正，难点就解决了！”我一听很高兴，问：“你猜得太对了，你怎么知道老师这样想？”他说：“我上课时经常猜老师今天又能用什么好办法讲课，猜得多了，猜的能力就强了。”

另外一位物理教师在讲“热辐射”时，叙述了下面这个真实有趣的故事，大大激发了学生的学习兴趣。这种听故事学知识的方式也取得了不错的效果。

1903年，在南极探险的高斯号轮船被茫茫的冰层封住归路，挖、炸、锯、砍等“武力”办法使尽，结果冰层仍巍然不动。在一筹莫展的情况下，船长突然想起以前读过的富兰克林的实验日记，于是便让船员把煤灰和锅炉烟道中的黑烟灰铺在冰层上。阳光照来，冰竟然奇迹般地融化了。煤灰和烟灰为什么有这般神奇之功呢？

灵活、不拘一格的课堂引入方式可以激发学生的好奇心，让学生以更好的精神状态来进行学习，这样往往会事半功倍。

与此同时，人们发现，在追求成就动机的过程中，人们存在着两种倾向：一种是追求成功和由成功带来的积极情感的倾向性，即力求成功的动机；一种是避免失败和由失败带来的消极情感的倾向性，即避免失败的动机。因此，每个人在追求目标的过程中，总会衡量这两种动机的大小，根据追求成功的倾向性和避免失败的倾向性的相对大小，可以把个体分成两种：追求成功者和避免失败者。对于追求成功者而言，他们的目的是获取成就和积极的情感体验；对于避免失败者而言，成功并不会带来太多的成就感和积极体验，相反，失败给其带来的打击和挫败感更具有危险性。中学，也同样存在着这两种类型的学生，即学习的结果在根本上对他们的吸引力是不同的。因此，对于不同类型的学生，教师对他们最适合的激励方式也并不相同。

对于追求成功的学生来说，他们的目的是获得成就感，他们会选择自己将会有所成就的任务，而成功概率为50%的任务是他们最有可能选择的，因为这会给他们提供最大难度的挑战，这样，他们会通过努力来提高自尊心和获得心理上的满足感。当面对完全不可能成功或者稳操胜券的任务时，他们的动机水平反而会降低。

对于避免失败的学生来说，他们倾向于选择非常容易或者困难的任务。也就是说，当成功的几率大约是50%时，他们会回避这项任务，这样就可以防止因失败而自尊心受到伤害。选择容易的任务可以保证成功，使自己免遭失败；而选择困难的任务，即使失败，他们也可以找到适当的借口，得到自己和他人的原谅。

因此，在学习过程中，对于力求成功的学生，教师应该给予新颖且有一定难度的任务，安排竞争的环境，通过控制分数来激起其学习动机；对于避免失败的学生，教师则要尽量减少打击其自尊心的可能，要安排竞争比较少或竞争性不强的情境，把大的目标分解成小的目标，每当其取得进步时，要立刻进行表扬或鼓励，同时也尽量避免在公共场合对其进行批评和指责。

（二）马斯洛的需要理论与学习需要

学习需要与个人的其他需要有关。美国人本主义心理学家马斯洛（A. H. Marslow, 1970）认为，人的需要是有层次的，人们在满足高层次的需要之前必须先满足低层次的需要。马斯洛认为，人的需要可以分为七层，其中一至四层的需要属于缺失性需要，五至七层的需要属于成长性需要（见图2.1）。

第一个层次的需要是生理的需要，这是最基本的需要，是人类延续生命所必需的，比如对食物、水、氧气等的需要；第二个层次的需要是安全的需要，表现为个体要求稳定、受到保护、免除恐惧和焦虑等情绪

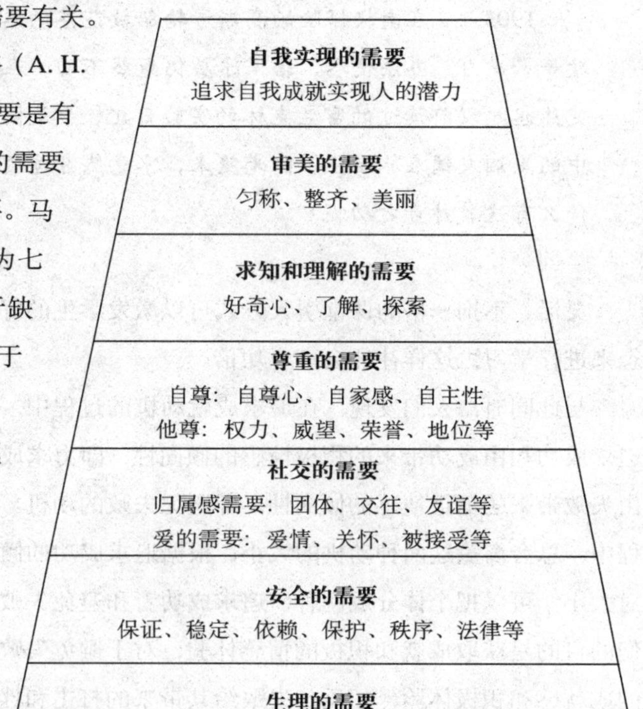

图 2.1　马斯洛的需要层次理论

上的安全感；第三个层次的需要是归属和爱的需要，个体需要别人爱自己，即个体需要和别人建立感情联系，如得到教师和家长的爱、追求爱情等；第四个层次的需要是尊重的需要，个体需要感觉到自己是有价值的。以上这四个需要是缺失性的需要，个体首先寻求这些需要的满足，然后才会追求更高层次需要的满足。

成长需要包括求知和理解的需要、审美的需要和自我实现的需要。其中，求知和理解的需要是指我们需要对周围世界不了解的事物进行了解。我们总是期望能够了解这个世界和了解自己，这也是与学习关系最密切的需要。审美的需要是指我们对追求美好的需要，对我们所拥有的体力、智力及精神世界保持平衡的需要。最高层次的需要是自我实现的需要，是指每个人都有充分发挥自己潜能的需要。

每个学生内在的需要对其学习动机有着重要的影响。低层次缺失性需要无法得到满足的学生，他们肯定不会把精力放在学习上。对于成绩不良的学生，教师首先要关注他的家庭情况，看看是否存在父母关系不良、经常吵架或者家庭破裂等现象；如果发现这种情况，教师要及时和父母取得联系，解决问题，以满足学生生理、安全、归属、爱和尊重方面的需要。

另外，教师要在课堂上营造轻松幽默、充满鼓励和赞扬的课堂气氛，让学生感觉到自己在其中是安全的，有归属和温暖的感觉，这样，学生参与课堂教学的积极性会得到更大程度的激发。

二、信念与学习动机

1. 成败归因与学习动机

人们做完一件事情之后，往往会就事情的结果寻找一个原因，即为什么别人或自己取得了成功或失败。而往往寻找到的原因，也就是归因，会作为经验影响个体以后的选择与做出的决定。

心理学家维纳（B.Weiner）在前人研究的基础上对行为结果的归因进行了系统探讨，发现人们倾向于将活动成败的原因即行为责任归结为以下六个原因，即能力高低、努力程度、任务难易、运气（机遇）好坏、身心状态、外界环境。同时，这六个因素可以归为稳定性、内在性和控制性（见表 2.1）。

一般而言，学生通常将成功和失败归因于能力、努力、任务难度与运气四个因素，而较少归因于身心状态或外界环境。不过，在这四个因素中，努力和能力之间存在着相互补偿的作用，低能力意味着要更加努力，努力又意味着低能力。学生最终将成绩归因于哪方面的因素，受到下列多种因素的影响：

表 2.1　成就动机的归因模式

维度 因素	稳定性		内在性		可控制性	
	稳定	不稳定	内在	外在	可控	不可控
能力高低	+		+			+
努力程度		+	+		+	
任务难度		+		+		+
运气好坏		+		+		+
身心状态		+	+			+
外界环境		+		+		+

■他人操作的有关信息，即个体根据别人行为结果的有关信息来解释自己行为结果的原因。比如，班级中大部分人都得到高分数，则容易产生外部归因（如测验容易、教师给高分）；班级中只有少数人得高分，则易产生内部归因（如有能力、学习刻苦等）。

■先前的观念或因果图式，即个体以往的经验或行为结果的历史。如果目前的行为结果与过去的结果具有一致性，则易归因于稳定因素，否则易归因于不稳定因素。过去因努力而成功者，更易将成功归因于努力或能力等内部因素；已经努力但最终失败者，则易归因于某些不可控的因素，如缺乏能力、运气不佳等。

■自我知觉，即个体对自己能力的看法。自认为有能力者，易将成功归因于能力，将失败归因于教师的偏见、测验不公正等。

此外，教师或权威人物对学生行为的期待、奖惩和归因、学生的性格类型、教育训练等都可以影响学生的归因。一些研究表明，个体做出某种归因受到情境线索中有关信息的影响，因为通过改变、操纵情境中的信息，如操纵课堂情境中的某些变量，则可以改变学生不适当的归因。

维纳通过一系列的研究，得出一些归因的最基本的结论：

■当个人将成功归因于能力和努力等内部因素时，他会感到骄傲、满意、信心十足，而将成功归因于任务容易和运气好等外部原因时，产生的满意感则较少。相反，如果一个人将失败归因于缺乏能力或努力，则会产生羞愧和内疚，而将失败归因于任务太难或运气不好时，产生的羞愧则较少。而归因于努力比归因于能力，无论对成功或失败均会产生更强烈的情绪体验。努力而成功，体会到愉快；不努力而失败，体验到羞愧；努力而失败也应受到鼓励。

■ 在付出同样努力时，能力低的人应得到更多的奖励。

■ 能力低而努力的人受到最高评价，而能力高而不努力的人受到最低评价。

维纳总是强调内部、稳定和可控性的维度。

因此，教师在教学过程中应该对学生的个体差异有进一步的了解，而不能仅仅停留在对学生的智力和性格的简单认识上。如果对学生的归因模式有更好的认识，教师就可以在教学过程中，对不同类型的学生给出更具针对性的建议。

2. 能力与学习动机

影响中学生学习动机的另外一个重要的方面就是学生对自己能力的看法。其实，每个人身上都蕴藏着巨大的能量，学生也毫不例外。心理学家德韦克发现，学生对能力的看法并不相同，这将直接影响他们的学习动机和积极性。一部分学生相信能力增长观，认为能力可以随着自己的不断努力而提高，因此，他们会不断努力奋斗；一部分学生持能力实体观，认为能力天生就是固定的，不会继续增长。大部分的学生相信能力是可以通过努力和奋斗得到改变的，这样的学生更容易被激励和取得成功，同时也可能会发展出自己可以控制自己生活的看法。

当遇到具有挑战性的任务时，持两种不同能力观点的学生会有不同的反应。持能力增长观的学生会更努力地去尝试解决问题，他们会更倾向于用内部的、可以控制的、不稳定的方式来对自己的成绩进行归因；持能力实体观的学生遇到困难时会很轻易地放弃，有时候对即使处在他们能力之内的问题，他们也不愿意去尝试解决。

虽然持这两种观点的学生在实际能力上并没有差异，但他们对追求目标的态度并不相同。持能力实体观的学生更关注表现目标，目标与他人对自己的评价有关，他们希望自己看起来很聪明，希望获得教师的积极评价，回避对自己能力的消极评价；持能力增长观的学生更关注掌握目标，他们更希望增长自己的技能，学习新的知识（详见表2.2）。

表2.2 关注不同目标的学生对学习的态度（张厚粲译，2003）

具有掌握目标的学生	具有表现目标的学生
把成功定义为获得提高和进步。	把成功定义为被认可、好的分数。
学习的真正价值在于努力、奋斗、挑战和富于意义。	学习的真正价值在于比别人成绩好，总是得到高分。
错误是学习过程的一个正常组成部分。	错误是不可接受的，会令人难堪。
重视学习中的过程。	重视学习的结果。
喜欢学习新事物。	喜欢比其他人的成绩更好。
衡量成功时所对比的是过去的成绩。	衡量成功时所对比的是别人的成绩。

3. 自我效能感与学习动机

自我效能感是指一个人对自己完成任务的能力的信念。自我效能感的理论强调，个体实现某个目标的能力是以其对能否达到这一个目标的信念为基础的。人们对自我效能的信念来源于直接经验、对他人经验的解释、别人对自己能力的评价、别人对自己情绪和动机状态的评价。自我效能感对学生的学习动机有如下影响：

- 影响活动的选择。自我效能感水平高的人会选择富有挑战性的任务，并期望获得成功。学生在某一方面的自我效能感水平越强，成功的可能性越大，就会越多地选择从事这方面的活动；反之，学生会逃避那些自己感到不能胜任的活动。比如，数学自我效能感较高的学生，会更多地选择数学学习活动。
- 影响努力的程度、坚持性，决定在困难面前的态度。具有高度自我效能感的人自信心强，有助于激发和维持向困难挑战的精神，努力实现目标。相反，自我效能感低的人，时常怀疑自己的能力，在困难面前缺乏自信，畏首畏尾，不敢尝试。
- 影响活动时的情绪。自我效能感高的人在活动时情绪饱满，信心十足，体验到的紧张、焦虑和恐惧水平低；而自我效能感低的人在活动中遇到困难和问题，则垂头丧气，充满紧张、焦虑和恐惧。
- 影响任务的完成。自我效能感高的学生确信自己能够很好地掌握有关知识和技能，从而集中注意力，适当运用有关学习策略，取得最佳学习效果，完成各种学习任务；自我效能感低的学生则总是担心失败，不能很好地完成学习任务。

如果个体之前体验了过多失败，就可能导致自我效能感下降，出现心理学家称之为"习得性无助"的现象。

习得性无助（1）

习得性无助现象是心理学家塞里格曼1967年在动物实验中发现的。

在实验中，塞里格曼把狗分为两组，首先把其中一组放进一个设有电击装置但又无法逃脱的笼子里；然后给狗施加电击，电击的强度足以引起狗的痛苦体验。实验者发现，这些狗开始被电击时拼命挣扎，想逃脱这个笼子，但发觉经过再三努力仍无法逃脱后，它们挣扎的程度逐渐降低了。

随后，把这些狗放进另一个用隔板隔开的笼子里，隔板的高度是狗可以轻易跳过去的。隔板的一边有电击，另一边没有电击。实验者发现，经过前面实验的狗被放进这个笼子受到电击时，它们除了在头半分钟惊恐一阵子之外，此后便一直卧倒在地上接受电击的痛苦，那么容易逃脱的环境它们连试也不去试一下。相比之下，实验者把另一组没有经过前面电击实验的狗直接放进有隔板的笼子里，发现它们全部都能轻而易举地从有电击的一边跳到安全的另一边。

这一实验说明，动物在处于无法避开的、有害的或不愉快的情境时所获得的失败经验，会对其今后应付特定事件的能力起破坏效应，它们只能消极地接受预定的命运，不做任何尝试和努力。塞里格曼将这种现象称为“习得性无助感”。

习得性无助感是一种较为普遍的心理现象，在人类身上也会发生，后来许多以人为被试的研究得出了与塞里格曼相似的结论。一个人如果觉察到自己的行为不可能达到特定的目的或没有成功的可能性，就会产生一种无能为力或自暴自弃的心理状态，具体表现为认知缺失、动机水平下降、情绪不适应等心理现象，对人的行为产生极大的破坏作用。

关于习得性无助感的产生，塞里格曼认为其形成可分为四个阶段：

(1) 获得体验。努力进行反应却没有结果的状况被称为“不可控状况”，在这种状况下个体会体验各种失败与挫折。

(2) 在体验基础上进行认知。这时，个体会感到自己的反应与结果没有关系，产生“自己无法控制行为结果或外部事件”的认知。

(3) 形成“将来结果也不可控”的期待。“结果不可控”的认知和期待使个体觉得自己对外部事件无能为力或感到无所适从，自己的反应无效，前景无望，即使努力也不能取得成功。

(4) 表现出动机、认知、情绪上的损害，影响后来的学习。

习得性无助现象与前文中提到的成败归因和自我效能感理论有很密切的关系。

习得性无助(2)

习得性无助的学生往往具有如下特点：

(1) 低成就动机。“习得性无助”学生成就动机低，他们往往不能给自己确立恰当的目标，遇到困难时很容易放弃。他们对失败的恐惧远远大于对成功的渴望，因而，他们不再寄希望于获得成功。

(2) 低自我概念。自我概念指个体对于自己的生理、心理及社会适应性等方面特征的自我知觉和自我评价。自我概念能够为个体提供自我认同感和连续感，帮助个体调节和维持自己的行为，因此，它对个体的存在和发展具有重要意义。“习得性无助”学生在生理特征、心理特征等各个维度上的自我概念均低于一般学生。“习得性无助”学生自我概念低，态度消极，对学习毫无兴趣。学习中的习得性无助还可能会影响到学生的社会交往，造成社交上的一种习得性无助。不良的学习成绩可能会导致一种消极的自我评价，教师对这种类型的学生的忽视往往让同学们也觉得他们是“坏学生”，因此不接近他们，从而使他们感觉到自己不受欢迎，自卑和多疑使得他们与同伴的关系日渐疏远。

(3) 低自我效能感。“习得性无助”学生的自我效能感低，他们对自己完成学习任务的能力持怀疑和不确定的态度，因而倾向于制订较低水平的学习目标，以避免获得失败的体验。与其他学生相比，他们更多地想象到活动失败的场面，并将心理资源主要投注于活动中可能出现的失误。遇到挫折时，他们往往没有自信心，不加努力便会放弃。由于怀疑自己的能力，他们经常体验到强烈的焦虑，这样使他们的身心健康受到损害。

这与他们的归因方式有很大的关系。他们倾向于把不可控制的消极事件归结于内部的、稳定的、不可控的普遍性因素，个体的自我效能感就会变得很低，一种弥漫性的无助或抑郁状态就会出现，认为自己无法对现实做出任何改变，动机也减弱到最低水平。

习得性无助（3）

心理学家德韦克和她的同事详细地研究了儿童对成就结果的归因类型及其对以后成就行为的影响。她认为，儿童的习得性无助是由于其对失败的不恰当归因引发的。德韦克发现，儿童对失败经历的反应有着稳定的个体差异。有些儿童表现出一种“掌握定向”，他们将失败归因于不稳定因素，尤其是努力不够，并在随后的任务中坚持更久且取得更好的成绩。相反，有些儿童将失败归因于稳定的内部原因（如缺乏能力），在随后的成就任务中则很少付出努力，成绩明显下降。他们中的很多人在失败面前干脆放弃努力，甚至对不久前还能轻易解决的问题也感到无能为力。她认为，这些儿童表现出的就是“习得性无助感”，指出如果儿童将失败归因于儿童极难改变的能力缺乏，那就用不着再努力尝试解决同样的或类似的问题，因而，儿童干脆就放弃于事无助的努力。

德韦克研究还发现，教师对学生的评价对儿童“掌握定向”或“无助定向”的形成起着重要作用。如果教师在儿童成功时赞赏其能力，在失败时强调其粗心大意、努力不够等非智力方面的因素，那么，儿童就会肯定自己是聪明的，并相信只要努力就会做得更好，这样他们在长期的学习中对自己经常不很出色的成绩才会有一种积极的建设性的态度。

儿童“习得性无助”现象的出现往往还与教师对他们的消极评价、不良的班级环境有很大关系。

对待专题中提到的习得性无助的学生要进行积极归因训练，来激发其学习动机。

就稳定性维度而言，如果学习者把成功或失败归因于稳定因素（能力、任务难度），那么，学习者对未来的学习结果也会抱成功或失败的预期，并会增强他们的自豪感、自信心或产生羞耻感、自卑感；相反，如果学习者把成功或失败归因于不稳定的因素（努力、运气、身心状态、外界环境），那么，他们对未来成功或失败的期望不会受到影响，其成败体验也不会影响到将来的学习行为。

就内在性而言，如果学习者把成功或失败归因于自身的内在因素（能力、努力、身心状态），学习者就会产生积极的自我价值感，进而更加投入到未来的学习生活中去，或形成消极的自我意象，从而避免参加以后的竞争性任务；相反，如果学习者将成功或失败归因于自身的外在因素（任务难度、运气、外界环境），学习结果就不会对其自我意象产生什么影响。

就可控性而言，如果学习者把成功或失败归因于可控因素（努力），学习者就会对自己充满信心或产生一种犯罪感；反之，如果学习者把成功或失败归因于不可控因素（能力、任务难度、运气、身心状态、外界环境），他们就会产生感激心情或仇视报复情绪。

因此，教师在对差生进行的积极归因训练中，一方面要引导学生找出成功或失败的真正原因；另一方面，要根据每个学生过去一贯的成绩，引导其把成绩不好的情况归因于不稳定、内部和可控的维度，即努力。教师要关注学生取得的每一点进步，并进行鼓励，让他们相信自己的努力是可以改变现在的状态的，从而在今后的学习中坚持不懈地努力，这样就极大地增加了成功的可能性。

三、学习动机与学习效率

在激发学生学习动机时，教师要考虑的另外一个方面是学习任务的难度和激活水平与动机之间的关系。

动机与学习效率的关系主要体现在动机强度与学习效率的关系上。人们一般认为，动机强度越高，学习效率也就越高；反之，动机强度越低，学习效率也就越低。但心理学研究发现，事实并非如此。动机强度和学习效率之间并非这种简单的线性关系，而是一种倒U形曲线关系。中等强度的动机最有利于任务的完成。也就是说，动机强度处于中等水平时，学习效率最高，一旦动机强度超过这个水平，对学习效率反而会产生一定的阻碍作用。学习的动机太强、急于求成，会使个体产生焦虑和紧张，干扰记忆和思维活动的顺利进行，从而使学习效率降低。例如，考试中的怯场现象主要就是由动机过强造成的。

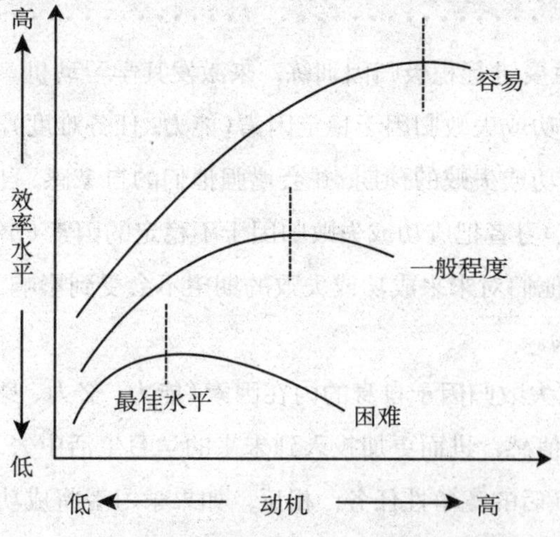

图 2.2　动机强度与学习效率之间的关系

心理学家耶克斯和多德森（Yerks & Dodson）的研究表明，各种活动都存在一个最佳的动机水平（参见图 2.2）。动机不足或过分强烈，都会使学习效率下降。研究还发现，动机的最佳水平随任务性质的不同而不同。在比较容易的任务中，学习效率随动机的提高而上升；随着任务难度的增加，动机的最佳水平有逐渐下降的趋势；在难度较大的任务中，较低的动机水平有利于任务的完成。

最佳的激活水平也会因任务和个体的不同而不同，有些学生喜欢有一个最后期限，而且在身负众望时能够做得更好；另外一些学生可能不喜欢苛刻的标准，这样他们才能没有焦虑，才能把注意力集中于学习而不是得高分。所以，教师需要根据不同学生的特点采取不同的方式。有些教师认为，好奇心会破坏课堂上的严肃气氛，所以用严格的纪律来控制学生的行为。但是，如果过度强调纪律可能会导致过高的激活水平，学生在面对困难的学习任务时反而无法达到预期的效果。

四、内在激励和外在激励

根据学习动机的来源，可以把学习动机分为内部动机和外部动机。内部动机一般是由个体内在的需要引起的，如学习兴趣、求知欲和探索未知世界的奥秘等，会使学生主动发挥自己的主观能动性，努力寻找各种学习的资源，而且学习很努力，不用教师的督促。外部动机是指由外部的诱因引发的学习动机，如为了得到爸爸承诺的电脑、教师当面的夸奖等，学生会努力学习，争取取得一个好成绩。但两者之间不是对立的，外部动机通常通过责任感、义务感转化为内部动机，最后发生作用。

爱上“假装”喜欢的工作

一位叫安德烈的打字小姐发现，“假装”对工作有兴趣，能够使自己得到很多的收获。她先前不喜欢自己的工作，后来改变了态度。

有一天，公司副经理坚持要她把一份商业计划书重做一遍。她非常生气，告诉副经理，计划书只要改一改就行了，没有必要重做一遍。副经理对她说：“如果你不重做的话，我就去找愿意重做的人来重做。”安德烈小姐意识到，有许多人会跳起来把握这个机会，再说公司付薪水正是要自己做好这样的工作，由此，她的态度和心情好多了。

接着，她有了一个重大发现，如果她“假装”喜欢自己的工作，真的能喜欢到一定程度，而且工作速度明显加快，所以，她很少再加班加点。新的工作态度，使大家都觉得安德烈小姐变成了一个优秀的职员。后来，另一家公司的总经理需要一位秘书，副经理推荐她去担任那个职务。副经理推荐说，安德烈小姐喜欢做一些额外的工作而不抱怨。

（摘自中国经济网）

上述事例证明了心理状态转变所产生的力量。这正如卡耐基所说："如果你'假装'对工作感兴趣，这种'假装'会使你的兴趣变假成真，减少你的疲劳、紧张和心烦。"在安德烈小姐身上，外部动机发生了奇妙的变化，并转变成了内部动机。

教师和父母往往喜欢通过内在激励来让孩子更努力地学习。内在激励指个体发展了一种内在的愿望想去做某事。比如，想获得并保持一个好身材的减肥者有内在的力量，推动他们锻炼并控制食物的摄入量。但有许多人是这样，自己一个人时不能减肥，如不能坚持锻炼或控制食量，一旦加入一些减肥培训班就会发现自己变瘦了。这些人依赖的是外在激励。外在激励是指来自个体外部的激励，如受到他人表扬或鼓励、达到一个公开宣称的目标、从事被所隶属的团体看重的工作。随着时间的推移，那些体重下降之后还能保持的人已经开始依靠内在激励了。

激励学生既需要使用内在激励也需要使用外在激励。假如一个学生告诉教师说，她想去玩，不想做数学习题，这时，教师可以告诉这个学生，如果她能够做半个小时的数学题的话就可以去玩(外在激励因素)。教师可以建议她不断地提醒自己如果能够在半个小时内完成那些数学题的话，将是一件十分有成就感的事情（内在激励因素）。对于一些学生来说，分数的激励效果最佳；对于另外一些学生来说，自我发现（或学习中的成功感）所带来的乐趣会对他们产生更大的激励作用。所以，教师在与学生的接触中，要通过对每个学生尝试不同的方法，从而找到对不同的学生采用的不同的激励方法。比如英语课上，有些学生喜欢教师对他们的表现进行表扬，这时，教师就不要吝惜自己的溢美之词；有些学生因为能听懂原声英语（原声的英语磁带、英语版的电视电影等）而感到快乐和欣慰，此时，教师就要多创造机会让他们能多多地接触原声的英语。

激励不同的学生需要不同的方式。有的学生可能既需要高的内部激励，又需要高的外部激励；有的学生可能仅仅需要一种；另外的学生可能对两种都不是十分感兴趣，这就需要教师要对学生所偏好的激励方式有深入的了解，根据学生的具体情况创造出学生感兴趣的激励方式。

关于外在激励需要提到的一点是，许多家长会采用给孩子金钱、带孩子出去旅游和给孩子买游戏机等方式，作为孩子在学校取得良好成绩的奖赏，这种做法在短期内可能会取得效果，但是从长期来看，这种做法可能会削弱孩子学习的兴趣，他认为自己仅仅是为了得到父母的奖赏才去学习，从而忽略了真正的内在动机。因此，家长仔细考虑孩子的内在学习动机，合理选择激励方式才是最重要的。

第二节

运用策略，让学习行驶在快车道上

学习策略是指学习者为了提高学习的效果和效率，有目的、有意识地制订的有关学习过程的计划和方案。让学生在学习过程中使用学习策略，是学生学会学习过程中的一项重要内容。

学习策略可以简单区分为基本策略和辅助策略。基本策略主要指对知识的直接领会和理解，如学习课本材料时的领会和记忆策略；辅助策略被用来维持合适的学习心理状态，如制订计划、时间管理和保持合适的情绪状态等。

一、制订计划，严格执行——让生活变得有条理

“凡事预则立，不预则废。”古人的智慧已经告诉我们制订计划的重要性。制订计划对一个人的生活有重要意义。无论是很小的目标，如准备一次小测验，还是宏大的人生目标，计划对目标的完成都具有重要的意义。中学生的学习任务十分繁重，虽然目前我国在大力开展素质教育，但是实际上应试教育的色彩依然很重。中学生在校期间如果可以学会制订计划，将对其今后的学习和职业生涯都具有重要的意义和影响。

关于制订计划，西方管理界和思想界流行一个非常重要的PDCAR法则，它指出了制订计划的重要原则。

PDCAR 法则

著名的PDCAR法则是一种风靡东西方管理界和思想界的计划流程，它不但可以指导公司、团队和项目的正常运行，也可以用于中学生规划自己的学习和生活。

唯有计划，才有效率和成功

PDCAR法则中的“P”代表计划（Plan），它包括以下几方面的要求：

（1）制订计划时，应尽量考虑到可能发生的一切问题，并相应地制定应对措施——也就是将风险因素纳入计划中。

（2）计划实施完毕后，将整个计划执行的过程回顾一遍，仔细考虑每个细节，确认哪些部分成功了，哪些部分是失败的。记下每一个失败的地方，争

取在执行下一个计划时不犯同样的错误。通过这种实践，人的思想会变得深邃、细致、客观和冷静。

（3）一定要“实事求是”，要冷静、客观、自主，站在局外人的角度通盘考虑自己的计划。

（4）给计划增加一些压力，以便督促自己执行。一般来说，最有效的增压方法就是适当缩短预期的执行时间。

关键在于行动

PDCAR法则中的“D”代表行动（Do it）。

失败者往往在彷徨中丧失千载难逢的机遇，而成功者则善于抓住机遇、果断行动；失败者往往因为半途而废丢掉大好的前程，而成功者总是在坚持不懈中得到幸运之神的眷顾。因此，对计划的执行来说，最重要的就是要果断行动、坚持不懈。不要轻易改变自己的目标，不要因为困惑和犹豫与一个又一个成功的机会失之交臂！

反复检验，及时调整

PDCAR法则中的“C”代表检验和调整（Check it）。

如果在检验中发现了偏差，则需要查缺补漏、及时调整，以免犯更大的、不可挽回的错误；如果在检验中证实了计划的有效性和正确性，就可以加大投入，将计划执行到底。

吸取教训，从头再来

PDCAR法则中的“A”代表重新开始（Action again）。

在计划执行过程中，遇到失败和挫折是难免的事，必须学会从失败中汲取经验或教训，不被挫折击垮，勇敢地重新开始。重新开始的勇气和决心是每个成功者必备的基本素质，也是通向成功的决定性力量。

这一点是极其重要的，所以，我们把“自省”作为指导“执行”的主要态度。

认真总结，详细记录

PDCAR法则中的“R”代表记录和备案（Record）。

好的执行者总会在计划执行完毕后，认真总结计划执行过程中的经验、得失，并将计划执行的详细情况记录、备案。无论计划的执行是否成功，有关该计划的详细信息总能为自己和他人提供可资借鉴的宝贵财富。

（李开复，2005，有改动）

由此可见，PDCAR法则十分强调在完成任务的过程中，对任务的周密规划和严格监控。相应地，在中学生的学习过程中，他们可以请教师、父母帮助自己分析要达到的目标，然后制订计划，并严格执行。

1. 制订计划要充分考虑目标

制订计划的第一步是应充分考虑要达到的目标。根据达成目标需要的时间，可以把目标分为近期目标（如改变一周之后的数学测验成绩）、中期目标（如三年后的短跑成绩）、远期目标（如人生规划）。比如，在确定远期目标（高中毕业后出国留学）后，要把远期目标进行分解，制订年目标、月目标、周目标和日目标等，然后根据目标进行具体计划。这样才能一个个实现目标，逐步走向成功。

相信下面的故事很多人都听说过：

1984年，在东京国际马拉松邀请赛中，名不见经传的日本选手山本田一出人意料地夺取了世界冠军。当记者问他凭什么取得如此惊人的成绩时，他说了这么一句话："凭智慧战胜对手。"

当时，许多人认为，这个偶然跑到前面的矮个子选手是在故弄玄虚。马拉松比赛是体力和耐力运动，只要身体素质好又有耐性就有希望夺冠，爆发力和速度还在其次，说用智慧取胜确实有点勉强。

两年后，意大利国际马拉松邀请赛在意大利北部城市米兰举行，山本田一代表日本参加比赛。这一次，他又获得了世界冠军。记者请他谈谈经验。山本田一性情木讷，不善言语，回答仍是上次那句话："凭智慧战胜对手。"这回记者在报纸上没再挖苦他，但对他所谓的智慧感到迷惑不解。

10年后，这个谜终于揭开了，他在他的自传中说："每次比赛之前，我都要乘车把比赛的路线仔细地看一遍，并把沿途比较明显的标志画下来。比如，第一个标志是银行；第二个标志是一棵树；第三个标志是一座红房子……这样一直画到赛程的终点。比赛开始后，我就以很快的速度奋力地向第一个目标冲去，等到达第一个目标后，我又以同样的速度向第二个目标冲去。40多公里的赛程就被我分解成几个小目标轻松地跑完了。起初，我并不懂得这样的道理，我把我的目标定在40多公里外的终点线上，结果我跑到十几公里的时候就已疲惫不堪了，我被前面那段遥远的路程给吓倒了。"

山本田一就是通过把最终目标（马拉松40公里路程的终点）分解成许多个小目标（银行、树和红房子等），逐步完成小目标后，最终获得了成功。小目标可以让我们有足够的信心和勇气，全力以赴地来完成。如果目标模糊，无论如何努力，都达不到最终的目标。那么，如何制订明确的目标呢？制订明确目标可以运用以下的法则：

有关目标的SMART法则

美国许多高科技公司要求每个部门、每个员工都要有自己明确的目标，同时，这些目标必须是“SMART”的。这里的“SMART”是指：

（1）S——明确（Specific）：即目标的范围是明确的，而不是宽泛的。举例来说，学生不要泛泛地说自己要“学好某门功课”，而是要明确，自己在学习时必须记住多少个方程式、做多少道题或者背多少单词，这些都要有一个明确的标准。

（2）M——可度量（Measurable）：目标不能只是停留在思想上的口号或空话。制订目标是为了取得进步，必须把抽象的、无法实施的、不可衡量的大目标简化成实际的、可衡量的小目标。一个可衡量的目标应该很容易回答如下问题：如何确认该目标已完成？如何知道自己取得了进步？进步的程度是多少？

（3）A——可实现（Attainable）：目标应当是可实现的，而不是理想化的。虽然我们都倾向于选择有挑战性的、能鼓舞自己士气的目标，但是，如果目标无法实现，那么，它不但没有指导意义，还会起到反作用。因此，考查一个目标是否可实现的方法是：问问自己能否实现该目标？自己是否有足够的资源、技能和知识？是否需要他人的帮助？

（4）R——结果导向（Result-based）：目标应该基于结果而非基于行动或过程。很多人习惯于把“行动”（action）与“结果”（result）混淆，例如，为了实现1年内词汇量达到10000个的目标，“行动”是“开始背单词”，而“结果”是“1年后记忆10000个单词”——显然，真正的目标应该是后者而非前者。如果经常陷入“是否已经达到目标”的困惑，那么这个目标就一定没有选择妥当。

（5）T——时效性（Time-based）：目标应当有时间限制。时效性的要求可以让你明确这个目标是短期、中期还是长期的目标。有些目标在“可实现”方面看起来似乎有问题，但只要改变其时间限制，该目标就会变得非常现实。例如，“1年内记忆10000个单词”在短期内可能无法实现，但“1个月内记忆1000个单词”可能就是一个容易实现的目标了。制订有时间限制的目标时，不妨问问自己：“为了完成目标，每隔多长时间就需要评估一次进度？”制订具体目标时，必须了解自己的实际能力。

（李开复，2005）

在制订学习计划的过程中，学生要明确每个阶段的学习目标、学习内容、时间分配、方法措施等。

2. 严格执行

对许多中学生而言，制订一个详尽的学习计划并不是件难事，难就难在无法严格执行计划，执行是计划完成的保证，如果没有强有力的执行，再完美的计划也只是“看上去很美”。

在计划开始执行的最初阶段，人可能会感到很难执行。因为习惯的形成是一个过程，不是一天两天就能形成的。心理学家发现，形成一个习惯大约需要20天左右的时间，一旦习惯形成，执行计划就会变得很容易。正如印度谚语所说：“播种行为，收获习惯；播种习惯，收获性格；播种性格，收获命运。”

在执行计划的过程中，要专注于小目标的完成，不要好高骛远。在执行计划的过程中，要注意抵制诱惑。比如，“同学找我出去踢足球，今天的任务明天再完成……”“今天不完成没有关系……”正如“防微杜渐”的道理一样，一旦给自己破例，就会给以后埋下懒惰的种子，每当想要偷懒时，就给自己的行为进行合理化的解释，最终变得越来越懒惰，无法完成计划。

在执行计划的过程中，要注意对过程的关注。在执行的过程中，可能会发现原有计划的不完善之处，这时，要注意尽量保持原有计划的完整性，在这个基础上进行灵活处理。比如，发现自己的学习效率有了很大提高，可以把原有的计划提前或者增加学习内容。

执行计划的过程中要始终保持不屈不挠的精神，这是因为在计划执行的过程中，肯定会遇到困难和阻力，这是正常的，不要担心和害怕。需要做的是对出现的困难和阻力进行全面的考察，必要的时候可以寻求他人的帮助。

3. 总结

在完成计划之后，中学生可以对自己的计划进行总结。完成的情况、自己在整个执行过程中表现出来的优缺点、可以改进的地方，都可以是总结的对象。全面的总结可以让中学生更好地认识自己，从而在今后的学习和生活中制订更加“有的放矢”的计划。

二、时间管理——让生活的节奏放轻松

古往今来，很多人感慨过人生的短暂和时间的永恒：“子在川上曰：逝者如斯夫，不舍昼夜”（《论语·子罕》），“夫天地者，万物之逆旅；光阴者，百代之过客”（李白《春夜宴从弟桃李园序》）。现代社会的生活节奏很快，很多人感觉学习和生活压力很大，中学生也感觉到学习负担繁重，因此经常感叹学习时间不够用。实际上，只要学会时间管理，合理分配和规划自己的时间，就可以让学习和生活轻松些。

我们目前所做的事情都可以根据两个方面进行划分：重要的和紧迫的。重要的事情是指与达成目标、完成使命和实现人生价值有关的事情；紧迫的事情是指必须马上处理、迫在眉睫的事情。根据重要性和紧迫性，所有的事情可以划分为四种：重要又紧迫、重要不紧迫、紧迫不重要和不紧迫不重要的事情。从下面的表2.3中可以看到生活中的这四种事情（有人称之为时间象限）：

表 2.3　时间象限

	紧迫	不紧迫
重要	明天要交的作业 朋友受伤 上学迟到 考试忘记带笔	锻炼身体 恋爱 1个月之后要交的暑假作业 为提高修养要读的书
不重要	由于压力而不得不去和同学打牌 其他人的小问题	看电视太多 长时间玩电脑游戏 没完没了地逛商场 浪费时间

根据对人所做事情的划分，人也可分为四种：

■经常做重要紧迫事情的人：拖拉的人；

■经常做重要不紧迫事情的人：懂得轻重缓急、会管理时间的人；

■经常做紧迫不重要事情的人：唯唯诺诺的人；

■经常做不紧迫不重要事情的人：懒散的人。

拖拉的人会感觉到生活中有许多无法控制但又必须完成的事情。比如，在今天晚上发现明天要交作业了才做作业，赶到考试之前才复习功课，这样的人会感觉自己整天在忙碌，却总也忙不完。由于总是喜欢把事情一拖再拖，最后，他们往往感觉身心紧张、焦虑和筋疲力尽。

唯唯诺诺的人会感觉生活中总有很多别人的事情需要忙。他们把别人的要求看得很重要，结果生活变得很匆忙、没有成就感。

懒散的人会把生活中的很多时间投入到各种各样的娱乐活动当中去，如看电影、上网浏览、聊天等，而无法完成自己的任务，没有任何责任感。

其中，经常做重要不紧迫事情的人是最懂得管理时间、利用时间的人。这种人会把很多复杂的事情提前安排好，把大目标分成许多小目标，然后逐个达到。比如，提前两个月就开始为期末考试做准备；他们会把要做的事情按照重要性排好，然后逐件去完成。这样的人往往会平衡学习和锻炼，精力充沛。

由此可见，上文中提到的制订计划对时间管理同样具有重要的意义。为了帮助并训练中学生加强自己的时间管理，教师可以开展以下活动：

【活动】时间管理——让生活放轻松

活动目的：

1. 帮助学生了解事情的重要性和紧迫性，分清轻重缓急。

2. 学习时间管理的原则。

活动过程：

1. 引入

李成文是一个中学生。离开学还有一周时间，李成文忽然发现教师布置的数学作业还有一半没有完成，但是晚上已经和同学约好一起去学校踢球。其次，教师要求进行社会实践，公司已经找好了，可是，他一直拖着没有去。此外，他答应妈妈制订的学习计划也没有任何进展，但妈妈说开学前一周和她讨论。李成文很着急，感觉很多事情都要做，但是不知道从哪里入手，好不容易开始做，却总想着其他的作业要做，心里七上八下的，静不下来。

2. 讨论

2.1 集体讨论

（1）教师提问："为什么李成文这么着急？我们平时的学习和生活中有没有类似的问题发生？"

（2）请大家集体讨论。

（3）请部分同学分享自己的观点。

2.2 讲解事情的重要性和紧迫性、时间象限的内容

2.3 小组讨论

（1）将全班同学分成若干小组（每组6～8人），围坐成圆圈。

（2）给所有同学发放“我的时间象限”表（表2.4）。

表2.4　我的时间象限

	紧迫	不紧迫
重要		
不重要		

（3）分组讨论。让大家针对自己在时间管理中的冲突表现和原因，根据亲身体验对生活中的事情进行分类，鼓励大家对重要性和紧迫性进行讨论，然后确定自己的时间象限。教师可以引导大家：“有些重要不紧迫的事情如果不及时处理，就会变成重要紧迫的事情。”

（4）每个小组选派一个代表报告本组的讨论结果。

3. 总结

教师讲解时间管理的原则和具体方法。

在生活中，许多时候大家都会感觉到时间不够用，这时候需要我们对自己的时间进行管理，只要掌握时间管理的方法，就可以让生活变得轻松起来。

研究发现：一个高效率的组织（人）会把65%～80%的时间用来做重要不紧迫的事情，20%～25%的时间用来做重要紧迫的事情，15%的时间用来做紧迫不重要的事情，还有1%的时间浪费在不重要不紧迫的事情上。在学习生活中，我们也应该合理分配自己的时间。大家要把握以下的原则：

（1）把你的大多数时间用来做重要但不紧迫的事情，否则，它们会成为重要紧迫的事情。

（2）尽量避免让重要紧迫的事情变得越来越多。

（3）尽量回避紧迫但不重要的事情。

（4）尽量不去做不重要不紧迫的事情。

上面的四个原则是时间管理上的根本原则，下面是一些更具体的方法：

（1）每说一个"行"，就说一个"不"：我们无法在同一时间完成两项任务。因此，我们要做一件事，就要在这一时间段放弃另一件事，以便于集中精力做好手头的事。

（2）远方的"大象"：任务在离规定的时间比较远时，总是不那么容易引起我们的注意。我们往往会放松警惕，等事到临头才发现它的艰巨。因此，要防止远方的"大象"，尽早去实施计划。

（3）化整为零：就像前面提到的马拉松选手，把大目标分解成小目标，然后庞大的任务就成了"纸老虎"。

（4）不做完美主义者：切忌事事必求完美，很多事情都需要我们付出精力，我们需要根据轻重缓急进行平衡，追求完美可能会让我们筋疲力尽。

（5）摆上桌面就一次：当开始做一件事情的时候，就要完成它，不拖到明天去做，给自己点信心和压力。

（6）做事情要有明确的起始时间：要规定完成任务的起始时间，督促自己完成任务。

（7）定时做计划：制订计划并严格执行。

最后请大家思考自己的时间象限：

（1）如果大部分的事情都集中于"紧迫重要"的象限，说明你可能有太多的事情拖延到最后关头做，这样的焦虑是很高的。

（2）如果大部分事情都集中于"重要不紧迫"的象限，说明你能够很好地安排时间，很少感受到时间的压力。

（3）如果大部分事情都集中于"紧迫不重要"的象限，说明你可能总是在忙别人的事情，要考虑一下，重新规划自己的时间。

（4）如果大部分事情都集中于"不重要不紧迫"的象限，你可以想一想：自己的学习和生活，是不是真的有那么多"不重要不紧迫"的事情，是不是都堆到将来的某一天了呢？

（伍新春、叶斌，2006）

三、掌握学习方法——让学习轻松起来

（一）做笔记——思维导图的使用

在学习过程中，要进行预习、上课和复习三个环节。其中，做课堂笔记是一种比

较常见的学习策略。传统的做笔记方式是根据上课时教师讲课的顺序，试图把每一点都记下来，这种记录的方式类似记流水账，几乎是在进行机械复制，这种记录缺少对知识之间关联的把握，很多学生实际上也无法完成记录下教师所讲全部内容的目标。学生往往在课堂上做笔记，然后就放在一边，再也不会去看第二遍。

目前，我国许多中小学开始使用英国托尼·巴赞（Tony Buzan）博士在20世纪60年代提出的思维导图来指导学生的学习，使用思维导图做笔记、整理所学的知识，经证明是一种非常有效的方法。

利用思维导图的方式做课堂笔记一般需要经过以下步骤：

（1）从一张白纸的中心开始绘制，周围留出空白。因为从中心开始，可以使你的思维向各个方向自由发散，能更自由、更自然地表达你自己。

（2）用一幅图像或图画表达你的中心思想。因为图画比词汇更容易记忆，同时帮助你运用想象力。

（3）在绘制过程中使用颜色。因为颜色和图像能让你的大脑兴奋，可以采用不同的颜色来表示不同的内容，图形越生动越好。

（4）绘制过程中也可以使用符号，不过符号要尽量生动简单。

（5）将中心图像和主要分支连接起来，然后把主要分支和二级分支连接起来，再把三级分支和二级分支连接起来，依此类推。由于大脑是通过联想来思维的，因此把分支连接起来，大脑就会更容易理解和记住许多东西。

（6）让思维导图的分支自然弯曲而不是像一条直线，因为大脑会对直线感到“厌烦”。曲线和分支，就像大树的枝杈一样，更能吸引你的眼球。

（7）在每条线上使用一个关键词，因为单个的词汇使“思维导图”更有力量和更具灵活性。每一个词汇和图形都像一个母体，繁殖出与它自己相关的、互相联系的一系列“子代”。当你使用单个词汇时，有助于新想法的产生，而短语和句子却容易扼杀这种火花。不要把完整的句子写在分支上，要多使用关键的名词和动词。

（8）建立自己的风格。思维导图不是艺术品，所画的能帮助记忆，才是最关键的。

（9）重画能使思维导图更简洁，有助于长期记忆。同一主题可以画多次，不会花很多时间，就可以把主题牢牢把握住，画思维导图的过程就是记忆的过程。

（10）尽量发挥自己视觉上的想象力，利用自己的创意来制作自己的思维导图。

心理学研究发现，人类的大脑对于图形和颜色更敏感，因此，在做笔记的过程中，采用图形和颜色会比单纯使用词汇的方式要好很多，整个过程是在“画”而非“记”，“画”的过程就是我们大脑思维的全过程，然后根据思维导图进行复习，实际上就是重现学习和思维的过程。目前，人们也可以使用思维导图软件来绘制思维导图。

（二）文科学习读书法——PQ4R学习法

PQ4R学习法是托马斯和罗宾逊（Tomas & Robinson，1972）提出来的，它是在罗宾逊早期版本SQ3R学习法［SQ3R学习法是美国艾奥瓦大学教授罗宾逊（F. P. Robinson, 1961）在第二次世界大战时为美军特种兵训练所设计的，后来俄亥俄州州立大学将其整理作为大学生读书的方法。——编者注］的基础上改进的。

PQ4R分别代表：预览（Preview）、设问（Question）、阅读（Read）、反思（Reflect）、背诵（Recite）和回顾（Review）。PQ4R读书方法适用于文科学习中的阅读，包括单独章节和整本书的阅读。

在阅读的过程中，可以这样具体地使用PQ4R学习法：

（1）浏览：通过快速的预习或者浏览，尽力掌握所看材料的大意。快速浏览材料，对材料的基本组织主题有一个初步的了解。注意标题、副标题、目录、前言和后记等部分，通过浏览，可以迅速掌握章节或者书籍的大致内容、逻辑结构。进一步浏览还可以深入到各个章节的提要和小结，对每个部分有大致的了解。这样也可以知道自己感兴趣的内容所处的位置，对需要投入的精力有初步的规划。

（2）设问：问题是最好的教师。阅读时自己问自己一些问题。根据标题用"谁""什么""为什么""哪儿""怎样"等疑问词进行提问，如"作者想要表达的是什么"等。

（3）阅读：积极地和批评性地阅读。在阅读过程中，尝试回答自己提出的问题；在阅读阶段不要做笔记。

（4）反思：明确章节或者书籍的思想。尽量复述作者的主要论点，把阅读和反思过程中产生的问题找出来，带着问题继续阅读。在这个阶段记笔记，记录下内容中的要点和自己的理解。

（5）背诵：记住最关键的信息。通过重新组织内容，在概念之间建立关系、画出知识网络或思维导图，对最关键的信息进行记忆。

（6）回顾：总结进行过的步骤。积极地复习材料，可以通过问自己问题来确定自己在哪些方面需要学习，同时也可以总结这次读书成功和失败的经验。

一般来说，PQ4R学习法只是适用于文科学习，如语文、历史、政治等科目的学习。

（三）记忆的方法

记忆是在头脑中积累和保存个体经验的心理过程。良好的记忆力是知识积累的重要保证。如果把大脑比做一台计算机，记忆就是大脑对外界信息（如学习内容）进行编码、存储和提取的过程，通常所说的记忆就是把学习内容"存储"起来的过程。中学生需要记忆的知识特别多：历史事件中的大量时间、地名、人物，地理中的大量地形地貌知识，生物中的人体骨骼组成和各种生物的分类等。如果可以掌握一些记忆的方法，记忆的过程就可以变得更轻松。

心理学对记忆的研究表明，以下的方式可以更好地帮助记忆：

1. 调动学生的情绪和情感

人们总是会对与积极或消极情感体验相关的经历记忆犹新。因此，教师在课堂上可以用一些方法激发学生的学习情感以增强记忆。例如，在历史教学中，讲到开国大典时可以利用当时的录音和录像调动大家的爱国热情；讲解抗日战争中日军的暴行时，可以采用受害者的回忆录像、参观博物馆的相关内容来进行讲解。另外，教师在教学过程中的热情也很重要，教师的情绪可以感染学生的情绪，使学生心情愉快。此外，教师还可以让学生联系自己的生活经验使课程个性化，安排趣味性活动、特别事件或旅行等，以激发学生的情绪。

2. 让学生的多个感官共同参与学习

人类主要的感觉通道有视觉、听觉和运动觉。当学生学习时，参与学习的感官越多，掌握学习的内容就越容易。心理学实验证明了这一点；视听结合获得的知识，3小时后能保持85%左右，3天后能保持70%左右；只靠耳朵听得的知识，3小时后只能记住65%左右；单靠眼睛看到的知识，3小时后可保存70%左右，3天后能记住30%左右。在课堂上，教师调动学生多感官参与学习的方法有使用图画、图表、实物演示、录音和录像等视觉刺激，为学生创造身临其境的机会等。参与学习的感官越多，学生学习的机会就越多，知识也就掌握得更牢固。学生在学习新知识和复习所学内容的时候，都可以利用多个感觉通道进行。

（1）根据首因和近因效应安排学习内容。心理学实验发现，在一段时间的记忆过程中，开始和结尾阶段内容的记忆效果要好于中间阶段。因此，在一节课的开始部分，学生学习效果最佳，其次是课的结尾部分，课的中间部分效果最差。因此，教师可以利用课的开始强调要点，在课的中间解释细节和练习，在课结束时总结和提示要点。学生可以在自己规划的一段时间内，在开始和结尾阶段记忆最重要的内容，在中间阶段记忆不太重要的内容。

（2）使用图形和图画重新组织知识有助于记忆。这是因为大脑对图形和图画的记忆明显好于对文字的记忆，同时重新组织可以使知识之间的逻辑关系变得更明确（如概念图和知识网络图），知识可以得到更加精细的加工，更利于记忆。前面介绍的思维导图也是这样一种组织知识的方式。对相同的知识采用不同的组织方式也可以更好地帮助记忆。在学习过程中，把关键的内容通过图形或者图画的方式表示出来，或者让学习内容和图形或图画建立关系，都是很好的记忆方法。

（3）运用联想。联想可以在多种事情之间建立关系，更加便于记忆。很多讲授记忆方法的书都会重点讲述这种方法。

（4）相信自己的记忆力。很多学生在开始记忆之前，首先把自己吓倒了，从而无法发挥主观能动性，利用上述各种方法对学习内容进行记忆。所以说，学生首先要相信自己的记忆力，相信自己肯定能够记住，然后才可以更好地记忆。

四、科学用脑——让学习事半功倍

对学生而言，从中学阶段开始就要逐渐养成科学用脑的习惯。学习不但需要讲究方法，还需要懂得根据大脑的规律来进行合理规划。科学用脑主要要做到以下几点：

1. 保证充足的睡眠

科学家早已发现，充足的睡眠对人的身体和心理健康有重要影响。高质量的睡眠可以使大脑细胞完全休息，大脑功能得到充分保养和恢复，对于巩固记忆力有很大的帮助。但是，中国青少年研究中心“中国城市少年儿童生活习惯研究”课题组2004年的研究结果显示，我国中小学生的睡眠状况令人堪忧：约有2/3的小学生和3/4的初中生睡眠严重不足。其中，66.6%的小学生、77.1%的中学生睡眠时间达不到标准；48.2%的中小学生感觉睡眠不足；23.5%的中小学生晚上很难入睡，睡眠质量欠佳。长期睡眠不足或睡眠质量太差，会加速脑细胞的衰退、记忆力减退、免疫力下降和易激惹等。2007年5月25日中共中央、国务院发布《关于加强青少年体育增强青少年体质的意见》，要求保证小学生每天睡眠10小时，初中学生每天睡眠9小时，高中学生每天睡眠8小时。因此，家长一定要注意孩子的睡眠时间和睡眠质量，为孩子的大脑正常工作提供保障。例如，夏天的时候，可以适当增加孩子的午睡时间。

2. 劳逸结合

大脑皮层有兴奋和抑制两种状态，当某一神经中枢兴奋时，其他神经中枢就处于抑制休息状态；当某一神经中枢长时间兴奋即工作时，就会自动出现保护机制，抑制个体再使用大脑，这时效率就会下降。因此，交替不同的学习和活动内容，大脑皮层不同的神经中枢轮流工作和休息，可以保证脑功能的全面发挥。心理学研究发现，健康儿童连续用脑30分钟，血糖浓度在120毫克以上，这时大脑反应快，记忆力强；连续用脑90分钟，血糖降至80毫克，大脑的功能尚正常；连续用脑120分钟，血糖降至60毫克，反应迟钝，思维能力较差；连续用脑210分钟，血糖就会降至50毫克，这时便会头痛，会暂时失去工作能力。因此，不宜长时间地使用大脑。一般来说，每次持续学习和工作的时间不要超过1个小时。

3. 保持合理膳食

为了满足脑的营养需要，科学的饮食是关键，最好把效能不同的营养食物搭配成平衡膳食。在下列营养成分和食物中，有对脑的健全发育起重要作用的最佳健脑营养素和最佳健脑食物成分:

脂肪是健脑的首要物质。脂肪在发挥脑的复杂、精巧功能方面具有重要作用。给脑提供优良丰富的脂肪，可促进脑细胞发育和神经纤维髓鞘的形成，并保证它们的良好功能。最佳食物有芝麻、核桃仁、自然状态下饲养的动物及其他产品、坚果类等。

蛋白质是智力活动的物质基础。蛋白质是控制脑细胞的兴奋与抑制过程的主要物质，在记忆、语言、思考和运动、神经传导等方面都有重要作用。最佳食物有瘦肉、鸡蛋、豆制品、鱼、贝类等。鱼脑是很好的保健健脑食品。

碳水化合物是脑活动的能量来源。碳水化合物在体内分解为葡萄糖后，即成为脑的重要能源。食物中主要的碳水化合物含量已可以基本满足机体的需要。糖质过多会使大脑进入过度疲劳状态，诱发神经衰弱或抑郁症等。最佳食物有杂粮、糙米、红糖和糕点等。

钙是保证脑持续工作的物质。钙可保持血液呈弱碱性的正常状态，防止人陷入酸性易疲劳体质。充足的钙可促进骨骼和牙齿的发育，并抑制神经的异常兴奋。钙严重不足可导致性情暴躁、多动、抗病力下降、注意力不集中、智力发育迟缓甚至弱智。最佳食物有牛奶、海带、骨汤、小鱼类、紫菜、野菜、豆制品、虾皮和果类等。

另外，过食甜食也会影响大脑。因为甜食降低食欲，会减少对高蛋白和多种维生素的摄入，导致机能营养不良，影响大脑发育；长期饱食会对大脑有害，导致脑动脉硬化、脑早衰和智力减退等；不食用早餐可能使血糖低于正常供给，也会影响大脑正常工作。

4. 进行体育锻炼

体育锻炼对大脑具有重要的作用。充足的养分和营养是大脑工作的物质基础。大脑对氧的需求量占人体需要量的1/5，在紧张的脑力劳动时，大脑还要消耗大量的血糖、维生素等营养物质。经常从事体育锻炼能够保证大脑组织有充足的氧气和营养物质，可以保证人大脑清醒、精力充沛、心情舒畅地进行学习和思考。在体育锻炼过程中，不同运动项目表现出复杂性、灵活性、多变性等特点，它们对提高人的想象力、洞察力和迅速反应与准确判断的能力都有重要作用，进一步提高大脑的工作能力。对于中学生来说，经常参加体育锻炼可以使大脑的重量和大脑皮层的厚度增加、脑神经细胞树突增多，促进大脑发育。另外，充满活力的体育锻炼可以促进脑内有益化学物质的分泌，比如“内啡肽”，这种物质可以使人精神振奋、心情愉悦。

5. 合理安排学习时间

一天里有四个时间段是记忆的黄金时间。大量观察证明：人的体温在一天中有三个高峰，即早晨起床后、8:00和18:00后的两个小时左右。在这三个高峰期间，脑神经处于高度活跃状态，思维灵敏，办事效率高，体温峰值过后，人就感到疲劳，学习效率低下。因此，要学会科学地运用最佳时间。清晨起床后，大脑经过一夜休息，消除了疲劳，没有新的记忆干扰，是学习和记忆的高效期。在这一时段，适宜学习一些难以记忆但必须记忆的内容。上午8:00 ~ 10:00是第二个记忆黄金时段，大脑极易兴奋，适宜学习需要周密思考和分析判断的内容，也是攻克难题的最好时间。下午6:00 ~ 8:00是第三个记忆黄金时段，大脑神经活跃，是复习全天学习内容、将知识归纳分类和整理笔记的黄金时段。晚上临睡前一小时，是一天中第四个学习黄金时段。利用这段时间，复习难以记忆的内容最适合，这是因为在睡梦中大脑会继续加工之前的信息。

第三章

了解自我，悦纳自我

认识你自己。

——古希腊奥林匹斯山德尔斐神殿石碑铭文

认识自己，这是一个既简单而又复杂的问题。早在古希腊，奥林匹斯山德尔斐神殿石碑上就出现了这句铭文，这说明人类关注这个问题由来已久。对个体而言，进入青春期的青少年也开始把注意力转向自身。

第一节

去伪存真，认识真实自我

对着镜子微笑的女儿

最近发现女儿有一个问题。以前都是我给她买衣服，但在她进入初中二年级以后，她突然自己提出想穿什么什么样的衣服，而且总是说“同学们也有这样的衣服，所以我也要穿”。她每天早晨起来，待在洗漱间里半天都不出来，一开始我很担心，以为她在里面是不是有什么事。后来，有一次，当我推开门的时候，发现她一直在镜子面前对着镜子微笑，做各种表情，给自己梳各种各样的发型。早上上学的时间非常紧张，她在镜子面前还这么浪费时间，我非常生气，当时就训了她。可是并没有奏效，一个月以后，她在书房里看书，我推门进去给她送牛奶，发现她正对着镜子咧着嘴笑，不知道她在干什么。

（李子勋，2006）

这是心理专家李子勋在《陪孩子长大》一书中记录的一个案例，相信广大的教师和家长并不陌生。大人们经常会发现进入青春期的孩子可能会更关注自己的相貌，关心大家对自己的评价。这就意味着，在中学生心中，一个真正的“我”出现了。心理学家一般用自我意识的发展来说明这个问题。

一、自我意识

自我意识是一个人对自己的认识，如我们平常对自己的能力、性格和价值观的认识就是自我意识的一部分。正是由于人具有自我意识，才能对自己的思想和行为进行更好的调节，使我们的内心更平静，与外界的关系更和谐。

自我意识往往很复杂，它可以分为认知、情感和意志力三种形式，分别称为自我认识、自我体验和自我调控。

自我认识即关于自我的认知成分，包括个体对自己生理方面的认识（身高、体重和相貌等）、心理方面的认识（性格和能力等）、与他人关系的认识（与同学、朋友、亲人和教师的关系等）。个体往往会形成独特的自我概念，并根据其进行自我评价，而对自我的评价又往往会成为自我概念的一部分。自我概念和自我评价是自我认识中最主要的方面，集中反映了个体自我认识的发展水平，也是个体心理健康的一个重要影响因素。

自我体验是自我意识的情感成分，往往在自我认识的基础上产生，表明个体对自己所持的态度。自我体验主要包括与自我有关的各种情感体验，自尊、自信、自卑、内疚、自豪感、自我效能感都反映了个体的自我体验。

自我调控是自我意识的意志成分，指个体对自己的行为与心理活动进行主动心理调节的过程。它包括自立、自律、自我控制和自我教育等层次。其中，自我控制和自我教育是自我调控中最主要的两个方面。

青春期以前，个体更关注外部世界，他们的注意和兴趣主要集中在自己周围的环境，而很少关心自己的内心世界。青春期前的个体虽然已经意识到自己是一个主体，能够充分地认识到自己的行动，但却并不了解自己的心理状况。许多人并不懂得情绪是自己的内心感受，而是仅仅把它视为某种客观上伴随行为而产生的东西，认为是别人或者自己决定了自己的情绪。在认识外部世界时，他们还不善于运用自己的眼睛去观察、运用自己的头脑去思考，他们只是把自己被父母和教师灌输的观点作为自己对外部世界的理解和认识，并认为这些是唯一正确的“真理”。

从青春期到成年的大约10年时间里，个体的自我意识开始发生变化，并逐渐趋于成熟。此时，自我意识往往会表现出四个方面的特点：①用自己的观点来认识与评价事物，从而使自己的思想和行为带有浓厚的个人色彩，言语表达中会出现很多以“我”开头的句子；②个体会从自己的性格和能力出发，强调特别事物对自己的重要性，形成特有的价值体系，以指导自己的行为；③追求独特的生活目标，出现与价值观相一致的理想自我；④抽象思维能力大大提高，对人生观和价值观的关系开始进行系统的思考。

总之，青少年在这一阶段身心的急剧变化，各种能力（尤其是想象力、逻辑思维能力）的加速发展，使自己在客观化时期从社会上吸收来的东西得到独立的综合加工，他们开始关心自己的形象、开始关心自己的心理活动，不再简单地认同别人的观点，而是有自己独特的见解，具有浓厚的个人主观性。

二、如何认识自我

认识自我是个体在成长过程中的一项重要任务。如果一个人能够全面、正确地认识自我，从而可以客观、准确地评价自我，他们在生活过程中就可以以更理智的态度来面对自己，更加游刃有余地处理自己在生活中遇到的各种问题。

自我认识的困难之处在于认识自己。自我是认识的主体，又是认识的客体，同时又要使认识具有全面性、正确性，这就让自我认识变得更加困难。那么，个体在生活中是如何认识自我的呢？

（一）通过与他人比较认识自我

个体对自我的认识常常需要通过与他人比较才能实现。在与他人比较的过程中，个体才能认识到自己能力的高低、道德品质的好坏、追求的目标是否恰当等。心理学家费斯廷格（Festinger）提出的社会比较理论认为：人们都在试图认识自我、评估自我，为此，在缺乏明确标准时，人们常常和与自己相似的人做比较。心理学家曾做过这样一个实验：首先请希望在某单位谋职的一些学生对自己的个人特性做出评价；然后出现一个假装谋求同一职位的人。其中，一组学生见到的是衣着讲究、温文尔雅、手提公文包的人（干净先生），另一组学生看到的是穿着破烂、手脚忙乱的人（肮脏先生）。在以后，找借口让学生重新填写自我评价表。结果发现，遇到“干净先生”的学生，自我评价普遍降低了，而遇到“肮脏先生”的学生，自我评价普遍提高了。这说明，人们总是不由自主地将自己与他人进行比较，在比较中对自己做出评价。处于青春期的中学生内心很敏感，十分关注自己身边的人和事，经常和他人进行比较，他们既会和别人比学习成绩，也会和别人比相貌，比自己的衣服是不是更漂亮。

中学生正处于一生中重要的发展时期，社会比较为他们提供了认识自我、了解自我和发展自我的重要标尺。社会比较也是每个个体认识自我不可或缺的重要手段。没有社会比较，就没有自我的进一步成长。

（二）通过别人的反射性评价认识自我

在生活中，我们身边的人有时并不会给予我们清晰明确的反馈，但我们可以从他们的态度与反应中来了解自己。社会学家库利（Cooley）提出“镜中我”（Looking-glass self），认为我们感知自己就像别人感知我们一样，镜子中的我或别人眼中的我就是我们感知的对象，我们常常依据别人如何对待我们来了解自己，这一过程就像镜子中反射光一样，因此称之为反射性评价。

中学生在与同学、教师交往中感知到的“自我”，很多是通过反射性评价形成的。例如，一个中学生曾经在给别人的信中提到：“我感到非常孤独，班里的同学不喜欢我，我常常在教室外面听到里面正在热烈地谈论着一个问题，而当我进去时，谈话经常戛然而止，大家的表情显示出他们对我的冷淡与不在乎，我不知道自己做错了什么，得不到大家的喜欢。这使我非常痛苦。”从中可以看到中学生是多么看重别人眼中的自我。

在生活中，别人会对我们的能力、性格等给予清晰的反馈，从而增强我们对自我的了解。当中学生被教师告诫要更加大胆、更加主动、更加勤奋一些时，他们便会从反馈中得知：自己有些害羞，不够主动，学习不够勤奋。特别是当许多人的看法一致时，他们就会相信这种看法是正确的，从而确定自己是这样的人。《新唐书·魏徵》记载，唐太宗对魏徵的去世感到十分悲痛，他说：“以铜为鉴，可正衣冠；以古为鉴，可知兴替；以人为鉴，可明得失。”这其中就蕴含了从别人眼中来认识自我的道理。

（三）通过自我反省认识自我

处于青春期的中学生也开始通过自我反省来认识自我。当自我意识关注的对象指向自我时，自省的行为就产生了。教师应引导学生不断对自己的行为进行反思，深刻地认识自我。孔子的“一日三省吾身”“见贤思齐焉，见不贤而内自省也”也说明了这样的道理。

下面介绍一种认识自我的技术，这种技术被称为WAI技术。

WAI是指“我是谁”（英文Who am I，缩写WAI），因其形式上是自由书写20种回答，故也被称为二十句测验（Twenty Statements Test）。WAI技术创始于20世纪50年代（Kuhn & McPartland，1954），它包含以“我”字开头的20个空行，并印有1～20的编号。要求个体针对“我是谁”这样的问题，做出20种不同的回答，记录头脑中出现的关于自我的想法。

【活动】我是谁

教师在活动开始前给每个同学发放活动页，内容如下：

活 动 页

我的名字：____________ 今天是____年____月____日

1. 我是 ____________________________ 的人
2. 我是 ____________________________ 的人
3. 我是 ____________________________ 的人
4. 我是 ____________________________ 的人
5. 我是 ____________________________ 的人
6. 我是 ____________________________ 的人
7. 我是 ____________________________ 的人
8. 我是 ____________________________ 的人
9. 我是 ____________________________ 的人
10. 我是 ____________________________ 的人
11. 我是 ____________________________ 的人
12. 我是 ____________________________ 的人
13. 我是 ____________________________ 的人
14. 我是 ____________________________ 的人
15. 我是 ____________________________ 的人
16. 我是 ____________________________ 的人
17. 我是 ____________________________ 的人
18. 我是 ____________________________ 的人
19. 我是 ____________________________ 的人
20. 我是 ____________________________ 的人

在填写过程中，教师要鼓励学生尽量填出尽可能多的项目，教师可以采取多种角度对学生的回答进行分析。比如，根据学生的描述把自我分成理想我和现实我，可以根据理想我和现实我之间的差距看个体当前对自我的满意度；也可以根据生理自我（身体和外表等，如我是一个长得很漂亮的人）、社会自我（别人眼中的自我，如我是一个受人喜欢的人）和心理自我（能力、性格和兴趣等，如我是一个喜欢玩电脑的人）来分析学生的描述，看看个体对自己的哪一个方面更关注。但是，教师不需要也没有必要将分析局限在上面提到的分类上，因为本活动的目的在于让个体开始具有主动认识自我的意识。

（四）依据自己的行为判断

个体的行为既具有外显性，也具有内倾性，因而对自己行为的判断为自我的确立提供了可靠的依据。心理学家的自我知觉理论认为：在大多数情况下，人们常常依据内部线索（如所做的选择、情感体验）来了解自己。在内部线索微弱或模糊的情况下，人们常常依据外在行为来推断自己的内部心理特征，如性格、能力、态度、品质、爱好等。例如，当中学生参加奥运志愿者的活动时，他认为自己是一个高尚的人；当成绩不好的学生在一次考试中取得成功时，他可能会认为自己也是一个爱学习的人。当中学生缺少对自我足够的了解时，他们往往会通过这种方式来进行判断。

从上面的介绍我们可以看出，自我认识往往并不像人们想象的那么简单。心理学家发现，自我认识确实并不容易，鲁夫特与英格汉（Jasph luft & Harry Ingham）提出了自我认识的“周哈里窗”（Johari Window）（见表3.1），认为普通的窗户分成四个部分，人的内心也是如此。根据自己和他人对自己的了解，可以把自我认识分成四个部分：开放我、盲目我、隐藏我、未知我。

表3.1　周哈里窗（摘自悟诚心理咨询网）

	自己知道	自己不知道
别人知道	自由活动领域 开放我（公众我）	盲目领域 盲目我（背脊我）
别人不知道	隐藏或逃避领域 隐藏我（逃避我）	处女领域 未知我（潜在我）

1. 开放我

左上角那一扇窗被称为“开放我”，也称为“公众我”，属于自由活动领域。这是自己了解别人也知道的部分。比如，我们的性别、外貌及某些可以公开的信息（包括年龄、籍贯、住处、能力、爱好、特长）等。“开放我”是自我最基本的信息，也是认识自我、自我评价的基本依据。

每个人“开放我”的大小取决于自我心灵开放的程度、个性张扬的力度、人际交往的广度、他人的关注度、开放信息的利害关系等。

2. 盲目我

右上角那一扇窗被称为“盲目我”，也称为“背脊我”，属于盲目领域。这是自己不知道而别人却知道的部分，就像我们的后背一样，自己看不到别人却看得清清楚楚，所谓“当局者迷，旁观者清”。盲目我中包含的可以是一些很突出的心理特征，如有的学生在和其他同学争执的时候，认为自己永远是对的；也可以是不经意的一些小动作或行为习惯，如一个得意的或者不耐烦的神态和情绪的流露，自己通常觉察不到，当别人告诉自己的时候自己往往会大吃一惊，恍然大悟。自己的“盲点”既可以是一个人的优点，也可以是一个人的缺点。因为事先不知、不觉，所以当别人告诉自己时，自己或惊讶，或怀疑，或辩解，特别是听到与自己的初衷或想法不相符合的情况时，这些情绪会表现得更为激烈。

“盲目我”的大小与个体是否能自我觉察、自我反省有关，通常对自己具有深刻内省能力的个体，盲点比较少，“盲目我”比较小。而熟悉并指出“盲目我”的他人，往往也是关爱、欣赏和信任我们的人。所以，中学生要学会用心聆听，重视他人的回馈，既要做到不固执，也要做到不过早下结论。

3. 隐藏我

左下角那一扇窗被称为“隐藏我”，也称为“逃避我”，属于隐藏或逃避领域。这是自己知道而别人不知道的部分，与“盲目我”正好相反，也就是平时常说的隐私、个人秘密，个体会把一些事情留在心底，不愿意或不能让别人知道。缺点、往事、痛苦、愧疚、尴尬、欲望、意念等，都可能成为“隐藏我”的内容。相比较而言，心理承受能力强的人、隐忍的人、自闭的人、自卑的人、胆怯的人、虚荣或虚伪的人，“隐藏我”会更多一些。适度的内敛和自我隐藏，可以给自我保留一个私密的心灵空间，从而可以避免外界的干扰，这是一种正常的心理需要。没有任何隐私的人，就像住在透明房间里，缺乏控制感与安全感。但是，“隐藏我”太多，“开放我”就会显得太少，如同筑起一座封闭的心灵城堡，无法与外界进行真实有效的交流与融合，既压抑了自我，也令周围的人感到压抑，容易导致误解和曲解，造成自我认识和他人评价的巨大反差，从而成为人际交往的迷雾与障碍。

因此，勇于探索自我者，不能只停留在“开放我”的层面，还应敢于直面“隐藏我”的秘密和实质。

4. 未知我

右下角那一扇窗被称为“未知我”，也称为“潜在我”，属于处女领域。这是自己和别人都不知道的部分，有待挖掘和发现。通常是指一些潜在的能力或特性，比如一个人经过训练或学习后，可能获得的知识与技能，或者在特定的机会里展示出来的才干，也包含个体内心深处的潜意识层面，就像隐藏在海水下的冰山，力量巨大却又容易被忽视。对未知我进行探索和开发，才能更全面而深入地认识自我、激励自我、发展自我、超越自我。学着尝试一些全新的领域，挖掘潜力，会让我们收获许多惊喜。因此，勇于自我探索者，要善于开发“未知我”的宝藏。

如果把已知的部分比做一个圆，那么，圆周触及的外界就是未知的部分。已知的圆越大，触及的未知世界也越大。认识和了解自我，要从“自我内在”开始，从“窗里”向“窗外”延伸。认识和了解自我，要学会开放心灵，减少盲点，直面隐藏，探索未知。

第二节
点亮希望，接纳自我

认识自我往往是一个毕生的过程，更重要的是在认识自我的基础上接纳自我。接纳自我是个体心理健康的一个重要部分。“接纳自我”是指个体对自己以及自己所具有的特征所持的一种积极的态度。在现实生活中，能欣然接受自己，会极大地提高个体的生活质量，提升主观幸福感。

在成长的过程中，中学生会遇到各种各样的问题和困惑，他们敏感的心灵让他们对教师的一个眼神、同学不经意的一笑思考许久。中学生往往给我们一种阳光的感觉，充满青春和活力。但是，在许多人心中，同时也有一个“不好的自我”，我们平时所说的自卑心理就是因为内心中有这样一个“自我”的存在。由于这个“自我”的存在，中学生的内心深处忍受着巨大的不安。那么，这个“不好的自我”从哪里来，中学生又该如何接纳自我呢？

一、自卑：不好的自我

一般而言，生理原因、成人的贬抑性评价、个体的生活经历、错误的归因方式都可能让个体内心中产生“不好的自我”。

1. 生理原因

少男少女们特别关注自己的相貌、身材、体重以及肤色。对这些的过度关注会使中学生产生极大的心理困扰。有些女生会因为自己长相不够漂亮，或者身材矮小、肤色黝黑而感到苦恼和自卑；有的女生会因为自己的汗毛重，或者有一颗虎牙、几粒雀斑、一颗痣而感到自卑。请看下面的例子。

我是一个14岁的女孩。我喜欢艺术、音乐，成绩也不错。老师和很多人都夸我聪明。可是，我有一个似乎永远解不开的心结：我因为自己的相貌而自卑。美貌好像就是我的死穴。我把它看得比什么都重要，甚至是我生活的支柱和动力。一个相貌不好的女孩会受很多委屈，而这些委屈的原因，都是因为长得不漂亮。这个阴影，从小一直困扰着我。

（摘自成都青少年爱国主义教育基地网站）

不仅女生如此，男生也会因为身材不够高大和魁梧而感到自卑。中学生很在乎别人对自己的评价，他们经常会在参加集体活动之前花很长时间打扮自己，而别人一句不经意的话、一个无意的眼神都可能导致他们怀疑自己，从而产生极强的自卑感。

还有一部分学生由于先天性生理缺陷，如聋、哑、盲等，再加上社会上对他们存在某种程度的歧视，他们也很容易产生自卑感，认为自己是不被别人喜欢的，是“不好的”。

2. 成人的贬抑性评价

很多人的自卑感来自于成人的消极性评价，父母和教师往往是青少年心目中的“重要他人”，他们的一言一行都会对个体不成熟的心灵产生巨大的影响。父母或者教师在个体幼年时一句不经意的话可能会让个体记忆终生，甚至会导致青少年自卑心理的形成。当青少年犯错误时，如果父母或者教师表现出贬抑性的评价，如“笨蛋”“脑瓜不开窍”“饭桶”“蠢”“什么都不是”等，都可能严重挫伤青少年敏感和脆弱的心灵，使其内心中产生“不好的自我”，有时候，他们甚至会认同父母或者教师对自己的评价，将其内化成为自己的一部分。

我的父亲

我记忆中的父亲是一个不苟言笑的人。幼时，总记得他每天都是阴沉着脸，默默地在我和哥哥们怯怯的眼光中走过来，走过去。他偶尔发出一两声低沉的恐吓，便吓得哥哥们兔子般地逃开。只有我，仗着是家中唯一的女孩，静静地站着，不动声色，他却也不恼我的“冒犯天威”，有时甚至会伸出他粗壮有力的大手，轻轻地抚摩两下我稀黄的头发，又默默地走开。更多的时候，他都是将头枕在双手上，身子仰天平放在家中的土炕上，微闭着眼，静静地躺着。这时候，家中其他人，包括妈妈，都会尽量离开屋子，避免因为自己的哪一点不小心而弄出声响，以致激怒父亲引来他的责骂。我到现在也不明白，为什么我们会那么怕我们的亲生父亲。在我的记忆中，他除了高声责骂我们之外，似乎从来没有动手打过我们。或许他从来也没想过要打我们，甚至他的高声责骂也仅仅是一种宣泄自己情感的方式吧。至于我们的反应，也许他从来都没有真正地注意过吧？或许，他认为只要他能给我们挣来饭吃，我们就不会有别的情感需求吧？毕竟，他的幼年，能吃上饭就是一种奢侈。我可怜的父亲，您怎么能想到，您当初的静默与责骂，造成了今日女儿的敏感易伤啊？这一定不是出自您的本心吧，我的父亲？

（摘自人间四月天博客）

在中国的文化传统中，体罚孩子被许多父母认为是一种合适的管教手段和方式，俗语讲“不打不成器”“棍棒底下出孝子”，但在这个案例中，我们可以看到父亲在年幼时的责骂与沉默不语对女儿造成的深远的消极影响。

3. 生活经历

生活经历也是有些中学生内心中“不好的自我”的重要来源。有的中学生因为家庭经济条件差而感到自己不如他人，也有的中学生因为父母的职业而感到自卑；有些从农村考入城市的中学生甚至怕遭到其他同学的歧视而不敢透露自己的家庭状况。

另外，来自不和谐家庭的学生也会表现出退缩和畏惧交往的自卑心理，家庭不和谐会导致学生缺少足够的爱和安全感，因此变得敏感和自卑。在学校生活中，他们在要求得不到满足时，由于自卑，往往采取一种防御性的攻击来表达自己的愤怒。下面讲述了一个成年人记忆中的家庭给自己带来的影响。

他们总是吵架

小时候，我本来家里条件就不好，爸爸妈妈还老是吵架，当时我感受最深的就是恐惧和忧伤，我在学校里孤僻、自卑、独来独往。我放学回到家就做作业，做完作业再做家务，有时还要挨打挨骂。沉默、忍耐，忍耐不住就无声地流泪……

我和弟弟都没有人引导，只知道读书出来就会好了。稍微懂事以后我们每次写信回家都会做爸爸妈妈的思想工作，弟弟在读高中的时候有一次还跪在爸爸妈妈面前求他们别吵架，他们也就渐渐地不吵了。终于我和弟弟背负着沉重的经济压力和思想负担走出来了，我们都发现父母对我们的影响真的很大……

（摘自网易博客）

4. 错误归因

归因可以分成三个方面：内部—外部、稳定—不稳定、可控—不可控。例如，考试成绩不理想既可能是因为考试题目太难、自己不努力，也可能是因为当时身体状态不好、能力不足、对于考试不重视。有些中学生往往不对事情背后的原因做全面、积极的归因，只采用简单的、消极的、单一的归因方式。比如，有的学生会认为考试失利是自己能力不足导致的，而忽略考试难度等外界因素，从而认为自己什么都不行，从此一蹶不振，久而久之，这种归因倾向就会导致其产生自卑的心理。

自卑心理一旦产生，一个直接的后果就是学生很难从内心深处接纳自我，而这种不接纳会在学习、生活、人际交往中表现出来，给学生的心理健康带来极大影响。

二、自卑对中学生的影响

自卑心理往往会在以下三个方面对中学生产生重要影响：错误的心理定势、人际关系不和谐和沉浸状态。

1. 错误的心理定势

心理定势指的是人们评价事情之前的一种心理倾向，是一种心理准备状态，会影响个体对许多事情的看法和处理。心理定势对人们的生活来说是一把双刃剑，既有积极的作用，又有消极的作用。

具有自卑心理的中学生往往只看到自己身上的“缺点”（很多时候，可能只是想象出来的“缺点”，实际上并不是），他们往往倾向于只看到事情不好的一面。比如，在考试之前，他们可能会很强烈地感觉到考试失败带来的恐惧感；每当开始新的尝试时，他们首先想到事情不好的一面，从而无法客观地对自己的优点和缺点进行全面的分析，影响到其主动探索行为。

2. 人际关系不和谐

具有自卑心理的中学生往往也是敏感多疑的。他们会经常很警惕地面对周围的同学，由于对自己不自信，所以他们经常用消极的防御性的形式来保护自己不受伤害。他们可能觉得别人在背后议论自己、嘲笑自己，而实际上大家可能只是在随便地说笑或者开善意的玩笑。比如，一直对自己的体型感到自卑的女生可能会主动避开关于肥胖的话题，久而久之，别的同学就会因为她的过度敏感而避开她。中学生也可能因为自卑而把自己封闭起来，由于怕犯错误，他们会主动不参加一些公开的活动，如当众讲话等，由于不敢面对自己的弱点，他们可能变得更加自卑，无法得到大家的欢迎和认可。

3. 沉浸状态

中学生由于自卑，可能会沉浸到个人的消极评价中无法自拔，不停地在自己的思维中挣扎，他们可能也会体验到自卑给自己带来的巨大痛苦，并希望改变。但是，他们很难从自己错误的思维模式中走出来。比如，一个认为自己不会在数学考试中取得好成绩的学生，每当失败时，可能都会告诉自己："我就知道自己不会成功的。"他们会寻求可以证实自己想法的事实，忽视与自己想法不一致的事实。比如，当原来比自己成绩还差的同学考了全班的最高分时，他可能会认为这是由于该同学脑袋聪明、一学就会，而忽视他背后付出的辛勤汗水。

三、接纳自我

1. 走出自卑的沼泽地

自卑有以上的种种消极表现，但并不意味着自卑是不可以超越的，教师和父母不要轻易给中学生贴上自卑的标签，让他们产生消极的心理暗示。当发现孩子出现自卑心理时，要记住心理学家对这个问题的看法：每个人都在不同程度地体验着自卑，自卑是可以超越的。

"留学教父"的故事

俞敏洪是北京地区最大的出国留学培训机构——新东方教育集团的董事长，他被众多高校学子称为"留学教父"。新东方学校累计培训学员30多万，在出国留学培训领域取得了极大的成功。就是这样一个人，他也曾经深深地自卑过。他出生在江苏农村，参加过1978年、1979年、1980年三次高考才考上北大。上大学后，他性格内向、不善言谈，而且不会说普通话，甚至连开口和别人讲话都不敢。开学的时候，他看到同学在看小说《约翰·克利斯朵夫》，由于之前没看过，就问同学："你看的是什么呀？"当时，同学睁大眼睛，仿佛是在看外星人，半天才说："这本书你都不知道？"话语中充满了惊讶和鄙夷。大三的时候，他得了肺结核，休学一年治病，他又把自己贴上了"肺结核病人"的标签，更加自卑。俞敏洪在感觉自己的不足后，刻苦读书，经常去北大图书馆看书，后来他们宿舍的同学开始向他询问问题了。再后来，俞敏洪取得了极大的成功。

电影明星的自卑

青年演员刘烨当年在中央戏剧学院上学时，是班里最不被看好的学生。刘烨在一次访谈中说自己是一个很自卑的人，由于父母和姐姐的爱护一直都长不大。突然一个人独自到中央戏剧学院学表演，他特别不自信。他说自己考中戏时三次面试准备的台词都是《想家》，结果差点通不过面试。他说："当时什么也不懂，别人就叫我大傻骆驼，当时认为自己出去之后就只能演《骆驼祥子》之类的。"但是，自卑并没有阻碍他的成功，相反，在克服自卑、付出辛勤的汗水之后，刘烨逐渐被观众认可和喜爱。

心理学家阿德勒认为：我们每个人生下来都是自卑的。他曾讲过这样一个故事：有三个小朋友，都是第一次到动物园去。他们站在狮子面前，被狮子的威严吓坏了。一个小朋友躲在妈妈的背后说："我要回家。"另外一个小朋友脸色苍白，全身发抖，但他站在原地仰着头说："我一点都不害怕。"第三个小朋友恶狠狠地瞪着狮子，问妈妈说："我能向它吐口唾沫吗？"大家都认为第一个小朋友是自卑的，但对于第二个和第三个小朋友的表现，大家的看法有着很大的分歧。有人说这不是自卑，但也有人说，其实这也是自卑。阿德勒认为，自卑的表达方式有很多种。每个人都用自己独特的方式表达出这种感觉，这就是著名的"自卑情结"。中学生具有自卑情结并不可怕，关键是要学会面对自卑，把自卑转化成自己前进的动力，尽可能地减少自卑带来的困扰。

的确，自卑并不可怕，正是由于自卑的存在，我们才会意识到自己的不足和无知，才有可能去不断超越自身，取得进步。但是，在生活中，大家似乎都很不愿意承认自己的自卑，认为承认自卑自己就显得一无是处，低人一等，影响自己的发展。其实，自卑是很普遍的一种情况，很多人到了成年之后内心也是自卑的，但是，这并不妨碍他们在事业和生活上取得巨大的成功。

自卑会给人们带来巨大的压力，使个人心理上失去平衡，也会激发人们产生克服自卑的勇气，从而使自己在某些方面变得杰出，这就是代偿作用。盲人因为视觉功能受损，其听觉、触觉都比我们正常人发达，许多盲人还成为杰出的按摩师。电视上也报道过失去双臂的人可以用嘴巴或脚趾执笔写字。这种代偿行为可以让人恢复心理平衡，获得心理健康。心理学家阿德勒本人就是一个鲜活的例子。阿德勒自幼患病，4岁才会走路，个子小，长得难看，5岁患肺炎几乎死亡，入学后成绩甚差，而他的哥哥在各方面都是一个“完美”的人。他的老师曾经告诉他父亲，阿德勒将来只能当鞋匠学徒。幼年的经历给阿德勒造成了极大的自卑感，但这却促使他通过努力补偿自己的身体缺陷。到中学时代，阿德勒变成学业优秀的学生；成年后成为著名的心理学家。阿德勒认为，每个个体都有天生的为争取优越而奋斗的精神，这是个体与生俱来的内在动力，为了战胜自卑和不安全感而活动，迫使个体力图获得更加巨大的成就，使自己表现得更完美，从而克服自卑感。

2. 接纳自我：换一个角度看自己

世界上没有两片完全相同的树叶，每个人都是独一无二的存在。接纳自我，就要接纳自己的全部，包括所有的优点和缺点。学会接纳自我，最重要的是接纳自己的不完美。

牛津大学的霍金教授全身只有三个手指会动，说话要靠仅能活动的几个手指操纵一个特制的鼠标器在电脑屏幕上选择字母、单词来造句，然后通过电脑播放声音，通常制造一个句子要五六分钟。为了合成一个小时的录音演讲，他要准备10天。就是这样的一个人，他并没有因为自己身体的残疾选择自暴自弃，而选择了努力与坚持。由于学术上的巨大贡献，他被誉为牛顿、爱因斯坦之后最伟大的物理学家。他说：“我有能动的手，能动的头脑，能为之奋斗的目标……还有一颗感恩的心。”

有的时候，觉得自己有缺点可能是因为看的角度不对。比如，有个女生因为有一颗虎牙而感到不安，认为自己很难看，直到有一天，她的好朋友告诉她：“你的虎牙真可爱。”以后，每当照镜子的时候，她脸上都会洋溢着灿烂的笑容。当我们无法改变环境的时候，我们可以改变自己，至少我们可以改变自己的态度。

接纳自己

大多数人没有意识到自爱的可能性和重要性，更重要的是只有爱自己才能爱别人。只有容纳自己才能容纳这个世界。承认自己平凡，是一种大智、大勇。我们发现在生活中很多貌不惊人的人却取得了惊人的成绩，而有的人聪明伶俐却成绩平平。

其实，上帝并不偏爱任何一个人，每个人生来就拥有自己的财富，有的人却对此视而不见。把自己的财富糟蹋了。有的人不喜欢自己的外貌，有的人不喜欢自己的性格，有的人不喜欢自己的出身，有的人希望自己变成别人。大地上生长着各种各样的花，每一种都是独一无二的，每一个人也是这样，无论自己是什么，都要坦然地接纳自己，这样才能绽放出独特的芳香。每一个人毕竟是自己的花朵，妒忌和羡慕别人是愚蠢的，你也许有缺陷，但你却有足够的潜力去生活得更好。美国著名盲人作家海伦·凯勒是最不幸的，生下来六个月就和光明、声音绝缘了，可是她却用自己独特的心灵世界去成就自己的事业，完善自己的生命，用心灵和智慧去聆听世界的美妙。

也许你不一定是高大的松树，但可以成为一棵好的灌木；你不一定是天空中的大鹏，但可以成为一只可爱的小鸟；你不一定是山林里的动物之王，但可以是一只可爱的小松鼠……其实，大鹏和小鸟并没有区别，因为它们都用飞翔来赞美生命。

人的一切彷徨与痛苦是由于不接纳自己，一切的空虚和烦恼也是因为无法肯定自己。当一个人被外界的名利和虚荣所诱惑的时候，就会迷失自我，会被挫折和荣誉所激怒，被物欲所挫败。人最忌讳的是没有认清自己，盲目地拿自己和别人做比较，否定了自己，获得的是无尽的烦恼。

在《庄子·大宗师》里有一篇动人的故事。子祀和子舆是好朋友，有一天，子舆生病了，子祀去探望他。见面时，子舆对子祀说："伟大的造物者啊，竟把我变成驼背模样。背上生了五个疮口，而脸因佝偻而低伏到肚脐，两肩隆起，高过头顶，脖颈骨则朝天突起。"子祀问他是不是讨厌这种病，子舆悠闲地说："不，我为什么要讨厌它呢？假使我的左臂变成一只鸡，我便用它在夜里报晓；假使我的右臂变成弹弓，我便用它打斑鸠来烤着吃；假使我的尾椎骨变成车轮，我的精神变成了马，我便可以乘着它遨游，无需另备马车了。再说，得是时机，失是顺应，安于时机而顺应变化，哀乐自然不侵入心中来。这就是自古以来的解脱。那些不能自我解脱的人，就要被外物所奴役、束缚。物不能胜天，这是不易的法则，当我改变不了它的时候，我为什么要讨厌它呢？"

庄子讲的这个故事真正道出了生活的智慧。人必须接纳自己，依照自己的本质好好地生活，不盲目地羡慕和比较，光明和成功的一面不就展现在眼前了吗？对自己的生命，乃至对一切有情众生的接纳和欣赏，就会使人倍加珍惜生命，就能拥有愉快的心境。

容纳自己就是向自己敞开胸怀，使自己能感受周围和自身的一切；自爱就是愿意接受自己所做的一切；自爱就是直面自己，与自己进行沟通，就是你对自己来说是很重要的。只有这样，你才能得到幸福。人是不能相互比较的，一比较就会堕落。当一个人迷失在追求和别人一样的生活中，时时需要别人的夸耀和掌声，内心就是苍白和空虚的。我们拥有的宝贵生命是为了生活，无论上天赐予我们悲伤或痛苦、快乐或幸福、顺境或逆境，我们都要感谢生命的赐予，坦然地接受，这便是生命的智慧。

（摘自红袖添香网站晨曦若慧个人文集）

面对学生的自卑心理，说教很难产生理想的效果，让学生在情境中切实体验到自己是有力量的，这往往是最有效的方式。下面两个活动可以帮助学生更好地接纳自我。

【活动】掌声响起来

活动目的：

通过让个体在活动中亲自实践，体验自己身上蕴藏的巨大力量，促进个体接纳自我。

活动过程：

1. 指导语：同学们，让我们做一个游戏。首先我们拿出一张纸，估计我们一分钟可以鼓掌多少次，把这个数字写下来。

2. 让同学们写下自己估计的鼓掌次数。

3. 指导语：现在，找一个搭档为我们计时，为了简单起见，我们只计算10秒钟。大家尽可能快地鼓掌10秒钟。

4. 全班同学每两个人一组，一个鼓掌，搭档计时并数对方鼓掌的次数。

5. 到时间后，教师宣布结束。

6. 让搭档告诉我们鼓掌次数。我们把它写在纸上，把这个数字乘以6，就是我们一分钟可以鼓掌的次数。

一般来说，每个人的实际鼓掌次数和自己的估计都会相差很远，大多数人都会低估鼓掌次数。

7. 组织大家分享自己的感受，引导大家讨论“为什么”我们认识不到自己身上的巨大能量，全班同学发言，鼓励大家要相信自己。

（改编自：毕淑敏，2005）

【活动】优点大轰炸

活动目的：

通过团体互动的方式，提升个体的价值感。

活动过程：

1. 把全班同学按照每组6～8人分组，各小组围坐成一个圈。

2. 在圈中央面对面地放置两张椅子。请同学们轮流坐在其中一把椅子上，当有人坐好后，由其他成员依次坐在他（她）对面的椅子上，作为评价者说出他（她）的一个优点。

3. 在每个小组开始活动前说明规则：

（1）在说优点时要直截了当。比如，应该直接说“你的优点是……”“你最好的地方是……”而不要加上“但是”之类的转折语，评价者可以提供这样评价他（她）的理由和依据，以增强说服力。

（2）被评价的学生在别人的评价过程中只能听，不要谦虚推辞，可以在本子上记录别人对自己的评价。只有在所有组员都评价过自己以后，才能对有些组员的误解或不恰当的评价做出解释。

4. 整个活动时间大约为30分钟。

5. 每个小组内部所有成员分享自己参加这一活动的感受。

6. 在分享过程中，教师引发大家思考：“别人给你提的优点是否都是对的？有没有一些是你原先没有想到的？”

7. 教师总结。鼓励每个同学都从他人的眼中来认识自己。

（改编自：伍新春、叶斌，2003）

第三节

勇往直前，探索自我

人的难题并不在于他要采取何种行动，而在于他决心成为何种人。

——威廉·詹姆斯

进入青春期的中学生需要面对的问题是关于“我”的困惑。正如上文所说，抽象思维能力的迅速发展让中学生像哲学家一样思考问题，他们会不停地问自己“我是谁”“我从哪里来”“要到哪里去”这样的问题。他们对自己为什么是现在的样子感兴趣，也想知道人生以后的道路该怎么走。人生的价值问题和自己的身份问题在这个阶段变得急迫而重要。

一、困惑的自我

中学生的自我探索恰恰就是从这个困惑的自我开始的。虽然在有些家长看来，这时候青少年的行为有些另类和反常，其实这只是他们开始思考的标志，他们喜欢以一种独特的方式表明自己在思考，在探索一种属于自己的人生。关注毕生发展的心理学家发现，人对自身的探索可能会持续一生。

心理学家埃里克森提出了心理社会发展的八个阶段（表3.2），其中在每一个阶段自我都有主要的任务要完成，每一个阶段的任务既与上一个阶段的任务是否完成有关，也会影响到之后阶段任务的完成。

表 3.2　埃里克森的心理社会发展阶段（桑标，2003）

主要任务	发展阶段	需要发展的能力
信任感对不信任感	乳儿	身体舒适和安全感
自主感对羞怯感	婴儿	依从和自主的能力
主动感对内疚感	学前期	创造性地完成新任务
勤奋感对自卑感	学龄期	勤奋、掌握各种技能
同一性对同一性混乱	**青少年**	**成为自己**
亲密感对孤独感	成年早期	交往和爱的能力
繁殖感对停滞感	成年中期	关心下一代
自我整合感对绝望感	成年晚期	完成人的一生的感觉

埃里克森（1963）指出，青少年期的主要任务是建立一个新的同一性、自己在别人眼中的形象以及自己在社会集体中所占的情感位置。“这种同一性的感觉是一种不断增强的自信心，一种在过去的经历中形成的内在持续性和同一感（一个人心理上的自我）。如果这种自我感觉与一个人在他人心目中的感觉相称，很明显，这将为一个人的生涯增添绚丽的色彩。”（埃里克森）

教师和家长可能发现中学生更关注被埃里克森称为“自我认同”的问题。自我认同是“一种熟悉自身的感觉，一种‘知道个人未来目标’的感觉，一种从他所信赖的人们那里获得期待、认可的内在自信”。

中学生在这个阶段也会有很多的迷茫和困惑，他们会在这种不断探索的过程中成长。这个阶段是他们心理上的“延缓偿付期”，他们不需要面对成年人需要面对的事业、家庭的压力，他们有足够的时间来思考这个问题。如果教师和家长不理解中学生内心激烈的冲突，就很可能因为一些过激的行为而给孩子贴上“坏孩子”的标签，采用惩罚的方式来处理问题，产生适得其反的结果。

下面是一个中学男生在出走之前给父母写的一封信：

父亲、母亲：

我一早就出门了，去某某地方，不为别的，只想一个人走走，让自己平静一些。昨晚的事，是迟早要发生的。说句实话，我真不该躲那几个耳光，应该继续承受下去的。好久好久没这样哭过了。那泪水不仅冲刷了我心中那份莫名的苦闷，也使我清醒了许多。

对于你们的儿子，其实你们了解他的，仅是一点点，甚至连我的朋友都不如。你们的儿子是一个与众不同的人，他感情丰富，待人坦诚，与世无争。他懂得如何感谢给予过他帮助的人，因而他是一个好人。但他又是一个懦夫，只会感叹、忧伤而不敢去拼搏；只有一点点上进心而无法去掌握自己。我并不埋怨你们对我的管束，相反，我认为对子女不理不管、听之任之的父母并不是我所需要的。我来到这个五彩缤纷的世界，享受着世上许多的快乐，为此，我从心底里感谢你们。但是，你们的儿子并不能成为你们所期望的那样，我只能是我自己，正如你们所说的，只能是随波逐流，在上与下之间徘徊。

我在班上其实是一个怪人，只不过我将几乎所有的一切掩藏了起来。我不愿成为一个奔波在课堂、家庭两点一线上的“书呆子”，也不想成为一个穿着昂贵衣服，整天谈论舞厅、录像、女孩的人，我想拥有自己的丰富多彩的生活。于是，我抽烟，谈恋爱，当班长，当三好积极分子。其实，连我自己都无法知道我为什么要这样做。有时我也追求时髦，但绝不参与搓麻将、看黄带、逃课、打架。我懂得是与非。如果一个人能完全把握自己的话，那么，他就是一个完人。而我不是，但我曾经努力过，并且会继续去努力的。

你们问我为什么抽烟、谈恋爱，我可以告诉你们。我抽烟不是为了过瘾，也不是猎奇，更不是觉得潇洒，只是因为我苦闷的时候点燃它，更容易使我思考，更能够想通一些百思不得其解的问题，使我感到安慰。我谈恋爱，与其说是恋爱，倒不如说我在尝试，不是在寻找什么妻子，而是在寻找感情。在经历了一次次的失败之后，我终于明白过早地涉入这个世界，对我来说并不意味着美好，只可惜在学生时代即将结束之际，我才刚刚领悟到这个道理。

我想改变我自己，我想付出努力，在这短暂的学生时代最后的时间里去努力。虽然已经太迟了，但总比等待要好。见了信后，请相信这是我的真心话。希望这件事就这样过去了，也许是最后一次，我已没有资格做出保证，只能去努力。

（李晓文，2001）

我们可以从上面的信中看出主人公的迷茫和困惑，他不停地尝试如何更好地确认"我"的存在，抽烟、谈恋爱、当班长在他的心目中都是不断自我尝试的方式，他需要在不同尝试中建立起一个完整的"我"的概念，在自己的心目中勾画出一幅自己认同的"理想我"的肖像，这个"理想我"可能会成为他今后一生的奋斗目标。

但是，并不是所有的青少年都会获得这种自我认同，他们中有的可能会积极探索自己的价值观、未来的职业发展和社会责任，也有的可能根本不会考虑这种问题；在探索之后，有的青少年可能会得到确定的答案，有的可能得不到确定的答案。

心理学家马西娅（J. Marcia）根据上述这两种方式，即是否已经探索和确定自己的选择，把青少年追求自我认同的结果分为以下四种：认同获得、过早自认、认同扩散和认同延缓（表3.3）。

表3.3　同一性的四种状态（桑标，2003）

认同获得	认同延缓
自我坚定感和安全感 确定了职业、宗教、信仰、性别角色的观念等 充分考虑别人的看法、信仰和价值观，但自己的决定是自己做出的	正在经历认同危机，或者正处在转折点上 对社会没有清晰的目标 没有清晰的自我认同感 正在积极地争取获得认同
过早自认	**认同扩散**
对自己的职业和各种理念已经有所定位 缺乏自我建构的过程，不假思索和不加怀疑地接纳他人的价值体系 在获得自我认同的过程中过早做出决定	缺乏方向 对政治、宗教、道德或职业问题不关心 做事情不问为什么 对其他人为什么要做那些事情不关心

如果青少年既积极探索又确定了自己的选择，那么，他就处于认同获得状态。认

同获得的青少年可能对自己的价值和各种生活有很清晰的认识，并在此基础上做出各种决定。

如果青少年没有经过积极探索，但似乎很确定自己的选择，那么，他可能处于过早自认状态。有的青少年并不关心自己未来的选择，因为父母已经给他确定好今后要走的每一步。

如果青少年虽积极探索但不确定自己的选择，那么，他就处于认同延缓状态。认同延缓的青少年也可能正在积极地争取自我认同，为自己的认同获得做准备。

如果青少年既不积极探索又不确定自己的选择，那么，他就处于认同扩散的状态。

这四种不同的认同状态是一个动态的变化过程。对于每一个青少年来说，他可能都经过这四种状态。青少年早期可能出现较多的过早自认，之后开始有所怀疑而进入认同延缓。例如，有些学生从小就完全认同父母的权威，父母说的话，他们从来也没有怀疑过。文理分科、选择工作甚至平时买的衣服，父母都给安排好了。进了大学，他们才开始对很多方面感到"困惑"，因为他们开始思考自我认同的问题。有些青少年长期处于认同延缓状态，他们思考多但不确定，常常感到犹豫和焦虑，需要去了解、熟悉和确认。有些青少年即便在某一个时候获得了自我认同，但是，由于环境的变化让他们重新思考自我认同的问题，回到前期的几个状态。有一些青少年处于懵懂无知的状态，他们"什么都不考虑"，既没有一个确定的目标，也不想探索。

二、价值观选择

当前，社会的急剧变化给青少年带来了更多的挑战和机会。在这种背景下，更需要青少年形成较好的自我同一性。形成自我同一性的前提是青少年具有明确和清晰的价值观。价值观是存在于人内心的准则，这些准则决定着个人未来的行为方向，并为其过去的行为提供解释。价值观具有动机的功能，它可以决定人们做什么和不做什么。

传统价值观教育的"假、大、空"很难让现在的青少年信服，无法让青少年在多元化的社会中做出自己的选择。教师和家长可以采用更开放的方式，对青少年的价值观进行引导。

心理学家采用价值澄清理论来处理价值观选择的问题。在复杂多变和价值多元的社会里，只能通过分析与评价的手段，帮助人们减少价值混乱，促进价值观的形成，而不是由教师和家长给青少年一个固定的答案。

价值澄清理论具有以下四个特点：

■ 以生活为中心。价值澄清方法的注意力主要放在解决生活问题上。这些生活问题，既包括与学生自己生活有关的问题，也包括更为一般的生活问题，特别是那些使学生感到困惑的生活问题。

■ 接受现实。要澄清价值，需要不加判断地接受他人的立场。这并不一定是说要赞成他人所说的或所做的。这种接受意味着帮助他人接受自己，与他人真诚相处。

■ 鼓励进一步思考。应该鼓励学生进一步思考，尤其是更加全面地思考价值问题。这就需要学生做出更加明智的选择；更加了解他们珍爱的是什么；更好地将选择和珍爱整合到日常行为中去。

■ 培养个人能力。学生不仅能够反省和思考价值问题，而且能更好地整合他们的选择、珍爱和行动，并且在日后表现如一。所以，价值澄清方法不仅要鼓励训练学生的澄清技巧，而且要培养他们深思熟虑地进行自我指导的能力。

下面的两个活动可用来对中学生进行价值观教育。

【活动一】我该留下哪个背囊

活动目的：

通过价值澄清的方式促使中学生对自己的价值观进行思考，开始面对价值选择的问题。

活动过程：

在活动之前，教师发放活动页或在PPT上呈现以下故事。

一个年轻人，在漫漫人生路上经过长途跋涉，到达一个渡口的时候，他身上已经有了七个背囊，分别是美貌、金钱、荣誉、诚信、机敏、健康、才学。渡船开出的时候，水面风平浪静，过了不知多久，水上风起浪涌，渡船上下颠簸，险象环生。老艄工对年轻人说："船小，负载重，客官你只能留下一个背囊，才可安全到达。"如果你是这个年轻人，你会做何选择呢？

（改编自2001年全国高考语文试题作文材料）

1. 把全班学生分成若干个小组，每组大约5～10人；
2. 有30分钟的讨论时间，组内学生可以自由讨论；
3. 讨论之后，根据学生的选择把全班分成七个组；
4. 每组学生可以集体报告，也可以分别报告自己的选择。

在整个活动过程中，教师要注意：

教师在整个过程中对学生的选择和发言表示肯定、接纳和引导。面对学生做出的选择，教师首先要尊重，保持价值中立的原则，不对学生的选择进行武断的评判，要尊重每个学生自由选择的权利。教师可以通过澄清的方式让学生对自己的选择进行确认。比如，可以问这样的问题："大家不用太着急给出自己的选择，你们可以仔细思考一下。""这是你做出的最终选择吗？"

在尊重的基础上，教师鼓励学生进一步思考。在每组学生发言后，教师要进行评论和引导。比如，可以问这样的问题："大家思考过其他的选择吗？谁可以告诉自己不选其他选项的理由吗？""你们愿意为自己的选择制订一个切实可行的计划吗？让我们从今天开始为未来做准备。"

最后鼓励学生进一步思考，进一步明确自己的选择，可以让每一个学生课后完成这些开放性的叙述：

我学到了____

我重新发现______________________________________

我开始知道______________________________________

我很意外地感觉到________________________________

我从来不知道____________________________________

价值选择是一个需要漫长时间的过程，这些开放性的叙述可以让青少年更深入地思考自己的选择。

【活动二】 价值大讨论——特里莎、盖茨夫妇与王顺友的生活

活动目的：

启发中学生对价值观进行多角度的思考。

活动过程：

在活动之前，教师发放活动页或在PPT上呈现以下故事。

1. 特里莎修女的印度生活

特里莎修女1910年出生于阿尔巴尼亚。因受印度大诗人泰戈尔的影响，她18岁时离开家乡来到印度，投身于慈善事业。1949年，特里莎修女在加尔各答创立了慈善机构——"慈善会"，并且以此为基地，在印度开展救助孤儿、穷人、老人和麻风病患者的慈善工作。

特里莎修女先后在印度和其他国家创办了50余所学校、医院、济贫所、

青年中心和孤儿院。她曾先后获得印度尼赫鲁奖金、美国约瑟夫·肯尼迪基金会奖金和罗马教皇约翰二十三世和平奖金，并于1979年获诺贝尔和平奖。诺贝尔和平奖颁奖词中这样评价特里莎修女：

"她的事业有一个重要的特点：尊重人的个性、尊重人的天赋价值。那些处境最孤独的人、处境最悲惨的人，得到了她最真诚的关怀与照料。这种情操发自她对人的尊重，完全没有居高施舍的姿态。她个人成功地弥合了富国与穷国间的鸿沟，她以尊重人类尊严的观念在两者之间架起了一座桥梁。"

1997年9月5日，特里莎修女因心脏病在加尔各答逝世，享年87岁。

2. 比尔与美琳达·盖茨基金会

比尔与美琳达·盖茨基金会是由微软公司董事长比尔·盖茨与妻子美琳达·盖茨夫妇资助的、全球最大的慈善基金会。该基金会以美国华盛顿州西雅图市为基地，于2000年1月，由盖茨学习基金会和威廉·盖茨基金会合并而创立。威廉·盖茨（比尔·盖茨的父亲）和帕蒂·斯通希弗尔（Patty Stonesifer）为基金会会长。

该基金会主要在以下各方面提供援助：

（1）全球人的健康

（2）教育

（3）图书馆

（4）美国西北部的建设

中国疾病预防控制中心性病艾滋病预防控制中心副主任孙江平透露，比尔·盖茨基金会于2007年开始在中国投资开展艾滋病防治项目，在首批入选的合作名单中，海南成为唯一入选的省份。此次投资项目最低投资额为5000万美元，分5年完成，主要内容是对高危行为的干预，包括暗娼、男同性恋以及吸毒人群等。

3. 王顺友的包裹

王顺友是四川省木里藏族自治县邮政局马班邮路乡邮投递员。从1985年1月开始至今，他一直从事乡邮投递工作，负责木里县城至白碉乡、三桷垭乡、倮波乡、卡拉乡的邮件投递工作。1999年卡拉乡邮路调整后，王顺友只负责木里县城至白碉乡、三桷垭乡、倮波乡的邮件投递工作。他月平均投递报纸

700份，杂志28份，信函45封，印刷品25件，包裹5件。木里藏族自治县自然环境十分恶劣，工作条件十分艰苦，他长年累月奔波在往返里程达360公里的深山峡谷的乡邮路上。20年来，他在雪域高原的送邮行程达26万公里，从没延误过一期邮班，丢失过一件邮件。

2005年，王顺友被评为“感动中国年度人物”。

（以上材料摘自新浪网）

学生阅读故事后，教师组织学生进行讨论。

教师在整个过程中可以组织学生就以下问题进行讨论：

（1）特里莎修女为什么选择一种在我们看来很辛苦的生活？她的生活是成功的吗？

（2）比尔·盖茨夫妇为什么不把财产留给自己的后代？在上述材料中，他们为什么要把大量金钱投入到防治艾滋病当中？

（3）他们三人是成功的吗？说说你的理由。

（4）如果你也拥有比尔·盖茨那么多的财富，你会如何分配呢？

在讨论过程中，教师要注意，这些都是开放性的问题，并没有固定的答案，教师可以对学生的回答进行追问和澄清，让学生比较不同回答之间的异同。

第四章

学会交往，融洽关系

人际交往是每个人的必修课。处于青春期的中学生要开始面对各种各样的人际关系，他们不再希望父母和教师把自己当做小孩子来看待，希望彼此之间以一种成人的方式进行交往。同时，他们在这个阶段也要面对几乎全新的同伴和异性关系。毕竟，经过青春期，他们就要以成人的姿态来面对这个世界。因此，在中学阶段，学会如何与他人交往就显得尤为迫切和重要。

第一节

沟通，从心开始

美国心理学家S. 沙赫特曾经做过这样一个实验，招募志愿者到小房间中独处，报酬是每小时15美元。房间与外界完全隔绝，没有报纸、电话，不能与外边的人通信，也不让其他人进去；甚至连被试者身上的钱包也不许带。总共有5名志愿者参加了这个实验，其中1个人在小房间里待了2个小时，3个人待了2天，1个人待了8天。其中待了8天的人出来后说："如果让我再在里边待上一分钟，我就会发疯。"

我们可以从这个例子中看到，交往对个体有多么重要。心理学家马斯洛认为，得到别人的尊重、在群体中寻求归属感是人的基本需要。中学生大多数刚进入青春期，生理和心理上的巨大变化使他们在人际交往过程中面临许多的挑战：想尽快从父母的保护下"逃离"出来，迅速和同龄人建立友谊，加入"小圈子"；父母和教师在他们的心目中是需要被挑战和推翻的，"逆反"在他们心目中成了"成长"的代名词。因此，中学生和父母、教师之间充满了"暴风骤雨"，使不少教师和家长感到头疼和苦恼。

已经有调查关注中学生的交往能力。

2006年10月10日发布的一项调查显示，1/3的青少年学生认为自己不受同伴重视和欢迎。虽然他们很想努力改变自己，但找不到解决问题的有效方式，而努力后的挫败感加重了压抑和自卑情绪。调查组专家指出：对儿童青少年交往能力的训练和心理健康教育迫在眉睫。这项调查是由中国少年儿童新闻出版总社和联合国儿童基金会在我国部分省份共同开展的，题为“倾听儿童心声——被忽视和被排斥的伙伴”。

调查组专家在内蒙古、新疆、山西、吉林、江苏、北京、云南等地进行的调查发现，有大约2/3的学生认为自己受同伴欢迎，原因是“待人真诚，从不虚情假意”“比较开朗，爱与同学相处”“和同学相互关注、帮助，很和谐”等。认为自己不被喜欢的学生中，有一半人认为自己太骄傲而被同伴排斥，他们对自己的评价为“性格太怪，好强”“我太凶，爱骂人”“说话过于生硬刻薄，伤人自尊心”“有点骄傲”；另外一半人认为自己“性格过于内向，不善于与人交流”“和同学们很少交往”“不自信，胆小”。虽然大多数学生在选择和评价同伴时表现出对强势地位同伴的排斥，但那些性格内向、不引人注意的学生实际上是处于同伴交往的灰色地带，是不受其他同伴重视的，并且他们为此感到十分苦恼。

认为自己不被喜欢的学生中，有90%的人曾经为改变自己做过努力，但是大多数学生对于如何改变没有具体的计划和方案，常常知道自己需要和同学改善关系，却不知道应该从哪些具体的事情做起。例如，有个学生认为自己不受欢迎的原因是“总给教师和同学找麻烦”，他做过的努力是“曾经发誓不干坏事”。采用类似的方式，致使大多数学生的改变是不成功的。

与此同时，大多数学生可以体会到不受欢迎的同伴内心的感受与痛苦，认为他们“孤单，后悔欺负了别人”“很难过，可能会引起叛逆心”“很伤自尊心”“很无助”，并且表示愿意为他们的改变提供帮助。但是，由于交往能力的缺乏，他们并不知道该如何着手。

教师该如何让中学生更好地在交往中成长呢？

其实，人际交往中主要的问题就是沟通的问题。每个人的内心深处都有被别人理解和尊重的渴望。沟通在人们之间架起了一座桥梁，由此人们才可能建立起各种各样的关系，满足被别人尊重、建立归属感的需要。

沟通，从心开始。学会理解别人的情感、表达自己的情感、对别人表示支持是沟通中的三个重要方面，学会这些可以让孩子之间进行更好的沟通、更满意的交往。

一、理解别人的情感

1. 学会倾听

西方有句名言：“上帝分配给我们两只耳朵，而只给我们一张嘴巴。”倾听可以让人们彼此之间增进理解，开启信任之门。

厌食症患者

认识朱莉、帕姆和拉冯时我是一个极端的厌食症患者，大学一年级时，她们和我住在同一间宿舍。高中时期的后两年，我的精力都集中在锻炼和节食上，我为减去每一点体重而欣喜不已。18岁时，我身高172厘米，体重43公斤。简直就是一副骨头架子。

我的朋友不多，长期的营养不良使我脾气暴躁，精神痛苦，身体虚弱得甚至无法与别人随便聊天，参加学校的社会活动就更谈不上了。我觉得自己与我所认识的孩子毫无共同之处，不过，一些真正的朋友依然坚持与我交往，并想帮助我，可我却不听他们的劝告，认为他们是在嫉妒我。

爸爸妈妈为了让我吃东西，甚至不惜给我买一大堆新衣服作为奖励，他们喋喋不休地要我当着他们的面吃东西。如果我没听他们的话，他们就拉着我去找医生和专家。我那时的情绪糟透了，认为我这一辈子算是没指望了。

上大学后，幸运的是我同朱莉、帕姆和拉冯成了一个宿舍的室友，这三个姑娘让我又鼓起了生活的勇气。

我们住的是一套用空心砖隔开的小公寓，我古怪的饮食习惯和神经质的锻炼方式在她们面前暴露得一览无余。我想他们一定会认为我看上去很古怪，面带菜色、身上又青又肿、头发稀稀拉拉、臀部又尖又瘦、形销骨立。连我看到自己18岁的照片时，都对我那丑陋的模样感到吃惊。

可她们却不这么认为，她们从来不把我当做怪物看待，从不对我说教，从不强迫我吃饭，从不对我说三道四，从不吓唬我。我简直都不知道怎么办了。

我很快感觉到除了厌食之外，我和她们没有任何不同之处。我们一起去上课，一起找工作，晚上一起慢跑，一起看电视，周末一起外出。我的厌食症再也不是中心话题了。相反，我们常在一起畅谈我们的家庭、我们的抱负和我们尚不确定的未来。

我惊奇地发现我们之间有那么多共同点，我第一次感受到别人的理解。我感到人们终于把我作为一个正常人对待，而不是首先看到我的问题。我不再是一个需要治疗的厌食症患者，而是宿舍中的一员。

当我和她们之间的认同感越来越多时，我开始观察她们。她们健康快乐、充满魅力、聪明伶俐，偶尔也吃点小甜饼。我想，如果我和她们有那么多共同之处，为什么我不能也一天吃三顿饭呢？

这三个姑娘从未说过我该怎么治好自己的厌食症，她们只是每天向我做着无声的示范，她们的确做到了理解我，而不是先努力改变我的毛病。一年级上学期结束时，我已和她们一起共进晚餐了，我感到她们欢迎我。

（肖恩 · 科维，2006）

没有说教和指责，“我”的室友们用最简单的方式给了“我”最大的理解和支持，让“我”重新获得了生活的勇气和力量。我们祖先创造的文字，已经告诉我们倾听的秘密（见图 4.1）。

图 4.1　繁写的“听”字

从“听”字的结构来看，倾听不仅仅是耳朵自己的事情，更需要眼睛和心灵。

心理学研究发现，在人们的交往过程中，语言所占的比例只有7%，肢体语言（手势、动作和表情等）占53%，说话的语调和情感占40%。也就是说，其中93%的部分仅仅依靠耳朵是不够的。在交往过程中，倾听意味着对别人的尊重和理解，多数人喜欢夸夸其谈，自己想要说的话在别人没有说完的时候就已经想好了。倾听可以告诉对方：现在你可以自由地、完全地表达自己的观点，我是理解你的。这种真诚可以使双方的沟通变得更加愉快和顺畅。教师通过真诚、开放和敏锐的倾听，还可以洞察学生的需求。

几千万万颗星星

上海特级教师于漪在教《宇宙里有些什么》这篇课文时，课文中有一句话："宇宙里有几千万万颗星星。"这时，一个学生提出了问题："老师，万万等于多少？"大家都笑了起来，有一个学生说："万万不等于亿吗？"在大家的笑声中，提问题的学生灰溜溜地坐下了。于老师觉得他的积极性受到了打击，于是她问："既然万万等于亿，但这里为什么不说宇宙里有几千亿颗星星，而说宇宙里有几千万万颗星星呢？"这一问，学生们都哑了。过了一会儿，一个学生站起来说："不用亿而用万万，有两个好处：第一，用'万万'听起来响亮，'亿'却听不清楚；第二，'万万'好像比'亿'多。"这时，学生们又笑了。其实这个学生的回答是正确的。于老师当即给予肯定，并表扬说："你实际上发现了汉语修辞中的一个规律，字的重叠可产生两个效果：一是听得清楚，二是强调数量多。"这时，学生们都用钦佩的眼光看着那个学生，而于老师却说："大家可以想一想，我们今天学到了这个新的知识，是谁给予我们的呢？"噢，这时，大家才将目光集中到第一个提出问题的学生身上。这个学生十分高兴。

（魏汉明，2005）

这个学生的自信心和积极性无疑在同学们的笑声中受到了伤害，这时候就需要教师用倾听的智慧来把握学生们笑声带来的真实需要。于漪老师引导大家继续对"万万"的问题进行讨论，不但使学生学到了关于修辞的新知识，而且使提问题的学生的自信也得到了极大的提升，相信其他学生也会更加积极地提问题。

在倾听的过程中，最基本的一点是不要随意打断对方的谈话。因为这会让对方觉得你不礼貌，沟通难以进行下去。有时候，沉默可能会带来更好的效果。当一个朋友向我们讲述他内心伤感的记忆时，我们在大多数时候仅仅倾听就足够了，这时，朋友在内心中会感觉到倾听背后的巨大力量。

倾听并不意味着一言不发。很多时候，我们需要把对方的话用自己的意思表达出来，用这种方式回应对方对我们的信任和我们对他（她）的理解，这叫做"反应式的倾听"。

孩子："爸爸，我想玩电脑。"

爸爸："作业没完成不许玩电脑！"

孩子:“烦死了，每天都是这样，今天是周末也不行！”

爸爸:“说过不行就不行！”

爸爸显然是不同意孩子玩电脑的，但是这种方式会让孩子感觉到拒绝。这样的沟通会让父亲和孩子之间的交流无法继续下去，下面这样的方式会好一些:

孩子:“爸爸，我想玩电脑。”

爸爸:“你是说你想要玩电脑吗？”

孩子:“嗯，是的。”

爸爸:“孩子，把作业完成就可以玩电脑了，我看到你也快做完了，做完了再玩好吗？”

孩子:“好，那我去做作业。”

在这种沟通中，爸爸就很好地运用了倾听的方式，并没有直接地拒绝孩子的要求，通过对孩子要求的重复，让孩子认识到玩电脑必须在作业完成之后。

倾听过程中，通过点头、微笑的方式对别人的谈话表示赞许，这也是很重要的方式。对方可以从这些肢体语言中感觉到我们是在听，是在真诚地进行沟通。

五种倾听别人意见的坏习惯

- 走神：对别人的谈话不感兴趣。
- 假装在听：伪装出一种倾听的态度。
- 时听时不听：对别人的谈话表示不耐烦。
- 听话只听声：忽略了表情、动作后面的感受。
- 以自我为中心的听：仅仅关注自己。

2. 学会同感

同感是理解别人情感的有效方式。同感是在与人交往时，想要达到的一个目标，是为了更好地理解别人。倾听和同感不是截然对立的两种方式，学会倾听可以更好地促进同感，对别人同感也可以更好地倾听对方。

同感是对与我们进行沟通的人的内心世界有准确的、如亲身体验般的理解，达到对对方情况的心领神会，并把我们的这种理解通过合适的语言表达出来。当我们能够表达出这种同感的时候，与我们沟通的人就会感到我们是理解他的——理解他的担心、恐惧、痛苦和欢乐等内心深处的体验。因此，他们会在沟通中得到一种安全感，他们会更加开放自己，使沟通得以提升，问题得以解决。

同感是对他人情感的理解，而不是进入到他人的情感状态当中去。我们可以在短时间内对一个愤怒的陌生人产生同感，理解他的愤怒，但绝不是要我们也进入那样的状态，像他那样愤怒，一发而不可收拾。

同感与对他人的关心和关注有很大关系。只有关注对方、关心他的内心感受，才能达到同感的水平。心理学家研究发现，当人们专心观察时，他们能看出别人高兴、悲伤、愤怒、痛苦等情感状态的正确率在90%以上。

当一个人开始和我们谈话时，我们可以先在内心问自己："这个人现在的心情怎么样呢？"要回答这个问题，你就要继续问自己："如果我处在他的情况下，我会有什么感受呢？"对方是什么情况呢？第三个问题就是："他的姿势、精神状态、语气和腔调里面，有哪些线索反映了他的心情呢？"也就是说，我们要增加对别人同感的能力，必须注意对对方的信息进行全面的理解，不但要仔细听对方所说出的话，还要关注对方的非语言线索，如一个眼神、不经意间的一次皱眉等。

在同感的过程中，我们要尽量避免用自身的经验、价值观和人格特点等来干扰我们对别人情感的感知，而要争取做到用别人的眼睛去看世界。

当我们在内心中感受到对方的情感，如对方的痛苦和担忧，我们要通过语言、手势和动作等把我们的感受表达出来，让对方感受到我们对他的理解。

同感可以在任何沟通中使用，同学之间、教师和学生之间、孩子和父母之间都可以使用。

大华："考试成绩下来了，我数学才考了70！真倒霉！"

同桌刚宇："我也很少，丢死人了。"

大华："完了。本来答应爸爸要考好的，看来是没有指望了。我爸本来说要假期带我出去旅游的，你说他还会带我去吗？"

同桌刚宇："我语文90，数学81，英语85，化学84，就是物理太差。我一直学不好物理，我讨厌那个物理老师。"

上面的对话中刚宇和大华完全没有进行很好的沟通，双方都站在自己的角度讲话，没有任何人主动对别人进行同感交流和回应，或者试图从对方的角度来理解他。

其实，如果刚宇懂得同感交流技巧的话，他完全可以采用另外的方式：

大华："考试成绩下来了，我数学才考了70！真倒霉！"

同桌刚宇："大华，你好像对自己的成绩很不满意，是吗？"

大华："是啊。我爸希望我能比上次考好一点，我已经答应他了。本来他还说只要我考好了，暑假就带我出去旅游的，你说他还会吗？"

同桌刚宇："我看得出你很担心。是不是感觉不好和你爸说？不要太担心，只要你爸知道你真的在努力，他就不会在乎的。"

大华："希望如此，谢谢你。刚宇，你考得怎么样？"

刚宇的回应起到了同感的效果，自己主动换位，站在大华的角度来看问题，让大华感觉到刚宇很理解自己，这样的沟通是有效的，对双方都有帮助。

在同感的过程中可以采用倾听时的技巧，这样可以更好地进行沟通。

倾听和同感是理解别人情感的两种有效的工具，由此可以更好地了解对方的情感，然而仅仅做到这一点是不够的，同时还需要恰到好处地表达自己内心的真实感受。

二、表达自己的情感

在与人沟通的过程中，表达自己的情感就是让别人"看见"自己内心活动的过程。表达情感的方式，可以分为压抑情感、流露情感和描述情感三种方式。

压抑情感是一种消极的情感表达方式，明明是自己内心有需求要表达，却由于各种原因不表达出来。如果压抑自己的积极情感，就可能失去和别人加深情感交流的机会；如果压抑自己的消极情感（如被人攻击时的愤怒等），个体内心里可能会留下伤痕，影响个体自身的心理健康。

流露情感不仅可以通过言语进行，还可以通过面部表情、肢体语言或者语调、语气等反应来实现。面无表情的"谢谢"和脸上写满感激的"谢谢"所起到的作用是不同的。流露情感多是在不经意间进行的。比如，同学在我生病的时候主动给我打饭，我却因为接电话而没有对同学说声"谢谢"，同学可能会认为我是冷漠的，如果我在打电话的同时微笑着向他点点头，同学可能就不会有这种误会了。

但是，有时候不加任何掩饰地流露自己的负面情感（如嘲笑别人），也会给别人带来伤害，致使无法顺利地进行进一步沟通。

描述自己的情感是最好的方式。描述情感是以平静的而不是批判的方式叙述自己的情感，描述的时候不带有任何的攻击性。首先，要确认自己的情感是愤怒、烦躁、担忧还是不舒服、不愉快等，这要求个体在描述之前必须先放松下来，尽量理解出现这种情感的原因。然后，寻找合适的语言表达自己的情感，尽量使用具体的语言，不要泛泛而谈。最后，尽可能用平静的语气和腔调把情感表达出来。

例如，馥芳和华美是好朋友，但是平时华美总是喜欢在馥芳的头上调皮地打一下。这让馥芳很恼火，她不知道华美是喜欢她还是要弄她。如果她直接就把怒气吼出来：“你为什么打我？”这样很可能把大家都吓着。如果馥芳换一种方式表达自己的情感，结果可能会更好。

馥芳：“华美，你是我最好的朋友，我有一件事情要和你说，你想听吗？”

华美：“噢，你说说看？”

馥芳：“每次你在我头上打一下的时候，我很难受，我感觉受到了侮辱。”

华美：“啊？是吗？”

馥芳：“嗯，但是我们是好朋友，所以我想把我的感受说出来。”

华美：“对不起。其实我只是想和你开个玩笑，大家都开心一下。”

这样，馥芳把自己的愤怒表达了出来，华美也知道了自己的行为所带来的不好后果，两个好朋友之间的冲突就很容易地被化解了。

三、表达支持

在沟通中，当我们理解了别人的情感，也合适地表达了自己的情感时，我们还需要对别人的情感表示支持。

每个人都需要别人的支持和肯定。也就是说，人们在表达情感的时候，通常都希望别人给一些支持性回应。支持性回应指的是说一些安慰对方、赞同对方、减轻对方痛苦或让对方平静的话语，它表示我们很关心对方并且能理解对方的心情和感受。

不论个体有正面的积极的情感，如兴奋、快乐、喜悦、欢欣，还是有负面的消极的情感，如痛苦、抑郁、伤心、愤怒，个体都需要别人表达支持。

当对方表达出正面的情感时，我们通常会比较容易地表达出我们对对方的理解，对方往往会感觉到我们是一起高兴、开心和快乐的，但当对方表达出负面的情感时，我们通常不容易表达支持。其中一个原因是，处在负面情感中的人比较敏感，我们必须小心地表达自己的看法，以免伤害到他——尽管有时候伤害可能是无心的；另一个原因是，当我们感到别人的情绪糟糕时，自己也会有压力，有时候甚至会感觉到不知所措而想离开。但是，处在消极情感中的人更需要理解和支持，表达支持会让对方觉得这样的情感是可以理解的，有助于恢复情绪而不是更难过。

我们可以通过直接表达支持、解释对方的行为、感恩和建设性批评的方式来帮助别人。

1. 直接表达支持

当朋友或者亲人不开心的时候，我们可以用这种直接的方式表达支持。比如说妈妈每天回家可能会很晚，主动为妈妈倒一杯热水或者给妈妈一个拥抱都是很好的方式。中国人可能不善于表达自己的情感，但是当表达出自己的情感时，往往会带来很多感动和惊喜。

2. 解释

当人们处在负面情感中时，他们不仅会变得敏感，还会变得狭隘。也就是说，处在负面情感中的人们可能仅仅把事情发生的原因限制在某一个方面，而不想任何其他的可能性。每个人可能都会有切身体会，在心情差的时候，会固执地坚持极端、负面的看法，会觉得生活一团糟，一无是处。这时候，为他提供不同的解释，有助于他走出消极情绪。下面就是一个很好的例子。

“我想他一定是不喜欢我。昨天在图书馆借书时碰到他，他连个招呼都没打就走了。”

“我了解你很在意他的一举一动。不过，他当时可能是正在想什么事情，太集中注意了。”

3. 感恩

当别人为你做了令你感激的事情，或者做了有意义的事情时，你要称赞别人，并向他表达感谢。我们在生活中每天都会接受别人的大量帮助，但是我们往往会忽略这些细节。面对别人的每一次帮助，我们都要真诚地向别人表达我们的感谢。

4. 建设性批评

当别人要求批评或者你看到别人犯错误时，你可以帮助别人改正错误而给予批评。然而，倘若批评不当，就会带来负面的后果。给予批评一定要有建设性，同时遵循以下原则：

（1）确定对方真心愿意接受批评。如果你认为应该给予批评，要先问对方是否真心要听；即便对方真心要求批评，也要观察其是否口是心非。

（2）尽可能先赞扬后批评。赞扬要切题、适当，的确值得赞扬的事情才赞扬而非生硬地运用本原则。只要是那件事情没有糟糕到一无是处，你就要先寻找它的积极意义，再批评其不妥之处。

(3) 批评要对事不对人，描述行为而不是笼统地评价。比如，“丽芳，你觉得我今天的歌唱得怎么样？”不要回答说：“我感觉不是很好。”好一点的表达是：“你在唱歌的时候，眼睛有时候在漂，缺少和听众的目光交流。”

【活动】架起沟通的桥梁

活动目的：

了解沟通的重要性，掌握沟通技巧；能够利用所学的沟通技巧指导自己的交往。

活动准备：

1. 教师制作多媒体课件；

2. 学生排练心理剧；

3. 教师准备形状大小一样的彩纸若干（平均每人两张）。

活动过程：

第一部分：“撕纸”游戏

1. 给每个学生下发一张同样大小的纸，要求每个学生闭上眼睛按教师的指令操作，并且在完成指令的过程中不提出任何问题。

2. 教师发布指令：请把手中的纸对折，再对折，又对折，把右上角撕下来，转 90 度，把左上角也撕下来。学生按教师指令操作。

3. 学生睁开眼睛，把纸打开展示。

4. 让学生比较所撕出的图形之间的区别，发现每个人撕出来的图形差别很大。

5. 给每个学生再下发一张同样大小的纸，要求每个学生睁开眼睛按教师的指令操作，并允许学生在操作的过程中，对存在的任何疑问都可以提出来。

6. 重复之前的指令，让大家进行折叠，再折叠……，学生在这个过程中提出问题（如：怎样对折？哪个右上角？撕多大？什么形状？怎样旋转……），教师明确指令要求，学生按要求操作。

7. 让学生比较图形之间的相似性（大多数图形比较相似，差异明显减少）。

8. 分小组讨论为什么两次游戏的结果不一致。

9. 请每个小组选出代表发言。

10. 教师进行总结，提出沟通的重要性。沟通是人们交往的桥梁。我们在学习和生活中都存在着沟通，无论什么时候，我们都要和别人进行沟通。如果不善于沟通会发生什么事情呢？下面我们来表演一个心理剧。

第二部分：表演心理剧《熟悉与陌生》

1.给每组学生发放事先准备好的剧本《熟悉与陌生》，每组学生分别根据剧本进行5～10分钟准备。

剧本：

刘芳、张华两人是非常要好的朋友，刘芳经常主动为家庭困难的张华买零食吃。有一天，刘芳发现张华买了自己最喜欢吃的零食，却没给自己，而是给了另一个同学米玫。刘芳非常生气，认为张华不够朋友，从此不再理张华，并经常旁敲侧击地说些难听的话给张华听。一天，刘芳正与米玫等人在一起聊天，见张华走过来，便故意大声说："有些人可真没良心，只知道从别人那里捞好处，哼！"

旁白：张华没说什么，低着头走了过去。

刘芳又冲着米玫说："还是你行啊，我们好几年的朋友都不如你们交往几天的，你真行！"

旁白：米玫低头没说什么。

又一天，刘芳、张华相遇了。刘芳看见张华，头甩向一侧，不理睬她，生气地走了过去。张华想说什么，欲言又止，无奈地叹着气，流着泪走过去。

就这样，两个人由好友变成了陌路人。

其实事情是这样的：米玫由于身体不舒服，没有吃午饭，张华发现后，出于关心和同情就给米玫买了零食，可是碰巧让刘芳看见了。

2.每个小组分别上台表演。

3.教师组织各小组分别讨论为什么好朋友会成为陌路人，每个小组派代表把组里讨论的结果和大家分享。

4.教师可以采用启发学生的方式："这么好的朋友因为缺少沟通变成了陌路人，可见误会的危害有多么严重，沟通有多么重要。人与人之间需要沟通，那么，我们应该如何与人沟通呢？"

第三部分：

1.讲故事。

也许有人会认为，沟通不就是把心里的想法跟对方说一说吗？实际上，沟通并不像大家想象得那么简单，同样的意思，用不同的方式表达，效果就大不一样。

从前，有一个国王，左眼失明，左腿由于一次受伤无法正常走路，头顶上的头发也很少。一日，国王心血来潮，下令全国的画家为他画像，画好者给予重奖。

第一位来自江南的名画家，自告奋勇来给国王画像。但他一看到国王的龙体状况，心里直犯嘀咕，如何下笔呢？一阵沉思之后，这位画家斗胆给国王画了一张五官端正、头戴假发的半身像。结果画家遭遇杀身之祸。

第二位来自中原的名画家，吸取前一位画家的教训，胸有成竹。见到国王的体貌长相后，他心中一惊，寻思道：肯定是前一位画家没有画完整国王的腿，所以才……。于是，一张五官端正、头戴假发、四肢健全的画像呈现到国王眼前后，第二位画家也没有逃脱杀身之祸。

过了一段时间，第三位来自西北的普通画家，冒着试一试的风险来见国王。他观察到国王的生理特征后，心中不禁大喜。有了前两位画家的经历，国王自然对第三位画家不抱什么希望。但是，当一幅国王在草原上打猎的画像展现在国王眼前时，国王连声称赞："好！好！实在是太好了！"于是，第三位画家不仅没有遭受杀身之祸，而且还得到重奖。

画面上，出现的是国王在草原上打猎的场面：只见国王头戴蒙古帽、身穿蒙古袍，右胳膊露在蒙古袍袖子的外面。左脚踩在一块青石上，左胳膊弯曲支撑在左膝盖上，左手端着一支猎枪；右手紧握猎枪，扣着扳机；紧闭左眼，睁大右眼，瞄准碧绿的草原上一只正在逃跑的兔子。

2. 教师提问：为什么前两位画家遭到杀身之祸，第三位画家得到重奖？

3. 教师小结：看来说话要讲艺术性，从这个故事可以看出，语言是沟通技巧中的一种重要方式。要进行有效的、良好的沟通，不仅需要语言技巧，还需要你的态度、你的修养、你得体的行为等。下面，我们就结合生活实际进行讨论。

4. 讨论

（1）沟通的技巧有哪些？全班学生讨论沟通的技巧。教师指定学生发言，总结学生提出的沟通技巧，讲解表达自己情感、理解别人情感和支持别人的方法。

（2）就前面剧本的情况，该用怎样的沟通技巧帮助几位同学消除误解？

要求各小组选代表就讨论的沟通技巧做总结性发言，然后把帮助几位同学消除误解的具体做法表演出来。

（帮助他们消除误解时，把学生分为三组并确定角度）

第一组从米玫的角度：侧重米玫对刘芳很诚恳地说明情况，不希望因为自己而影响了老朋友的友谊。

第二组从张华的角度：侧重张华很重视彼此的友谊，积极表达自己的情感，求得对方的理解和原谅。

第三组从刘芳的角度：侧重刘芳理解张华的情感，换位思考，理解宽容他人。

5. 分小组重新表演心理剧。

6. 每个小组派一个代表和全班同学分享体会。

7. 教师总结。

（改编自：孙金霞，2006 年）

第二节

青春好做伴，和朋友一起成长

进入青春期后，青少年对朋友的需求开始变得强烈。在青春期之前，儿童对同伴的依赖很少，他们只是寻找年龄相仿的、兴趣相投的同伴。他们会展开友好的竞争，会为自己赢得一定的尊重，但是在此过程中，他们的情感投入并不太多。因为他们主要从父母那里获取情感需要的满足，寻求父母的表扬、爱和关怀。只有当他们得不到父母的爱、遭到父母的拒绝和负面批评时，他们才会转向同伴或父母的替代者来寻求情感满足。在青少年期，性成熟带来的身体上的明显变化，自我意识和成人感的增强，使他们对情感满足产生新的需求：一方面要摆脱父母对自己行为的限制；一方面要建立起一种成人感。这时青少年转向寻求同伴支持。

青少年的同伴交往具有重要的意义。青少年友谊的质量和稳定性与自尊是联系在一起的；青少年是以同伴为参照来获取自我价值感的。他们缺乏对自己身份的准确把握和自我认同，通过与同伴的交往，他们重新建立自我。从朋友身上，他们可以学习到必要的社会交往技能，这是他们融入更为广阔的成人世界时很重要的一个环节。

青少年首先需要和与之建立关系的人有共同的兴趣。随着年龄的增长，他们渴求一种更为密切的、充满关爱的关系，这种关系可以分享成熟的感情、麻烦及大多数的个人思想。朋友之间分享的不只是秘密，他们也分享感情，互相帮助解决个人问题和人际冲突。

在青少年期，学生在建立和维持同伴关系上获得成功，就意味着有良好的社会适应和心理适应。

一、朋友的类型

青少年在开始选择交往对象时，往往不了解朋友的类型以及自己需要哪种类型的朋友。一般来说，可以把朋友简单地分成三种类型：点头之交、好朋友和知己好友。

点头之交就是那些知道其名字，有机会会和他们谈话，但是与他们的互动在质和量上都是很有限的人。对某个学生而言，班上的很多同学都只是点头之交，因为除了必要的接触外，他们从来没有主动联系过，在其他场合的会面也纯属偶然。

日久之后，青少年会和许多认识的人发展出亲近的关系。朋友就是那些自愿和他们建立个人关系的人。例如，明树和月川是在一次打乒乓球的时候偶然认识的，他们在一起打球的时候感觉很开心，感觉相处很愉快，因此，他们就开始保持联系，建立了友谊。

好朋友具有如下特点：一是温暖、有感情。朋友之间能相互支持，相互鼓励，之间会有情感的交流。二是值得信任。值得信任是指朋友不会出卖自己、背叛自己和伤害自己。三是自我表露。由于感觉到温暖并有彼此的信任，青少年会向朋友做自我表露，与他分享个人的情感。自我表露的深度与关系的亲密程度密切相关，关系越亲密，自我表露就越深，反之亦然。四是承诺。好朋友在对方需要时会想办法彼此协助，愿意为对方付出。五是朋友之间期待关系的增进和持久。转学、换工作、搬家都不会破坏友谊，有些朋友一年只见一两次面，却仍然是朋友，因为他们在一起时，总能自在地分享想法和感情，并且能彼此给予忠告。

知己好友是最亲密的朋友，是那些可以分享内心深处感受和秘密的人，他们不同于一般的朋友。虽然普通朋友之间有某种程度的自我表露，但他们并没有分享生活的每一个层面，而亲密朋友则能了解对方内心最深的感受。这种亲密度也表现在一个人愿意为了自己亲密朋友的利益、感受而放弃与其他人的关系，同时也会比其他人更多地涉入对方的生活，给他更大的影响。

请看下面这篇文章：

因为她是我最好的朋友

那是发生在越南的一家孤儿院里的故事，由于飞机的狂轰滥炸，一颗炸弹被扔进了这个孤儿院，几个孩子和一位工作人员被炸死了。还有几个孩子受了伤。其中，有一个小女孩流了很多血，伤得很重！

幸运的是，不久后一个医疗小组来到了这里，小组只有两个人：一个女医生，一个女护士。

女医生很快地进行了急救，却在那个小女孩那里出了一点问题，因为小女孩流了很多血，需要输血，但是她们带来的不多的医疗用品中没有可供使用的血浆。于是，医生决定就地取材，她给在场的所有的人验了血，终于发现有几个孩子的血型和这个小女孩是一样的。可是，问题又出现了，因为那个医生和护士都只会说一点点的越南语和英语，而在场的孤儿院的工作人员和孩子们只听得懂越南语。

于是，女医生尽量用自己会的越南语加上一大堆的手势告诉那几个孩子，“你们的朋友伤得很重，她需要血，需要你们给她输血！”终于，孩子们点了点头，好像听懂了，但眼里却藏着一丝恐惧！

孩子们没有人吭声，没有人举手表示自己愿意献血！女医生没有料到会是这样的结局！一下子愣住了，为什么他们不肯献血来救自己的朋友呢？难道刚才对他们说的话他们没有听懂吗？

忽然，一只小手慢慢地举了起来，但是刚刚举到一半却又放下了，过了好一会儿又举了起来，再也没有放下！

医生很高兴，马上把那个小男孩带到临时的手术室，让他躺在床上。小男孩僵直着躺在床上，看着针管慢慢地插入自己细小的胳膊，看着自己的血液一点点被抽走，眼泪不知不觉地就顺着脸颊流了下来。医生紧张地问是不是针管弄疼了他，他摇了摇头。但是，他的眼泪还是没有止住。医生开始有一点慌了，因为她总觉得有什么地方肯定弄错了，但是到底在哪里呢？针管是不可能弄伤这个孩子的呀！

在关键的时候，一个越南的护士赶到了这家孤儿院。女医生把情况告诉了越南护士。越南护士忙低下身子，和床上的孩子交谈了一会儿，不久后，孩子竟然破涕为笑。

原来，那些孩子都误解了女医生的话，以为她要抽光一个人的血去救那个小女孩。因为想到不久以后就要死了，所以小男孩哭了出来！医生终于明白为什么刚才没有人自愿出来献血了！但是，她又有一件事不明白了，“既然以为献过血之后就要死了，为什么他还自愿出来献血呢？”医生问越南护士。

于是，护士用越南语问了一下小男孩，小男孩回答得很快，不假思索就回答了。他的回答很简单，只有几个字，但却感动了在场所有的人。

他说：“因为她是我最好的朋友！”

（唐银，2005）

小男孩为了挽救朋友的生命愿意献出自己生命的故事，让每一个人都很震撼，也很感动。

中学生往往希望与别人交朋友，但是很多人由于羞怯和退缩而无法与别人进行沟通和交往，继而影响到与他人建立亲密的朋友关系。

二、与朋友交往

害怕和别人交往的中学生往往会把和别人交往的过程想得很复杂。鼓励他们走出与人交往的第一步，就是使他们练习开始交谈。

1. 练习开始交谈

其实，每个中学生的心目中都有自己想要交往的朋友。他们知道班里面有个人很不错，希望和他成为朋友，但是往往很难迈出第一步。这时候，要鼓励学生积极大胆地表达自己的情感，告诉他们如果不开始交谈，他们之间就什么也不会发生。比如，在体育课上对一直很希望与之并肩作战的同学说：“我知道你的篮球打得很好，你们下次玩时叫上我好吗？”双方往往就是以最简单的方式开始交往的。

由于第一印象对往后关系的发展有很大影响，所以，对于那些和陌生人开始交谈有困难的学生来说，如果碰到希望与之结识的陌生人，如在球场上碰到外校的学生、同学生日聚会上遇见朋友的朋友等，可以采用下面的方法开始交谈：

（1）正式或者非正式地介绍自己。这是很老套却也是最简单、最有效的开始交谈方式。“你好，我是于光同，可以认识你吗？”如果觉得这样不自在，可以请自己的朋友介绍你们认识。

（2）谈论环境与空气。“今天的天气太糟了！从前这儿也是这样的吗？”“这里的装修真漂亮！你来过吗？”

（3）谈谈自己的想法或感觉。“我喜欢这样的生日聚会，你呢？”“我觉得上海申花队的表现非常一般。你认为呢？”

（4）谈论另一人。“这是我第二次参加郑文月的生日聚会，我觉得这个人很有趣。你认识她多久了？”

注意上述四种方式都是以问问题的方式出现的，以便邀请对方做出反应。这时，如果对方可以愉快地回答你的问题，表示他愿意继续交谈；拒绝回答或者冷漠地回答表示对方可能对你不感兴趣，也可能是他现在心情不好或者不想谈话。

教师可以采用活动的方式，让学生来练习如何开始交谈：

（1）把全班分成若干个小组（每组5~6人）。

（2）每个小组内的不同成员扮演不相识的陌生人，互相开始交谈。

（3）每组选出最有创意的方式，派代表向全班报告。

（4）教师对学生的行为进行鼓励和总结。

2. 迈向亲密

当两个人由陌生变为相识、彼此都有很好的印象后，他们会逐渐增多互动，希望更了解对方。两人会分享自己对生活中某些问题的看法和感受，如对班里某位同学的表现做一番描述，然后说出自己的评价等。当意见和感情倾向较为一致或者都能从对方那里得到新的有益的见解时，两个人都会觉得满足，于是友谊就慢慢形成了。因此，迈向亲密关系必须有较多的自我表露。我们经常希望自己有知心朋友，可以向他倾诉内心深处的秘密，但应该知道，倾诉内心最深处的秘密必须从表露不那么隐私的秘密开始，这是因为自我表露具有一定的风险性。

青少年在人际交往过程中，应注意以下自我表露的原则：

■表露那些你希望别人也向你表露的信息；

■只有在你感觉很安全时，才表露隐秘的信息；

■当你有回报时，才继续亲密的自我表露；

■渐进式地将自我表露推向较深的层次；

■只向关系牢固的亲密朋友表露内心深处的秘密感受。

通过恰当的自我表露，我们既可以跟别人建立稳固而令人满意的友谊，也可以使自己的身心得以放松。倘若违反这些规则，不恰当的自我表露不仅无助于关系的建立，反而会令自己受伤。

教师可以通过以下的小活动来让大家认识自我表露的重要性。

【活动】自我表露

教师可以事先准备好印有下面内容的活动页，在课堂上发给大家：

下面的练习将帮助你们了解人们所能接受的自我表露的差异。请在下面各项目前标注类型：

①L，低风险，表示可以向任何人表露这个内容；

②M，适度风险，表示可以向熟识的人和朋友表露；

③H，高风险，表示只能向少数十分信赖的朋友或最亲密的朋友表露；

④X，表示不能向任何人透露。

____1. 你的嗜好，如何打发多余的时间

____2. 你喜爱的和讨厌的音乐

____3. 你的教育背景和你对它的感觉

____4. 你对政治、外交和经济政策的看法

____5. 你的个人观点和信仰的宗教

____6. 目前困扰你的习惯和行为

____7. 使你自豪和满足的特点

____8. 详细说出你生命中不快乐的事

____9. 详细说出你生命中最快乐的事

____10. 你生命中最后悔的事及其原因

____11. 你生命中未实现的主要愿望和梦想

____12. 你最罪恶的秘密

____13. 你认为该如何保持身材

____14. 你对自己身体最满意的部分

____15. 你对外表最不满意的部分

____16. 你生命中最憎恨的人和原因

____17. 你酗酒和服用违禁药品的情况

____18. 和你有亲密的异性关系的人以及你们的关系情况

然后全班学生5～6个人一组，分小组讨论不同的观点，让大家认识到每个人心目中不同的标准。

教师提醒学生注意，在交往过程中要注意表露的深度，千万不要只是单方面表露。

三、冲突并不可怕

在交往过程中，冲突是比较常见的。冲突是由于人际交往过程中，意见不同所导致的一种紧张状态，人们在冲突中会体验到很多的负面情绪。在贾晓波主编的《走出心理误区——中小学心理辅导与咨询案例》一书中，马志国老师报告了这样一个案例：

马老师：

您好！我曾经拥有一份很快乐的心情，因为我身边有很多给我带来快乐的好朋友。可是后来我慢慢发现了这所谓的友谊中存在的问题。

先说我和班长之间的故事。以前，在我眼里，她是一个很不错的女孩，学习好，人漂亮，开朗活泼。可是后来我发现她只是在向我借东西时对我热情，在其他的活动中，比如讨论学习问题，又比如去课间操的路上，她总是和别人在一起。我终于明白了，她根本没把我当一个真正的朋友。我发现自己受骗了，心里很难过。终于有一次，我们吵架了。我为人处事有一个原则，无论和谁闹了矛盾，只要是我的错，一定道歉；如果不是我的错，我绝不会低头的。这次由于不是我的错，我一直等着她来道歉……

再说我和一个男生之间的故事。他不算潇洒帅气，但他有一颗善良的心，人缘很好，成绩也不错。以前我一直把他当成朋友，经常向他请教学习上的问题，他也乐意帮我。他和班长之间的关系也挺好。就在我和班长不说话的两天之后，他也突然不理我了。我问他："你为什么不理我？你要是不想和我说话，你可以直说。"他说："我没有这样想。你要是这样想，你说，我现在就走！"我马上脱口而出："你听好了，现在就请你走开，我不想理你了！"他真的扭头就走了。一气之下我把他借给我的书还给了他，由此断交了。于是，我又多了一份儿心痛。我也等着他的道歉，我只需要"对不起"三个字。可是，他们却在我面前放肆地嬉笑打逗……

我现在不再期待他们的道歉了，但是我绝对不会主动与他们和好的，我绝对不会向他们低头的。即使有一天全世界的人都负了我，我也不会低下不屈的头。可是，我又不想在高中时代结下"冤家"，况且我自认为是一个宽容的女孩。

我总是希望有一个人真正在意我，把我放在心上。可是，经过这一连串打击伤害之后，我不再相信会有这样的一个人了。于是，我不想再相信别人，我要学会伪装自己。可是，让我奇怪的是，我相信了您。可能您是我唯一相信的人了。所以我把我的心里话都说给您听。

马老师，我真的不明白这是为什么。您说我该怎么办？是不是我的处事方式有问题？

一个求助的女孩：小雪

从信中我们可以看到小雪在冲突中的挣扎和矛盾。一般来说，当冲突发生时，下面几种应对的方式很常见：

■退缩。退缩是逃离冲突情境的做法，它可以使冲突双方的矛盾暂时停止，如其中一方寻找借口离开。但是，退缩往往不是一种积极的解决方式，双方可能继续进行冷战或者维持一种消极的紧张状态。

■投降。投降是指放弃以避免冲突。

■攻击。攻击是冲突发生后的一种主要应对方式，它可能通过身体或心理的威胁来实现，如校园中的打架事件、家庭暴力。有时候言语中的攻击是一种更伤人的做法，被称之为“冷暴力”，如“明宇，你要是再继续这样，我们就不理你了”。

■说服。说服是试图改变对方的态度或行为来获得和解。

■讨论。讨论是针对问题进行讨论以解决冲突的方式。

在本案例中，小雪主要采取攻击的方式进行应对，结果双方都深受伤害。处于冲突中的学生往往无法看到事情的全部，陷入狭隘的心理状态中无法挣脱出来，这时候教师就需要针对学生的问题进行开导。在上面的例子中，马志国老师是这样解决的：

小雪同学：

你好！很高兴你把马老师看成唯一可信任的人，可是马老师也怕成为“负”你的人。因为马老师这里说的不一定都是顺耳的话。你还想听下去吗？

第一，同学之间的冲突未必就是我对你错。人际交往中的许多冲突，常常不能分出是非对错，而是由于彼此缺乏心理换位。心理换位就是人与人在心理上互换位置，在人际交往中对所遇到的问题，能设身处地地从对方所处的位置和情境去思考和处理，深刻体察他人潜在的行为动因，不以自己的心态简单地看待问题、对待他人的心理活动过程。实际上，心理换位就是克服“自我中心”。在成人身上的“自我中心”倾向使人不能清醒地认识客观事物，妨碍着人们的理智，妨碍着人们的情感交流，妨碍着人们相互真正意义上的理解。而要克服“自我中心”，就需要学会心理换位。你先和一个女孩闹翻了，又和一个男孩闹翻了，你也许有你的道理，可人家未必就是千错万错。不然，怎么理解你评价那个女孩是“一个很不错的女孩”，那个男孩“有一颗善良的心”？这说明，即使是在你这么抱怨人家的时候，你在潜意识中对人家也还是有好感的。是吗？

第二，同学之间需要保持心理距离。你们本来是好友，所以，有不愉快的感觉，不一定就是彼此有意见，很可能是你和好友在交往中没有注意保持心理距离的结果。从心理学角度看，心理相容是建立良好人际关系的重要条件，而促进心理相容的途径之一就是彼此缩短心理距离。从这个角度说，两个人彼此之间的心理距离小是件好事。可是，物极必反。人际交往过程中，每个人都要求独占一定的空间，这叫做人际空间。由于这个空间像一个大泡泡一样包围着一个人，因此有的心理学家就形象地称之为“人际气泡”。人们一方面需要与他人建立密切的关系；另一方面也需要心理上的自由，需要一定的独享的心理空间。距离太近了，侵犯了个人的空间，就会使人感到不舒服。心理距离也有类似的现象。就你与班长的关系来说，你把她当成一个真正的朋友，你们总是在一起。每当她工作处理不恰当的时候，你就给她指出来，这就使人际气泡受到挤压，人家独立的心理空间被侵扰，于是，人家感到不愉快。现在，许多同学都有过这样的困扰。有的同学抱怨说，我俩本来是好朋友，可他为什么背叛我？其实，哪里是什么背叛，只不过是人家想尝试拉开一点距离。所以，在人际关系上应该保持距离。这就是说，在人际交往中，不论双方关系多好，都要保持一定的距离感。距离感是很微妙的，拉开一点距离，一来可以使彼此获得心理自由，感到多一份舒服和自在；二来可以使彼此感到对方更美好，从而使彼此的关系更融洽、和谐。具体做起来，一个是日常活动来点独立性。不要总是你说什么我说什么，你做什么我做什么。说个笑话，有的同学连上厕所也要与好友同行，这就不是交友之道了。其实，好友之间彼此来点独立性，行动上自由了，心理上也就自由了，距离感也就有了，感觉也就更舒服了。再一个是从调整空间距离入手。心理距离的远近是与空间的距离相关的，因此，可以从调整空间距离入手。这样，心理距离也会拉开一点，感觉也就自在一些。适当的距离感同样会使人享受到友谊的天长地久之乐。

第三，你对人家的认识难免主观。在人际知觉中有一个定势效应。在你们发生冲突之后，你对别人的抱怨也形成了一个消极的定势，于是，你觉得他们的言谈举止都是对你不友好的表现。其实，他们在你面前“放肆地嬉笑打逗”，很可能就是这样一种定势效应的结果，是你的主观臆测。

第四，即使别人错了也应宽容为上。宽容是人际交往成功的一个秘诀。善于宽容别人的人总是有良好的人际关系。心理学调查表明，人们几乎无一例外地喜欢与随和宽容的人打交道。就像你信中所说，你们之间的冲突原本无所谓大是大非的问题，说不上什么根本的利害冲突。所以，即使确实是别人错了，也不妨宽容一步。你听说过“求大同存小异”这句话吗？其实，人与人之间的差别常常不是简单得可以论出是非对错的，更多的是个性不同的表现。即使是存在是非对错的事，也应该宽容别人，不必对别人的言谈举止过分地挑剔。我们谁都不是圣人，为什么苛求别人呢？马老师非常希望你愿意做一个宽容的女孩，现在正是表现你宽容的时候，是吗？

第五，想让别人在意你，需要你先在意别人。人和人之间的交往是互动和对应的。我们在交往中总是期待别人先满足自己的需求。你要别人爱你，你就得给别人以理由。我们周围的人都是普通人，没有圣贤。人家为什么要在意你？不给人家一个理由是不行的。这个理由就是你先在意别人。为什么要求别人先给予，而自己不先付出？人可以自己先付出，但不能这样要求别人。你说是不是？

说到这儿，你看马老师还是可以相信的吗？马老师猜想，你知道不会全世界都负了你。因为果真感到别人都负了自己，那一定是自己出了毛病。马老师为你不想在高中结下“冤家”的态度感到高兴，更高兴地发现你已经想到了“是不是我的处事方式有问题”。所以，马老师觉得你并非不想相信任何人，只是在人际交往上有了困惑。好了，现在你看清了人际交往上的问题所在，相信你会主动为自己营造一个良好的人际关系氛围。如此，你会领悟到人生更多的幸福！

你的大朋友：马志国

人际交往策略、沟通能力都可能是冲突产生的原因，面对具体的问题要具体分析。中学生还需要具有自己处理冲突的能力，在解决冲突的过程中，要把握建设性地处理冲突的原则：

■ 双方具有处理冲突的意愿。这要求双方有积极的态度，冲突不是生活的全部，冲突是可以被解决的。

■寻找双赢的可能。没有绝对的是与非。只有双方各退一步，为对方着想，冲突才有可能解决。

■运用幽默。幽默可以调解紧张的气氛，使冲突具有解决的可能。

■寻求别人的帮助。当冲突双方无法就问题达成一致意见时，双方可以寻求第三方的帮助，这样可能会带来转机。

■冲突是机会。冲突不只是消极的，冲突也有积极性的一面，当冲突解决时，双方之间的了解往往会更深入，关系会变得更加密切。

【活动】要有一个朋友，首先要自己够朋友

活动目的：

识别出真假友谊的主要特点；指出发展真正友谊的途径。

活动材料：

事先设计好的"学生活动纸"；5张纸条，上面分别写有这些句子：我信守诺言；犯错误时我会承认；别人让我委屈，我会宽恕他；我尊重他人的思想和感情；我坦诚与人交流和沟通。

活动过程：

第一部分

1. 内容展示：在PPT上显示以下内容：

幽默感	漂亮
聪明	踏实
忠诚	善于倾听
健壮	诚实
受欢迎	富有
共同爱好	大方
善良	机灵
共同信仰/价值观	负责任

让每个学生选择自己认为朋友应该具有的3个最重要的特点，完毕之后，教师记下全班学生选择最多的几个特点。然后开始进行下面的内容。

2. 讲故事。

达蒙与皮西厄斯的故事

达蒙与皮西厄斯的故事发生在公元前四世纪西西里岛的一个城邦国锡拉库扎。据罗马演说家西塞罗的说法，这两个人都是哲学家毕达哥拉斯的追随者。

达蒙和皮西厄斯是最好的朋友。他们从小就在一起做事情，一直在一起玩耍与学习。两人亲如兄弟，彼此完全信任。皮西厄斯是一个坦率直言的人，经常在公共场合演讲，他在演讲中说，任何国王都不能对臣民拥有绝对的权力。

国王迪奥尼修斯听说了皮西厄斯的演讲内容，非常恼火，下令皮西厄斯和达蒙来见他。两个人来了，迪奥尼修斯国王命令皮西厄斯收回他讲的话，皮西厄斯回答说："我不能，我只讲真话，您不能阻止任何人讲真话。"

迪奥尼修斯更加生气，决定以叛国罪处死皮西厄斯。

皮西厄斯仍然不想改变自己的观点，但他请求国王在处死他之前先放他回家安排一下家里的事情。国王大笑道："要是放你回家，你永远就不再回来了。"

皮西厄斯回答说："我会回来的，我可以留下抵押来向您保证。"

"那么你要留下什么作为抵押呢？"国王问。

这时，达蒙站了出来。"我来做抵押。"他说道，"人人都知道我与皮西厄斯的友谊。我向您保证，只要我被关在监狱里，他就一定会回来的。"

"你要明白，"国王对达蒙说，"要是皮西厄斯不能在规定的时间内返回，要处死的就是你了。"

"这个我明白，"达蒙说，"但是皮西厄斯一定会回来的。他言而有信。"

于是，皮西厄斯回家去了，达蒙被投进了监狱。过了几天，国王迪奥尼修斯到监狱来看达蒙。"你的朋友还没回来呢，"他嘲笑说，"现在你怎么看他？"

"他会回来的，"达蒙说，"我完全相信他。"国王摇摇头离开了。

过了几天，国王又来到关押达蒙的囚室。"期限快到了，"他说，"我想你的朋友不会回来了，你这个傻瓜竟然相信他。"

达蒙看着迪奥尼修斯，平静地说："如果在他能掌控的情况下，皮西厄斯一定会回来的。他一定是在路上遇到了麻烦才耽误了。"

国王被达蒙的自信惊呆了，但是到了处决日，皮西厄斯仍然没有回来。刽子手到监狱里来提达蒙，迪奥尼修斯最后一次问达蒙："你还叫皮西厄斯'朋友'吗？"

就在这时，门"砰"地开了，进来的是皮西厄斯。他的样子可怕极了，衣服破烂不堪，浑身是伤，流着血，蓬头垢面。他踉跄着上前倒在达蒙的怀里。"我总算按时赶到了，"他叹道，"我很高兴你还活着。我乘的船出了事，路上又遇到了抢劫，但你知道我得不停地走。"皮西厄斯转身对国王说："我已准备好受死了。"

国王惊呆了，他从未见过这样的忠诚与信任。他撤消了行刑的命令，宣布释放皮西厄斯和达蒙两个人。"但是，首先，"他对两人说，"你们能否为我办一件事情？"

"我们能做什么？"两位朋友问。

"请给我讲一下怎样才能有你们这样的友谊。"

3. 回答问题。请学生在"学生活动页"上回答问题：你最认同故事中的哪个人物？

（1）皮西厄斯：我有一个可以信任的朋友，需要的时候他总在我身边。

（2）达蒙：不管我的朋友什么时候需要，我都会出现在他身边。

（3）迪奥尼修斯：我感觉从未体验过达蒙与皮西厄斯这样的友谊，但对我来说，与别人建立同样的友谊也是可能的。

（4）对上面几个人都不认同：要是皮西厄斯没有回来的话，我更认同达蒙和国王。我的朋友们总是让我失望，我怀疑真正的友谊是否存在。

4. 教师总结：不管你选择什么答案，友谊对你都是重要的。虽然有时候你认为真正的友谊是不可能的，但你还是希望它存在。我们今天要讨论真正的友谊的特点以及如何培养真正的友谊。

5. 分小组讨论。什么是真正的友谊和虚假的友谊？讨论之后每组派代表和全班同学分享本组观点。

6. 教师总结真正的友谊。教师可以这样总结："在这个故事中我们可以看到，达蒙和皮西厄斯身上体现了真正的友谊的许多特点。在你看来，他们的生活体现了真正的友谊的哪些特点呢？"教师在PPT上显示下面的内容：

真正的友谊	虚假的友谊
● 相互忠诚	● 为了私人利益相互利用
● 相互信任	● 相互不信守诺言
● 相互信守诺言	● 相互缺乏忠诚
● 深切而真诚地关心对方的利益	● 相互缺乏信任
● 相互牺牲	● 相互不能长时间承担义务
● 坦诚交流	● 为取悦对方而放弃价值观
● 同情与理解	● 逼迫对方妥协
● 尊重对方的思想和感情	
● 宽容（原谅对方的错误）	
● 相互努力（加深友谊）	
● 责任心（为自己的行为和后果承担责任）	
● 永远相互承担义务	

7. 教师安排学生讨论。还有哪些特点应该是真正的友谊和虚假的友谊具有的特点？教师也可以根据学生最开始的选择进行总结。教师总结："警惕你的交往关系中出现这些迹象。谨防虚假的友谊，因为它不会让你得到真正的友谊。"

第二部分：做真正的朋友

1. 教师引导学生："通常情况下，当我们考虑什么是真正的朋友时，我们所考虑的是这个朋友会为我们做什么事情。你可能会想：'但愿我有这样一个朋友，他会听我的话，理解我，并且使我不孤独。'不幸的是，我们没有权力来改变他人。我们不能迫使他人为了友谊来满足我们的需要。我们只能改变自己成为别人所需要的朋友类型。要有朋友，你首先得自己够朋友。

在PPT上显示以下内容：

如果你需要朋友，自己先做朋友

将自己培养成为一个合格朋友很重要的一环就是评价你目前成为真正的朋友的能力。在你们的"学生活动页"上，列出了我们所讨论过的真正的朋友所应具备的5个特点。填写这张表，衡量一下这些特点在你的行为中体现得怎么样。

2. 教师提示学生："大家可以思考一下这个问题，如果不确定，可以回家和父母一起讨论这个问题，看看父母认为真正的友谊需要我们做什么。"（这

部分内容不需要讨论）

3. 教师引导学生：国王迪奥尼修斯向你寻求关于他怎样才能有真正友谊的建议，请学生自行分成5个小组，每组抽取一张纸条，每张纸条上有一项真正的朋友所应具备的特点，"学生活动页"上对此有标识。各组要求如下：

（1）如果国王和其他人想在成为真正的朋友的某个方面有所改进的话，首先要制订一个计划，不过这个计划要在真实的情况下切实可行，现在大家就要帮助国王制订这个计划。

（2）为国王准备一个演讲稿，以便国王在王国境内各地进行宣讲并向大家展示你所提出的策略。各小组可以采用诗歌、讲故事、唱歌或者演短剧的方式。发挥你们的想象力，但是发言的时间不能超过2分钟。

（3）各小组用7分钟时间来制订计划和准备演讲稿。

4. 各小组展示自己的建议。

5. 教师总结："我们在这次课上讨论了友谊及其在人生旅途中所起的作用。我们已经认识到，我们每个人都很重要，是与众不同的人，每个人的存在和发展对大家也是重要的。这节课一开始，我让同学们从真正的友谊具有的特点中选出自己最看重的；然后，我们用达蒙和皮西厄斯的故事来展示什么是真正的友谊；接着，大家讨论了真正的友谊和虚假的友谊；最后，我们讨论了怎样成为真正朋友的问题。希望大家可以找到自己真正的朋友！"

6. 教师布置作业：请根据大家对自己是否具有成为别人真正朋友的能力评价结果，针对自己的不足制订改进计划。

附：

学生活动页

你最认同故事中的哪个人物？

皮西厄斯：我有一个可以信任的朋友，需要的时候他总在我身边。

达蒙：不管我的朋友什么时候需要，我都会出现在他身边。

迪奥尼修斯：我感觉从未体验过达蒙与皮西厄斯这样的友谊，但对我来说，与别人建立同样的友谊也是可能的。

对上面几个人都不认同：要是皮西厄斯没有回来的话，我更认同达蒙和国王。我的朋友们总让我失望，我怀疑真正的友谊是否存在。

如果你需要朋友，自己先做朋友

衡量你现在成为真正的朋友的能力

	大多数的时候	有时候	不得已的时候
我信守诺言			
犯错误时我会承认			
别人让我受委屈，我会宽恕他			
我尊重他人的思想与感情			
我坦诚与人交流和沟通			

[改编自:《友谊》(YTL当代青少年教育辅导丛书)，心灵阳光工程推荐教材]

第三节 情窦初开，把握尺度

建立亲密关系是个体成长过程中的重要内容，也是个体社会化过程中的一项重要内容。青少年不仅要学习如何建立同性之间的友谊，也要开始培养与异性交往的能力，这对个性完善有重要作用。

一、如何面对异性

青春期的到来以性成熟为标志，进入青春期之后，青少年对异性的兴趣逐渐增大，渴望和异性交往。他们开始悄悄地关注异性，但是往往只关注外表。比如，女生关注英俊帅气的男生，男生关注美丽漂亮的女生，他们可在一起讨论班上哪个同学长得像某个明星，男生可能在女生经过的路上故意起哄等。青少年也开始根据电视剧和小说中看到的描写爱情的情节来憧憬爱情，如女孩子可能会在一起讨论什么是爱情等。但青少年对于爱情的看法并不成熟，他们很多时候只是凭着冲动开始和异性交往，这种交往也有很大的“暧昧”的感觉，有时候，它可能仅仅是一种朦胧的喜欢。

但是，很多教师和家长往往在发现孩子和异性交往之后，就认为孩子是在“学坏”，不好好学习，从而开始限制孩子与异性交往，使很多孩子产生抵触情绪。青春期是一个人开始学习和异性交往的一个非常重要的阶段。孩子慢慢学习怎么开始和异性相处，如何与异性建立关系，思考爱和责任等问题，这些往往对孩子今后成年时的异性交往有很重要的影响。教师和家长可以采用引导的方式，让孩子进一步思考自己的问题。

教师和父母不要过分担心孩子的“恋情”。家长捕风捉影的批评、偷偷地窥探孩子的隐私、忧心忡忡地唠叨提醒，往往让孩子烦躁，加重其逆反心理。孩子在和异性交往后，由于对成人的不信任，他们会采取各种隐秘的方式进行沟通和联络，以避免暴露自己的感情，如通过网上聊天、单独进行约会等进行交往。他们也会尽量避免因为自己的一个小纸条、一次不期而遇的单独接触被教师和家长发现，使对方受到伤害。结果，两个人就在此过程中“同仇敌忾”，越来越相互支持和信任，最后弄假成真。而教师和家长在这个过程中往往起到了推动作用。

教师要善于利用各种机会，如通过班会、谈话等，对学生进行如何与异性交往的教育。

说不清的“喜欢”

我刚进教室，一个女生便来告状：“老师，李凯说李戈喜欢杨谨。”原本很安静的教室顿时笑声四起。被提到的3名学生早已涨红了脸，不知所措。自知理亏的李凯一个劲儿地对李戈说“对不起”。面对这一突发情况，我没有马上表态，而是说：“虽然杨谨刚来到我们班一年，但据我所知，许多老师都特别喜欢她，这是为什么呢？”学生们你看看我，我看看你，没等他们回答，我又接着说：“现在大家先想想，你们喜欢不喜欢杨谨？喜欢她什么？第三节课班会我们再来讨论。”

第三节课上课铃声刚响，学生们便急忙进了教室。望着那一双双充满期待的眼睛，我不由得想起了自己上小学时，班里也出现过类似的情况。当时教师采取了回避的办法，结果学生们便在背后议论，使男女两个当事者心头蒙上阴影，学习成绩下降，相互之间不再说话。不能再发生这种事了。想到这里，我走上讲台问学生：“你们想好了吗？”“想好了！”大家争先恐后地举手。

“我喜欢杨谨，因为她懂礼貌，每次都主动与老师打招呼，而且从不与同学吵架。”一个女生首先发言。

“我也喜欢她，因为她学习好。虽然她从没有学过外语，但经过一年努力，她的成绩却达到优秀。”一个班干部说。

“我也喜欢她，因为她热心帮助别人，我不会做的题，她都能认真耐心地给我讲解，直到我会做为止。有一次我忘了带水彩笔，她还把自己的分了一半给我。”班上一个小淘气涨红了脸说。

同学们都抢着要发言，我却点了李凯的名：“李凯，你想发言吗？”

“想，我也喜欢杨谨。”李凯灿烂的笑脸上流露出真诚。

“为什么？”我急忙问。

“因为她是一个好组长，课间总让我背课文、背英语单词。”

“为什么让你背书，你还说她好呢？”我又问道。

“我跟她同一年转入咱们学校，我俩以前都没学过英语，可我的成绩不好，她却很优秀。她这样是在帮助我。”李凯腼腆地笑了。

“李戈，你想发言吗？”李凯坐下后，我又问李戈。

“想，我也喜欢杨谨。”

“为什么？”我故意追问。

“她来的时间虽短，但成绩却很优秀，比我们班干部还强。”

作为班干部的李戈不好意思地低下了头。最后我做了总结：“喜欢一个人没有错，但关键要看你喜欢她什么。通过今天的讨论，我知道大家都是能分辨是非的好孩子。你们喜欢的都是杨谨的优点，这些优点确实值得大家学习。我相信，只要你具备这些优点，同样也会受到大家的欢迎。让我们一起做个受人喜欢的人吧！”

一节40分钟的班会课带来了意想不到的收获。从此以后，学生们的学习热情，特别是学习英语的热情很高，告状的现象明显减少；同学之间不仅学会了宽容，还学会了用自己的方式解决发生的问题；男女生从此不再对立，大家一起快乐地游戏玩耍。期末考试，我班的英语成绩由原来的年级倒数第一变为正数第一，语文、数学、英语的优秀率也都大幅度地提高。班级形成了健康、向上的风气。

（王志红，2006）

案例中的班主任抓住了班级里刚刚发生“传闻”的苗头，组织大家讨论“喜欢杨谨”的问题，从而让大家更好地理解了“喜欢”的意义，在一段“爱情”可能开始的时候，让大家更了解自己的感情并不成熟。

如何与异性交往，青少年没有很清楚的认识，因此需要教师给出更明确的建议。

如何与她交往

一天，一个男孩来到心理咨询室："马老师，您说男女同学之间能不能交往？"他分明要在我这里讨一个说法。

我笑了："别急，说说到底是怎么回事。"

"昨天，不知是哪个女同学给我打来电话，是我妈妈接的。那同学一听不是我就把电话挂断了。好家伙，这下我妈妈如临大敌，一个劲儿地审问我，好像男女同学打个电话就罪大恶极了。"男孩顿了顿，还是急着要跟我讨个说法，"您说，男女同学之间交往有什么错？"

"没有错。"我态度非常明朗，"男女同学之间的交往，是性角色形成过程中最自然不过的事，或者说是性角色成熟的必由之路，甚至对整个人格的成熟都是必修的一课。科学研究发现，一个人的童年和少年时代从未有过与同龄异性的交往，不仅性角色意识会出现严重的障碍，整个人生都可能是一个悲剧。这样的事例不少。男女同学的交往是建立淳朴友谊的基础，是人格完善的需要。男同学的阳刚之气、雄健之美以及粗犷的性格，可以给女同学以力量和信赖，从而强化女同学的勇敢、坚毅、竞争等意识；女同学的文雅、温柔、恬美，可以给男同学以信心和支持，从而使男同学体会到真情和女性的伟大。如此就激发了彼此对真善美的追求。"

"当然，我们无需回避，男女同学之间的友情是与青春期的性发育有关的。但是，在绝大多数情况下，这种友情一开始就带有一种超越人类性本能的理想色彩，而升华到一种至纯至美的境界。"

"还是您了解我们。"男孩儿好像遇到了知音，接着说，"真的，我们男女同学之间的交往和友谊是纯洁和美好的，根本没有像一些大人们担心的那些乱七八糟的想法。我妈妈开口就说，你不能这么早搞对象，真气死人了。有时候，同学们也起哄，真烦人。"

"的确，异性同学之间的交往不同于同性同学之间的交往，总要多一些麻烦，特别是在周围的人们不能以正确的态度来对待的时候。"我表示理解。

"您说该怎样交往才能减少一些麻烦，我们该注意什么呢？"

"你能想到这一点很好。"我赞许地说，"有这么几点建议你们考虑。"

"第一点是在交往方式上保持公开性。校内也好，校外也好，与异性同学交往应公开进行，不要偷偷摸摸、羞羞答答，'犹抱琵琶半遮面'。因为事情越‘保密’，别人就越好奇，越容易引起误解。你说的女孩子打来电话一听是大人的声音就挂断了，不是很容易让人起疑心吗？再有，也该注意在一般情况下最好不与异性同学单独相处很长时间。当然喽，讲公开性也不是什么时候都拉个‘证明人’。”

“第二点是交往范围要广泛。千万别傻乎乎地把目光集中在一个异性同学身上，那样不仅容易使自己想入非非，而且会一叶障目，无法领略更多异性同学身上的风采。交往的范围过于狭窄，会把自己放在一个被动的地位，带来不必要的麻烦。比如，父母的猜疑、老师的批评、同学的议论……多与一些人交往，多结识一些异性，多参加一些男女同学的集体活动，这是每个少男少女应注意的。还有，要广泛接触朋友，包括你的同性同伴。”

“第三点是在交往的情感上要适度。与人交往，不论同性异性，都从喜欢或不讨厌对方开始。而男女同学之间的交往，更是以情感上的相互吸引为基础的，但要保持适度，不要投入太多的感情，不痴迷于对方，只把对方当做朋友。把自己与别人摆平了位置，情感也就不至于向对方倾斜。”

“最后一点是在交往过程中保持距离感。男女同学在一起总不免谈天说地，甚至追逐打逗，这也很正常，但应与异性伙伴保持适当距离，既要热情、亲切、随和、融洽，不拒人于千里之外，又要把握好分寸，做到近而不狎、疏而不远。比如，男女同伴在一起，开玩笑不要忘乎所以，谈话应回避敏感的话题，打逗时举止不要放肆忘形。这样，你们会切身感受到，由于保持了距离，彼此尊重，友谊才如淡淡的花香，回味无穷。怎么样，你看有道理吗？”

“我懂了，您说得真好。谢谢马老师！”男孩儿露出了满意的微笑。

（马志国，2001）

教师在实际生活中要利用各种机会，反复教育中学生在与异性交往时遵守以下三个原则：

■交往方式上公开，不要单独约会，鼓励大家多参加集体活动；

■交往范围广泛，不要仅仅和某个异性同学交往；

■交往情感要适度，不要过分痴迷于对方。

二、性教育

青少年在生活中要面临的另外一个与异性有关的问题就是性。与改革开放之前人们对性的保守态度不同，现在人们对性的开放程度也逐渐增加，青少年在性的态度上也变得很开放。电视、报纸、广播和网络等媒体中都含有大量的与性有关的报道，其中有很多内容低级下流，给青少年带来了不良影响。虽然，近年来政府和社会在大力推广性教育，但是学校的性教育仍然停留在性知识传播的层次上，青少年对性的理解水平仍然参差不齐。即使是这种简单的传授性知识的教育，很多学校也存在着不重视的现象。

有中学生这样说：

反正学校里该有的课都有，但同学们都把这当成一个笑话……我们性成熟的过程太畸形，比应试教育还惨。应试教育起码整日有人跟你唠叨个不停，还有考卷可做，而这事连资料都不好意思找，找着了也不知有什么用。如果不能特公开，那就要有自我教育的可能和空间。现在市面上的东西，不是特假正经就是特下流。

（江菲，2004）

学校的性教育往往停留在传授生理知识的基础上，即使这样，父母往往也不认同学校的做法，认为学校是在传播“色情”的知识给青少年。父母和教师可以采取许多灵活、简单的方式对中学生进行性教育，由于父母和孩子之间的特殊关系，有时候父母对孩子的性教育可能会产生更好的效果。

然而，由于许多家庭并不重视对孩子的性教育，因此许多孩子在可能发生性行为的时候，会向老师或其他人求助，在这个过程中，要对孩子采取信任和理解的态度，避免说教，以免孩子不信任，从而不进行任何求助。

2004年6月的一天，《中国中学生报》的编辑吴若梅接了一个冗长的电话，是一个高一男生打来的，他的目的是要向吴若梅宣告：我要和异性发生性关系，马上！

“行啊。”吴若梅不动声色地回答，“可是，为什么呢？”

“我周围的同学都有了，那我也得有。”男生说。

“行啊。”吴若梅还是那种缓慢的语调，“那你和谁啊？”

“和我女朋友啊！”男生理直气壮。

“好啊。可是如果你想和女朋友发生这种关系，那就得有个长远打算吧？

你爱她吗？打算和她结婚吗？”

“我们俩长不了，高考完肯定分手。”

“哦，为什么？”

“我根本不喜欢她。但是，我们班男生都有女朋友，我也得找一个，于是就找了她。她特别喜欢我。”

“那这事儿你和她商量过吗？”

“没有。但我知道如果我强烈要求，她一定会同意。她特别喜欢我。”

“可是你想过没有，如果你将来的妻子，在结婚前和别人发生过性关系，那你……”

“那绝对不行！”没等吴若梅说完，男生斩钉截铁地说道。

“哦，那你想，你将来肯定要和这个女朋友分手，如果她将来碰到一个和你有一样想法的丈夫，那你不是把她害了吗？”

“嗯……那也是……”男生犹豫了半天，又执着地说：“那您看这样行不行，我家有钱，我去找‘小姐’行不行？”

“行啊！当然可以。”吴若梅心里咯噔一下，但声音还是很平静：“可是找小姐，你要考虑到安全问题。即使采取了安全措施，也不能保证百分之百不出问题呀……如果这些我们都不考虑，还有法律问题呢！”

她慢悠悠地说：“你现在闭上眼睛，试着想象一下那个场景，警察进来了，把你抓住了，他会问你问题，比如：你叫什么？你的身份证呢？你还是个学生吧，哪个学校的……我可以跟你打赌，不出4个问题，警察就能把你问哭，你信吗……”

来来回回40多分钟，那个男生最后叹了口气说：“吴老师，您说服我了，我不做了。”

听到这句话后，吴若梅终于松了口气，说：“我很感谢你。”

“谢什么？”男孩儿大惑不解。

“我要感谢你，在发生这种行为之前，想到了给我打个电话，而不是草草地就进行了。感谢你这么信任我。”

（江菲，2004）

在上面的这个案例中，男生将要进行的性行为显然是冲动性的，吴若梅编辑的成功之处在于没有进行任何方式的说教，而是耐心细致地倾听男生的问题，从而使他悬崖勒马，避免了性行为的发生。

性教育，其实很简单

什么是性

性是学习如何成为男人或女人的全部过程。

性是对于自己身为男人和女人的感觉与态度。

性是有关生为男人或女人的一切想法、经验与行为表现。

性是与同性及异性的交往方式。

性是与同性及异性所建立的关系模式。

性教育的内容

不仅仅是性生理知识，还包括性伦理、性道德和性责任等许多方面。

时间上：尽早进行

在孩子生理发育之前进行性生理方面的教育。

在孩子性意识萌动之前进行性心理方面的教育。

在孩子性行为发生之前进行性道德方面的教育。

生活中：处处留心

如果觉得性教育很难开口，不妨买一些相关的教育书籍放在显眼的地方，让孩子主动去阅读，不仅可以避免尴尬，还可以收到很好的教育效果。

在家里，父母可以与孩子一同洗澡，通过相互搓背、聊天，可以增加父与子、母与女之间的感情交流，建立起更融洽的亲子关系，同时也可以自然地展开性教育。

父母可以与孩子一起观看性教育影片，在观看中可以通过讨论、讲解向孩子传授性知识并解答一些常识性的问题，把健康的性观念、性知识在不知不觉中传授给孩子。

女孩子：特别关注

不单独与异性独处一室。

不与异性去成人娱乐场所。

拒绝异性接触身体的敏感部位。

性教育缺失：更加危险

因为缺少保护意识和廉耻意识，而更容易侵害别人或被别人侵害。

产生心理困惑，长时间的压抑将影响学习、生活和健康。

增加了孩子接触不良性信息的几率。

第四节
一路上有我，与孩子做朋友

进入青春期的孩子往往会表现得很逆反，有的穿宽大的韩式服装，有的耳朵上打夸张的耳洞，有的身上“刻”满了刺青，教师和家长往往觉得孩子在一夜之间就变得不可接受，而孩子们却觉得这样“很酷”，在心里面洋洋得意。在他们看来，教师和家长是成人世界的权威，而他们现在要做的就是挑战权威，争取和权威“平起平坐”。

在青春期之前，在孩子的心目中父母和教师几乎是无所不知、无所不能的权威，孩子的行为都要父母和教师来指导，他必须服从大人的命令和要求。但是，进入青春期后，随着认知能力的发展，他开始对很多事情有自己的理解，之前那个听话的“乖孩子”不见了，他需要重新建立自我，通过反抗来表示他现在和之前那个“小孩”是不同的。

在这个过程中，孩子和父母、教师之间出现很多的矛盾和冲突也就不足为奇了。

《北京晨报》2005年调查：近七成北京中学生反感家长

北京某区近期针对3000多名中学生心理状况的抽样调查显示，目前，家庭教育和亲子关系让人担忧，只有不到5%的孩子表示喜欢自己的父母，近七成中学生表示“反感父母”或“极度反感父母”。这份调查报告是在对该区30余所中学的教师和学生测查后做出的。

“喜欢”父母的学生不到5%

首先是子女对父母的态度让人吃惊。6.62%的孩子惧怕父母，13.13%的孩子反感父母，56.28%的孩子极度反感或痛恨父母，19.22%的孩子对父母反应平淡，只有4.75%的孩子喜欢自己的父母。

其次是父母教养方式的不科学。近四成的孩子认为父母不是一个很好的倾听者；67%的孩子认为父母总爱拿自己和别人比较；39%的孩子认为父母总在他人面前说自己的缺点。当孩子出现问题时，约有43%的家长采取了非打即骂、封建家长式的管教（要求孩子无条件地服从自己的命令）或放任自流等方式。

另外，亲子之间缺乏相互理解和沟通，超过三成的孩子认为父母并不了解自己的真实想法；41.78% 的学生基本上不能达到父母的期望。

多数学生不在意父母的看法

在回答“你很在意谁对你的看法”时，一半以上的学生选择了同学或朋友，近 30% 的学生选择老师，15% 的学生选择父母，4% 左右的学生选择其他长辈。在中学生的心目中，其重要关系人员依次是：同学或朋友、老师、父母。

由于沟通和解决矛盾的能力有限，45% 的学生深深感到知心朋友难觅。41% 的学生认为让别人理解自己的真实想法是一件很难的事情。而一旦出现了误会或摩擦，学生又会因为处理方法不当而产生更为苦恼的心情。调查显示，42% 的学生不能采取理性的态度来解决人际交往中的矛盾。

一、亲子关系

1. 代沟：孩子和父母之间的争论

很多网站上都转载了下面这篇文章：

我与爸妈有 10 个代沟

- 我的父母对我的心事总是不以为然，好像只有他们的事才是重要的，小孩子的事都是不值一提的小事。所以，当有烦恼的时候，我一般都不对父母说，反正说了也没用，他们不会重视我的感受，不会来安慰我，有时甚至还会笑话我。
- 妈妈请你不要怪我，我们之间的确有不可逾越的屏障，按照现在最流行的观点，3 年一个代沟，你 30 岁时生了我，30/3=10，瞧，我们之间有 10 个代沟呢!
- 我根本无法与爸妈说话，对我的话，他们总认为是狡辩、找借口，许多事情他们根本不征求我的意见，不愿听我的解释。
- 我和爸妈话不投机，在一起聊天是很少的。我篮球打得挺好，喜欢和他们聊聊 NBA、CBA，可他们不懂，也不感兴趣。在家里爸妈也只会说要我把学习搞好，他们问我最多的就是学习，如成绩、作业、考试，可我特烦这些话题。

- 如果我做家长，我就不会每天都对孩子板着脸，装出一副很一本正经的虎样来面对他，我会做孩子的好朋友，我会和孩子聊天、谈心，让他把心中的不满、委屈讲出来。能够理解我们、能和我们平等交流的父母，是我们多么渴望需要的啊！
- 我平时与外公外婆住在一起，爸爸已经有好久没有和我在一起了，我根本就不知道他整天到底在忙些什么。哎！其实我也不想知道，我们之间已经很陌生了，仿佛他不是我的父亲，我也不是他的儿子，不见面才好呢，省得又挨一顿臭骂。我知道，这个世界上没有一个人在关心我，没有属于我的东西。
- 前些天刚开完家长会，我爸回家就给我一个耳光。父母就像古代的一些皇帝，很霸道，总是欺压百姓，弄得民怨沸腾。平常我说两句话父母就说我是在顶嘴，要是我不快点闭嘴，说不定就又会来一场暴风骤雨，我真的受不了他们的火气，他们的火气可真大。爸爸妈妈，你们就不能与我好好沟通一下吗？
- 每次我想说心里话的时候，爸妈总是先啰里啰嗦地说一通大道理，总会摆出一副“我是大人”的架子。妈妈总说她只是把她的思想介绍给我，实际上是只有我赞同了她才能停下来，只要我不赞同，她就会不停地说。知道为什么我喜欢跟同学谈心，不喜欢跟你们谈心吗？因为跟同学谈话很轻松，可以各抒己见，而跟你们呢，是被强行灌输，而且你们还经常大眼瞪小眼的。

（摘自搜狐教育频道）

我们可以从中看到孩子对父母的许多抱怨，如和父母话不投机、体罚、嫌父母唠叨、受父母冷落等。在青春期，另外一个经常发生的事情就是父母对孩子隐私的侵犯。《新快报》2005年的一项调查显示，超过七成（73%）的家长承认自己曾经翻过孩子的书包，其中经常翻孩子书包的占被访者人数的21%；回答“有时翻”的家长占26%；“偶尔翻”的家长占26%；“从来没翻过孩子书包”的家长则占27%。父母会认为孩子不应该对自己有任何的秘密，他们经常“拜读日记”“审阅信件”“监听电话”“定位手机”。

“监听”电话

张女士与女儿的关系一直很融洽，母女俩像朋友一样无话不谈。可最近一段时间，张女士发现女儿与自己逐渐疏远了，有时还故意回避自己，倒是迷上了电话聊天，经常在电话里与同学一聊就是很长时间。张女士便在自己卧室里安装了一部分机，做起了“监听”女儿电话的“谍报员”。正当张女士暗自庆幸找到了一条了解女儿秘密的途径时，不料“东窗事发”，母女俩竟“反目成仇”。

（李本华，2007）

“定位”手机

朱先生为了随时掌握儿子的行踪，专门给儿子配了一部“定位”手机。此款是为中小学生特制的手机，只设计了父母、家庭、老师等7个电话键，没有任何数字键，也没有内置游戏。自从儿子使用“定位”手机后，朱先生可以通过上网查询、手机短信以及声讯电话随时了解儿子所处的位置，24小时监控儿子的一举一动，就像每时每刻把儿子攥在手心里一样，他觉得心里踏实了许多。

（李本华，2007）

父母往往认为只要动机是好的，对待孩子的方式是无所谓的。然而，孩子一旦知道父母在偷窥自己的隐私，对孩子心理上的影响是巨大的，他们会认为父母并不信任自己，这将直接影响父母和孩子之后的关系。

有个初二的学生这样说：“我最讨厌的事情就是爸爸妈妈偷看我的日记、偷听我的电话。我觉得他们看我就像看贼一样，把我的一举一动都盯得死死的，我一点点个人隐私都没有，在家里都快透不过气了。”“我觉得自己和父母的隔阂越来越大，甚至不愿和他们交流了。”

《中华人民共和国未成年人保护法》第30条明确规定：“任何组织和个人不得披露未成年人的个人隐私。”第31条规定：“对未成年人的信件，任何组织和个人不得隐匿、毁弃；除因追查犯罪的需要由公安机关或者人民检察院依照法律规定的程序进行检查，或者对无行为能力的未成年人的信件由其父母或者其他监护人代为开拆外，任何组织或者个人不得开拆。”在实际的生活中，虽然未成年人可以用法律的手段维护自己的权利，但是，父母情感之间的破裂却是难以挽回的。父母只有在有充足理由认为子女有不良行为（比如夜不归宿等）时，才能以承担监护职责而非侵权为由采取合适的方式来了解孩子的思想。

父母对孩子的种种控制以及孩子对父母的种种抱怨使亲子关系愈发疏远，代沟越来越大。很少有父母会静下心来倾听孩子心里的真实需求是什么，往往认为是孩子任性、不听话。

另外，青少年与父母的冲突与其所在家庭也有很密切的关系。

2. 家庭对孩子的影响

青春期的孩子表现出来的许多问题与家庭有关，由于孩子在青春期强烈的逆反心理，其早年未解决的冲突可能会在青春期爆发。

沉默的我

我是××农村的，性格比较内向，生活完全控制在父母手里（我家是君主制度）。也许是因为性格的缘故，我显得很沉默，不爱说话，所有的悲伤与快乐都是一个人独自承受。

我很小的时候就令别人不喜欢，长辈们对我失望到极点，经常无缘无故或是因为一点很小的事情让我受尽屈辱、嘲笑和讽刺。这一点让我心痛无比。我的自尊心很强，最怕的是父母一次次地辱骂我，所以经常夜里独自流泪，甚至痛哭失声，他们不理解我让我非常痛心。这个倒也不算什么，可是他们狠狠指责我的性格，经常因为一件小事就拿我的性格不好、不适应社会来强迫我，如果我不高兴他们就说是在教育我，为我好。他们总拿我和别的女孩相比，当然对比的主要是开朗的、会说话的，总说我怎么怎么不行，他们为有我这样一个性格的女儿经常觉得苦不堪言，甚至会说因为造孽才会生下我。他们要求我活泼开朗，爱说爱笑，社交方面也要拿得出去。

其实，我不是那种软弱的人，我只是什么都很信赖别人，没有主见，但是，我觉得世界上再没有谁比我更失败了。面对父母的这种爱，他们所给予的评价，我觉得非常无助，经常做噩梦，请老师帮一帮我。

（李子勋，2006）

这是李子勋《陪孩子长大》一书中的一个案例，这个女孩和父母之间的关系很紧张，但已经不是简单的代沟问题，父母明显无法接受孩子的性格，认为“开朗的、会说话的”孩子才可以接受，从而导致孩子内心的痛苦挣扎。

无论是代沟，还是早年未解决的冲突，其背后都有深层次的心理需要没有得到满足。

3. 冲突背后的需要

心理学的研究表明，青少年有以下两个深层次的心理需要：

（1）亲近感：即父母和孩子之间有温情的、充满爱意的联系。大多数青少年希望父母给予他们很多的爱和明显的关怀。上文中因为性格不被父母理解的孩子，显然无法感受到父母和自己的亲近感。在内心深处，每一个人都渴望被别人接受、赞许和信任，尤其是来自身边的重要他人（对青少年来说，主要指父母）。青少年希望自己在父母眼中是有价值的、被接受的。然而，一旦这种深层次的需要得不到满足，青少年就会有很强烈的情绪表现。

（2）心理自主性：即提出自己意见的自由、隐私自由、为自己做决定的自由。如果缺乏自主性，青少年就容易出现问题行为，难以成长为独立的成人。

青少年渴望在行为上和情感上都是自由的。他们不希望父母对他们的行为和生活空间有过多的干涉，希望父母在情感上接受自己作为一个人的独立性。青少年不希望父母接触自己的隐私就是寻求心理自主性的表现。当父母不尊重孩子的隐私，开始“翻阅”“监听”时，孩子会感到心理自主性受到了侵犯。因此，他们进行强烈的反抗。李子勋书中案例里面的父母对孩子干涉很严重，父母想要改变孩子的性格，孩子在内心里想要改变却又无法改变，所以很痛苦。

目前，在我国，父母对孩子的“过度保护”现象很明显。其实，很多时候父母对孩子的担心都是不必要的。父母对孩子行为的过多干涉会使孩子很难健康成长，有些青少年到了成年之后在心理上还对父母过分依赖，缺少心理自主性，这都与之前受到父母的“过度保护”有关。

二、师生关系

2003年7月10日的《中国青年报》报道了这样一个调查结果：《知心姐姐》杂志最近公布了他们对8省市227名中小学生的调查结果，该调查发现，有2/3的被调查者害怕与老师交流，75.8%的被访学生“很少、从来没有或想找但不敢主动与老师说话”。由此，我们可以看到师生关系中不和谐的一面。近年来，师生关系紧张一直是大家关注的问题。这种问题的产生涉及社会、学校和家庭的各个方面，包括教育的功利化要求（升学率等）、过重的工作负担、传统文化对教师的定位（师道尊严，教师就是权威）、沟通技巧的缺乏和教师培养体系的不完善，这些都是师生关系紧张的重要原因，随之产生的问题也给教师带来了极大的压力。

传统文化中对教师角色的定位一直使青春期的孩子很难接受。在传统文化中，教师一直是一个权威，高高在上，教师对学生要严厉，拥有惩罚学生的权力，学生必须绝对服从教师的命令。在当今社会，尊重个体的自由和权利已经得到大家的普遍认可，处于“逆反期”的孩子更难从内心里认同教师所扮演的权威角色。当教师权威的思想和蔑视学生的权利结合在一起的时候，悲剧就发生了。

2003年4月12日中午，在位于重庆市渝中区某学校，刚用过午餐的上千名中学生分散在校园里。突然，从教学大楼八楼档案室外半人多高的栏杆上跳下一人，重重地摔在了楼下的水泥地上，发出一声闷响，鲜血染红了地面……在随后的调查中，公安人员在死者丁瑞婷身上发现了一封遗书，其中写道：“汪老师您说得很对，我做什么都没资格，学习不好，长得也不漂亮，连坐台都没有资格。您放心，我不会再给您惹事，因为这个世界上不会再有我这个人，我对您的承诺说到做到。”据说在丁瑞婷迟到之后，老师先是用木棍打，然后恶言攻击……

（摘自新华网新闻）

此外，教师和学生之间还存在着种种的不理解。

我的班主任刘老师，是我这么多年遇到的最好的老师。她和我们同时进校，还像个大学生，经常和我们一起踢毽子、跳绳，我们在一起特别开心，她也经常和我们开玩笑。但问题就出在这儿。

期中考试前的周末，临放学时，刘老师进班，说要做大扫除。有个同学问还要不要擦玻璃，她说当然要擦，同学们发出了“嘘”的声音。她的表情严肃起来，说了一句“听我的还是听你们的”就扭头走了。班里像炸了锅一样，我回过头和同学说，“你们说她是不是有病？”他们不应和我，我接连问了他们几遍，后来发现他们脸色不对，我一回头，看见刘老师就站在我身后，表情木然。我无地自容，我没有恶意呀。我希望那一切都不是真的，以后我可怎么面对她？我真的是将她当做大姐姐、大朋友的呀。

（摘自新华网新闻）

从上面的例子中可以看到师生关系的紧张，持有传统教师角色观的教师已经明显不适应与现在的青少年进行交流，他们的沟通方式也亟需改变。

三、给教师和家长的建议：与孩子做朋友

如何与青春期的孩子保持一种和谐的关系，是教师和家长关心的一个重要问题。首先，广大教师和家长要改变观念，不再把自己看做是高高在上的权威，而要与孩子做朋友。

有一年，关承华接了个初三班。一接手，她就发现班上有个叫张小雨的女孩模样怪怪的，脸两边垂着两缕长长的、染过色的头发。交班老师反映：这个女孩性格内向，不合群，学习成绩极差，经常迟到，属“不招人喜欢”的学生。

很快，关承华就清楚了张小雨学习成绩差的原因：看卡通漫画书成瘾。她把所有的零花钱都用来买书，攒了一大箱卡通漫画书。上课看漫画书是家常便饭，在她连续3次上课看漫画书并劝说无效后，关承华把她的书当场没收。

在开第一次家长会的前一天，关承华收到了张小雨的一封千字信，上面布满了密密麻麻的小字。在信中，张小雨痛斥关承华，说她不接受新时尚，嘲笑她不懂新文化，不懂当今世界文化的潮流。“现在在国外，不但少年儿童看卡通漫画书，大学生看，老年人看，上班族看，而且连知识分子也看。这种书在我眼里就是文化，就是艺术，你不但不看，还不让我们看。我不追歌星、影星，不讲究穿戴，就是爱看卡通漫画书。”

信上还说，关于看卡通漫画书，她家里已发生过无数次争斗。“我妈撕过、烧过我的书，还不止一次地打我。但是，我都没有屈服。我从小过的就不是人的日子，我是一部忍耐的机器。小学老师最讨厌我，但我也从没向她屈服！”张小雨料定这次开家长会，关老师会像以前的老师一样告她的状，她家又将爆发一场狂风暴雨。但即使这样，她也绝不屈服，发誓一定会看下去！

“这哪里是信，简直就是一道‘战表’！”办公室里，看了信的老师们个个气得要命，都叫关承华“把信交给家长”，好好收拾收拾她，压压她的气焰。看着其他老师被激怒的样子，关承华反而冷静了。

关承华有个笔记本，里边记着问题学生的个案，其中对张小雨的分析是：有严重的逆反心理；没有朋友，处于封闭状态；本质不坏，智力没问题。

那天开完家长会后，关承华先留下张小雨的父亲，跟他说明情况，交换

意见后，要求家长一定配合老师，按她的方法去做：一是回家后不许发火，不要责备孩子，还要表现出高兴的样子，让孩子感到“出乎意料”；二是告诉孩子老师表扬她了，表扬她爱看书，不盲目追星，这在现在的青少年中，还是少见的。

接下来，关承华提出两个问题，希望张小雨思考：第一，这样无节制地看漫画书，对学习到底有没有影响？如果你觉得没影响，学习就这水平了，那老师支持你继续看下去；第二，如果你上课看课外书，老师不管，那其他同学也看，老师该不该管？

往日的狂风暴雨没有出现，这大大出乎张小雨的预料。经过一夜的思考，第二天一大早，她就跑去找关承华，要求晚上谈谈。刚好那天是关承华儿子15岁的生日，因此关承华婉言拒绝了她。

第三天是个星期日，连关承华都没想到，张小雨下午竟迫不及待地由父亲陪同，一路打听着找到关承华家里。张小雨进门就说：“关老师，我一定要跟您谈谈。今天要是谈好了，把我说通了，我出门就去剪发，改变形象，重新做人。”

房间狭窄，关承华和张小雨只能坐在床上，老师揽着学生的肩膀，一块儿探讨了什么叫追求新文化、看漫画书有没有错等问题。

推心置腹谈了一个下午。第四天，张小雨果然把头发剪短了，并把所有的漫画书锁到一只大樟木箱里，上课再也不看漫画书，知道用功了，期末成绩进步到班上第15名。后来，她又给关承华写了一封信，信里说：“您这种对待学生的方式，让我无法再顽抗，我只能投降，但我输得心服口服。”

不少学生都跟关承华说过这样的话：“关老师，其实，我们不是不讲理的。”

（董月玲，2005）

对于已经习惯于扮演权威角色的家长和教师来说，只有重新认识自己和孩子的关系，理解孩子，改变态度，学习沟通技巧，才能够与孩子建立和谐的亲子关系、师生关系。

（一）理解孩子，改变对孩子的态度

1. 尊重

尊重孩子，把孩子视为一个独立的人。尊重每一个孩子的人格尊严和隐私权，这

是成人与孩子做朋友的最起码的要求。教师和家长不得随意体罚孩子，侵犯孩子的隐私。否则，会引起孩子的极大反感，让孩子表现出更多的逆反行为。尊重孩子，要理解青春期是孩子向成人过渡的一个重要时期，孩子各种不稳定的行为表现是正常的。教师要尊重学生，尤其要尊重班上的后进生。

2. 爱

教师和家长要从内心里认同和接纳孩子；向每个孩子表达自己对他的爱，赞美每一个孩子的优点；要信任孩子可以通过自身的能力处理好很多问题，不对孩子的心理和行为过度干涉；要善于引导和支持孩子自己做出决定、解决问题。

3. 平等

教师和家长要认识到孩子和自己在地位上是平等的，不是下级与上级的关系，不勉强孩子绝对服从自己的命令；每一个孩子都可以自由表达观点。

教师只有理解孩子，彼此之间顺利的沟通才有可能。华东师范大学的熊川武教授曾经提出“理解教育”，其中很重要的一点就是“理解学生，教在心灵”。在中学生中，“后进生”一直是一个特殊的群体，很多师生冲突和亲子冲突都是围绕“后进生”展开的，而对待“后进生”的最好方式就是尊重他们，和他们建立平等的关系，爱他们。

新时期学校师生关系调查

16岁的王森小时候父母离异，与年迈的爷爷奶奶住在一起，不喜欢读书，喜欢跟社会青年在一起混，别人偷鸡摸狗，他负责望风。

班上没人瞧得起他，除了班主任孙翠芳。王森“浑身都是毛病”，但孙翠芳还是发现了他的一个优点：爱干净。

“同学们，让王森同学担任劳动委员怎么样？”孙翠芳在班会上说。

一片沉默，个别同学在背后发牢骚：“难道找不到比他更好的人了？”

第一次任命没通过。孙翠芳开始做大家的工作，第二次班会上大家总算勉强同意了。王森干得浑身是劲，同学们刮目相看。孙翠芳发现王森自个儿虽调皮捣蛋，但挺喜欢管别人，于是又让他当了纪律委员。之后，王森更是判若两人，他过去总要晃荡到老师上讲台时才摇摇摆摆进教室，如今第一个进教室，监督课堂纪律有板有眼。

上学期末，王森获得“班级进步最快奖”，孙翠芳特地把奖状和奖品送到他家里，爷爷奶奶高兴得热泪盈眶：“从来没想到他还能得奖！以前老师来家里，都是来告状的！”

就在记者去平乐学校采访的前一天，化验室的水管爆裂了，正在做实验的王森第一个扑上去堵水管，等水管修好，他全身湿透，冻得发抖。

去年春游，全班就王森一人没交春游费，孙翠芳批评了他，但知道是王森家里不愿意给他这笔费用后，孙翠芳马上在全班同学面前向他道了歉。

从小到大，王森从未遇到过老师向他道歉，即使明明是老师的错。"过去老师对我们这样的学生有一种歧视。后进生与优秀生吵架时，即使错在优等生，但最后挨批评的还是后进生，很不公平。在孙老师这里，我第一次有了被尊重的感觉。她就像我的妈妈一样，连我穿多大的衣服，都知道得一清二楚。"王森对记者说。"我不好好学习，对得起她吗？"

"他小偷小摸，并不是缺钱。别人瞧不起他，他就故意做出点自认为是'英雄行为'的事情，引起大家关注。"孙翠芳说，"过去，对待这样的学生，我们要么让全班同学疏远他，让他感到离群的可怕；要么索性放弃他，任其自流。"

学生刘可上课爱捣乱，又不做作业，最喜欢和老师对着干。雷宏良老师"投其所好"，知道刘可喜欢踢足球，就带着他一起踢球，绝口不提"数学"二字。很快刘可就喜欢上了雷老师，于是，雷宏良就上门给他补习数学，讲一些做人和学习的道理，刘可进步明显。有一天，雷宏良因事请假没来学校，第二天，一位老师递给他一封信，说："你的一个学生昨天来找了你好几次，放学后一直在办公室等，我告诉他你那天不会来了，他才拿出这封信要我转交给你。"

雷宏良很诧异，打开信，里面是一张自制的贺卡，上面写着："祝世界上最好最好的雷老师生日快乐。您的学生——刘可。"

数学老师雷宏良被学生们评为"最酷的老师"。

（摘自新华网，2003）

上面的这些变化都发生在熊川武教授带着他创立的"理解教育"理念走进平乐学校两年之后。

根据平乐学校1999年度的调查，全校近千名学生，记录在案的有比较严重的品德行为偏差、学习困难、心理缺陷问题的"后进生"，占在校生总数的25%还多。

两年后的今天，这所初级中学完全改变了昔日的面貌，荣获"金山区行为规范示范学校”等区、市多项荣誉，师生关系融洽，学风积极向上。2002年，该校中考平均成绩名列金山区第二名。

（摘自新华网，2003）

“后进生”的问题在很大程度上与孩子的情感需求得不到满足有关，一旦情感需求得到满足，孩子关注的重心就转到学习上来了。教师的激励给学生提供了强大的动力，因此，学生的学习很快就取得了进步。

4. 诚信

教师要以诚信的态度对待每一个学生，这样教师才可能得到学生的信任，教师和学生之间才有可能建立和谐的关系。

在课堂教学评优活动中，一位参赛老师为缓解借班上课的困难，达到调动学生积极性的目的，在课前与学生见面时承诺：如果课上他们跟老师好好配合、积极发言，那么就将一只可爱的布熊送给他们。当时，参赛老师还拿布熊在学生面前晃动了几下。

第二天，学生不知道是因为参赛老师的物质刺激，还是因为该老师的课的确激发了他们的学习兴趣，实现了该老师所期望的“好好配合”。精彩的课上完了，可学生并没有获得那只可爱的布熊，因为参赛老师带着布熊走了。

这个班的学生也不一般，他们告诉自己的老师“上当”的事儿，要求在老师的帮助下得到他们该得的奖品。学生的强烈呼声让老师不好推脱。于是，老师把这件事向校领导做了汇报。学校领导还真当回事，与参赛老师的单位取得联系，第二天参赛老师就专程把布熊给送来了。

（严育洪，2007）

教师往往以为学生是小孩子，很少把诚信当做师生关系中的一个原则，其实，学生往往很注意老师在这方面的言传身教，因此，教师要注意与学生互动中的行为表现。

5. 批评

家长和教师对孩子表现出来的某些错误要进行适度的批评，让孩子学会对自己的行为负责任，不能姑息纵容孩子的严重错误。批评的时候要采用建设性的方式，不能采用体罚和责骂的方式。

林肯的15美元

100多年前，美国有一个12岁的小男孩名叫阿伯拉罕。

有一天，阿伯拉罕和小伙伴们在操场上玩足球，可能是因为兴奋过了头，球一下子飞了起来，击碎了邻近一家人的窗玻璃。

受害者是一位70多岁的老人，他见状后勃然大怒，向阿伯拉罕索要15美元作为赔偿。阿伯拉罕委屈地哭了。15美元在当时可不是小数目，这笔钱可买150只生蛋的母鸡。闯下大祸的阿伯拉罕十分害怕，他不敢回家告诉一向对自己管教严厉的父亲。一整天，他都在为这件事愁眉不展，甚至有离家出走的念头。

阿伯拉罕的老师杰克·马尔兹发现阿伯拉罕魂不守舍后，便关心地追问原因。阿伯拉罕只得向老师一五一十地说明了原委。

“先生，你必须得帮助我，你知道，我父亲是个很严厉的人。他会要了我的命。而且，我是不小心才砸碎了玻璃，我不是故意的，我并没有错。15美元，你给我15美元，等我长大了，我一定加倍还给你。”阿伯拉罕带着哭腔乞求道。

杰克听后，深思了一阵：毕竟，这只是无意之中发生的小事，小阿伯拉罕才只有12岁，但又不能因为其“小”而不追究责任。

他对阿伯拉罕说道：“不管你是不是故意的，你的行为确实已经给他人造成了损失，这损失完全是因你而起，你应该对自己的过失行为负责任。所以，我不得不告诉你，确实是你错了。”

“是的，我确实错了，我在踢球时，确实没有考虑到球会砸碎玻璃。”阿伯拉罕只得老实地说道，但仍然非常疑惑，“可是我哪有那么多钱赔给人家呢？”

“我可以给你15美元，但是不能白给你。”杰克先生掏出钱，严肃地对他说，“这15美元我暂时借给你赔人家，不过一年之内你必须还给我。孩子，我是等不及你长大的，当然，这也是对你做错事的处罚。”

此后，阿伯拉罕一边刻苦读书，一边设法还清老师的债务。

他人小力单，重活做不了，便尽己所能，到附近的餐馆洗盘刷碗，或捡些废品卖给收购站。经过半年多的努力，阿伯拉罕终于挣够了15美元。

当他自豪地把钱交到老师手里时，杰克欣慰地拍着他的肩膀说：“一个能为自己的过失接受惩罚的人，将来是有出息的。小伙子，你现在有什么感想？”

阿伯拉罕红着脸答道：“自从借了你15美元后，我一直注意自己的行为，力求自己的所作所为不妨碍他人的利益。”

30年后，阿伯拉罕成了美国国会议员，之后又成为美国第16任总统。

阿伯拉罕·林肯在自传中写道：“我之所以有今天，完全得益于我的老师杰克·马尔兹，正是他，培养了我高度自律、勇于负责的观念。”

小林肯就是在这种别具一格的批评中，学会承担责任。

（严育洪，2007）

（二）学会沟通，做孩子的朋友

家长和教师不仅要改变对孩子的态度，还要学会如何与孩子沟通。沟通技巧必须在尊重和爱的前提下使用。前面部分讲到的沟通技巧都可以在与孩子的交流之中使用，而其中倾听和同感的技巧在与孩子的沟通中尤其重要。

关于倾听和同感，在前面已经讲了很多。在这里需要提到的一点是，在沟通过程中，家长和教师不要让先入为主的偏见占据自己的头脑。

学生：唉！我的成绩真的太差了，怎么办呢？……我实在讨厌自己，一点用也没有。上天也太不公平了。怎么人家就那么聪明，不用功也能学得那么好，而我就一无是处，连一个朋友也没有，要是我成绩好的话，肯定也会有很多人来巴结我的。

教师甲：你怎么知道人家不努力就能取得好成绩？可能其他同学比你用功多了，你不知道罢了！

教师乙：我能体会你内心的难过，也明白你确实担心自己的学业。有一点我一直想提醒你，你只是理科不好，其他成绩还不错，不要以偏概全啊！至于你的孤独，我相信成绩不好只是一个原因，你愿意我帮你探讨其他的原因吗？

在上面的案例中，教师甲明显没有学会倾听学生心中的想法，无法洞察到学生内心里的需求和苦恼；而教师乙则能够合理运用同感和倾听，体察到学生心中的需要，相信继续进行下去的沟通会更顺利，有助于打开学生心中的结。

下面附上的是Google公司的中国区总裁李开复曾经给广大家长写的一封信，希望对广大家长和教师有所借鉴，这封信的名字叫做《做孩子的朋友》，全文如下：

做孩子的朋友

如果你问我的孩子："你最喜欢你父亲的什么地方？"她们会说："风趣甚至疯狂、没架子，就像我的朋友，让我许多话都愿意和他说。"

虽然我的为人处世很多是学自我父亲，但是父亲在世时，他没有和我很亲近。在他过世之后，我只能通过我的母亲、兄姐来理解他的想法或为人。我想这是中国常见的父子关系。因为这份遗憾，我尽量花时间陪我的孩子，而且尽力做一个可以和她们说心里话的父亲。

在你心里你的孩子可能永远长不大，但是很多孩子在15岁或更早的时候就愿意把自己当做大人来看待，这时家长完全可以用成人的谈话方式和孩子讨论问题，而不再是耍完全的"家长"作风。可与孩子讨论的问题有理想、学习动力、玩耍、事业心、为人处事、爱情、交友、处理家庭问题等。

在与孩子相处方面，我有四个建议：

（1）和孩子打成一片，甚至和他一起胡说八道。不要摆起架子，做个"高高在上"的长辈。我的孩子小时候每天听了我"胡诌"的故事后才愿意睡觉。

（2）对孩子说心里话，不要把话闷在肚子里，希望他也这么做。做一个好的倾听者。

（3）让孩子知道他对你多重要，告诉他你多么爱他，慷慨地把你的时间分享给他，但是在物质上不要"有求必应"。

（4）花些时间理解那些流行的东西。无论是歌星、青少年偶像、新电脑游戏，我都会花一些时间去理解。这样一方面可以给你更多的话题，另一方面告诉孩子你"在乎"，而且还可以让你觉得年轻些！

把孩子当做朋友，和他谈心。可以告诉他你每天经历的事，也可以问他他一天经历的事。如果他告诉你他做了什么"不该做"的事情，不要训话，不要生气，多听少讲。当他认为和你聊天没有"被惩罚的威胁"时，他才会无所不谈。刚开始时，如果他有点不敢讲，要先对他保证不生他的气。

如果你要做孩子的朋友，那么你就要学习他的语言，而不是要求他学习你的语言。如果你不学新知识，不接触新的思想观念，知识匮乏，思想陈旧，你就不能理解现在孩子的所思所想。家长应该尽量多接触点流行的东西，比如，流行的思想，流行的服饰，流行的技术，流行的音乐，以减小代沟，创造彼此信任沟通的渠道。

中国的家长：多陪陪孩子，无论多么忙，都要和孩子一起玩，平等地谈心。不要以为把孩子送到学校了，一切都是老师的事情，然后回家了就督促孩子做作业。当孩子做了不符合自己期望的事情时，不要马上发火，要先听听孩子的理由。

总结：这是我很喜欢的一首诗。它阐述了我的教育理念。在此和中国父母分享。

你给孩子什么？

批评中长大的孩子，责难他人。
敌意中长大的孩子，喜欢吵架。
恐惧中长大的孩子，常常忧虑。
嘲笑中长大的孩子，个性羞怯。
猜忌中长大的孩子，容易妒忌。
羞耻中长大的孩子，自觉有罪。
鼓励中长大的孩子，深具自信。
宽容中长大的孩子，能够忍耐。
称赞中长大的孩子，懂得感恩。
认可中长大的孩子，喜欢自己。
分享中长大的孩子，慷慨大方。
诚信中长大的孩子，理解真理。
公正中长大的孩子，极富正义。
尊重中长大的孩子，懂得尊敬。
信赖中长大的孩子，不但信任他人也信任自己。
友善中长大的孩子，不但爱他人也爱自己。

（摘自开复学生网）

第五章

适应学校，适应学习

鳄鱼与恐龙是同时代的动物，在世纪更迭中，恐龙灭绝，但鳄鱼却存活了下来，正所谓“物竞天择，适者生存”。人们不太喜欢的“变色龙”（学名称避役，属蜥蜴类），可以根据环境迅速调整自己的外观保护色来保护自己。无论是鳄鱼还是“变色龙”，它们都体现了一种适应能力。而提到学生的成长与发展，就不可避免地要涉及适应能力。本章将具体讨论中学生常见的适应问题及解决策略。

第一节

心随身变，适应伴随成长

变化无处不在，无时不在。婴儿从呱呱坠地到长大成人，自身的变化从没有间断过，同时也在适应外界的变化。当个体自身与环境达到了协调一致，就能够顺利掌握各种技能，健康成长，适应社会。中学生正处于生理和心理急速发展的阶段，如何让学生在不断变化的环境中学会适应是一项艰巨的任务，与此同时，更重要的是培养中学生的社会适应意识，为其以后的生活道路积累资源。

一、适应及其相关概念

（一）“适应”的概念

1. 适应的一般含义

适应是用来表示对环境变化做出的反应，如对外部物理刺激变化的适应和对社会行为变化的适应。适应原本是生物的一种本能，是使自身能够维持生命、保持种族延续的基本能力。这种能力动物和植物都具有，达尔文的进化论就是对此的有力证明。但是，人类的适应与其他生物有本质的不同，因为人类的适应不仅是维持生存的本能式适应，而且是一种通过改变外界环境并结合自身条件创造发展机会的主动和能动的适应。

2. 适应的三个层次

通常使用的“适应”概念分三个层次：一是生物学意义上的适应；即生理适应。二是心理上的适应，称心理适应；三是对社会生活环境的适应，即社会适应。

3. 适应的心理机制

适应的心理机制由三个基本环节组成：一是了解外部环境；二是形成自身的价值观念；三是将新的观念付诸行动，调整自身的需求、动机和情绪等，达到与环境的和谐一致，从而达到适应。

4. 消极适应和积极适应

适应的分类因依据不同而相异。现实生活中，人们根据对环境适应的性质，将适应分为两种：一种是消极适应；一种是积极适应。消极适应是指环境中的消极因素抑制了自身的积极因素，个体改变自己的行为或态度以适合外部环境的要求。这是一种基本的、比较被动的适应方式，作用是求得一时的平衡。其结果是环境改造了人，而人未发挥自己对环境的能动作用。积极适应是指个体充分发挥自身的主观能动性，尽最大可能改变环境使之适合自身潜能发展的需要。这是一种比较高级、主动的适应方式。马斯洛在其《心理学的依据和人的价值》一书中强调：“人最终不是被浇铸、塑造或教育成人的。环境的作用最终只是允许或帮助他使自己的潜能现实化，而不是实现环境的潜能。”可见，发挥能动性、积极适应环境，激发了个体潜能，促进了个体的发展。积极的适应是从一个目标走向另一个目标，是发展的适应。适应是为了发展，发展是适应的一种结果，动态的、积极的适应就是发展。由于环境在不断地变化，个体自身也在发生着变化，所以，适应总是相对的、暂时的平衡状态，而发展则是绝对的、永恒的。个体在不断对环境适应的过程中，得到了发展，也体现了成长。

在个体发展过程中，生存和发展关系密切，因此，消极适应和积极适应这两种适应方式也是相辅相成的。事实上，两种适应都有其重要价值，首先要能够生存，其次才能谈得上发展。通常是先学会了生存适应，然后才能达到发展适应的水平。

熊猫和北极熊的故事就体现了采用不同适应方式的相应的发展结果。

熊猫和北极熊

熊猫和北极熊源自共同的祖先，但是由于气候的变化，同一祖先的熊就分为两批：一批移到了中国四川的温带地区；另一批移到了北极的寒带地区。按照一般的逻辑，进入寒带地区的熊就会被冻死、饿死，而在温带地区的熊会很容易活下来。但是结果却相反，温带地区的熊猫反而成了濒临灭绝的动物。为什么会产生这样的结果呢？道理很简单，因为温带地区的熊猫犯了两个错误：第一，它退出了竞争的行列。温带地区的食肉动物很多，如老虎、狮子、狼等，它们常会和熊猫抢食物吃，所以熊猫一生气不吃肉了，退出了和那些凶猛动物竞争的行列。紧接着它又犯了第二个错误，那就是由于吃草的动物也很多，它决定连草也不吃了，只吃其他动物都不吃的东西——竹子。这是一个致命的错误，因为它选择了唯一的食物来源而生存。就像一个人，如果他只具备一种技能，当社会不需要这种技能的时候，他就会失业或下岗。熊猫也是这样，当竹子越来越少的时候，就有大批的熊猫被饿死，其生存受到了极大挑战。而北极熊却在北极生活得很好，它比熊猫要凶猛，体重至少是熊猫的两倍。它本来是陆生动物，但后来也能在海中畅游几个小时，并且能捕食水中大量的生物，如海豹、海象、各种虾和鱼，最后实在没有东西可吃了，在－40℃的北极，它能够席地冬眠。过了三四个月以后，北极熊冬眠结束，拍拍身上的雪，又是一只好熊。

（新东方学校，2006，有改动）

从适应理论的角度看，其实北极熊和熊猫都遵循了进化论，它们都在改变自己适应环境，但有所不同的是：一个在艰苦的条件下磨炼了顽强的生命力；另一个则面临着生存危机。这则故事并非百分百的正确、科学，关键是对我们有所启示：对环境主动适应和被动适应的结果不言而喻。

5. 心理适应和社会适应

心理适应是指当外部环境发生变化时，个体通过自我调节系统做出能动反应，使自己的心理活动和行为方式更加符合环境变化和自身发展的要求，使个体与环境达到新的平衡的过程。

社会适应是个体社会行为的自我调节过程，而从个体发展的全过程看，实际上是个体社会化的过程。从社会化的角度看，社会适应包含这些内容：第一，对社会生活环境的适应，包括对不同生活条件和方式的适应；第二，对各种社会角色的适应，包括各种角色意识的形成以及对各种角色行为规范的掌握；第三，对社会活动的适应，包括对各种活动规则的掌握和活动能力（如学习、休闲、工作、人际交往等能力）的形成。

心理适应与社会适应的关系十分密切。心理适应作为一种综合性的心理功能，是社会适应的心理基础，离开一系列复杂的心理活动，个体实现社会化的可能性微乎其微。

（二）中学新生校园环境中常见的适应问题

适应能力是中学生心理素质结构中重要的组成部分，是评价中学生心理健康水平的一个重要指标，而当前中学生适应能力的状况是怎样的呢？

《武汉晨报》2005年9月17日报道：某校一名高三学生因为不适应室友打鼾，要求换寝室。还有学生因为不喜欢公共浴室，几天不洗澡。该校高三年级某班班主任殷老师称，由于学校距市区较远，绝大多数学生都住校内，类似于这样的不适应集体生活的人不少。现在独生子女多，教师和家长往往只重视孩子的学习，而忽视了对孩子其他能力的培养。

每年的9月，中学都迎来新的初一或高一学生。这些学生，每个人面临的都是一个新的环境，环境的变化带来了一些他们不得不面对的适应性问题。

1. 对自己在班中位置的变化的不适应

在小学时出类拔萃，春风得意，到了中学发现“强中更有强中手”，学生由过去的佼佼者变得“泯然众人矣”。例如，有些学生小学时在班上文艺表现不错，老师经常让他在“六一”节演出，升入初中后发现，很多同学都有好几项艺术特长，于是就觉得自己不够突出，不被注意；还有些学生在学习方面的感觉良好，如认为自己在数学方面资质较好，但是进入高一级学校后发现，自己的解题速度和思维敏捷性，充其量只算个中上水平，难以拔尖。这种地位的落差容易使学生产生失落感。

2. 新的学习内容和学习方式带来压力

在学习上，学生最强烈的不适应反应是从小学进入初中的阶段，虽然初中升高中也有不适应，但一般来说不是特别激烈。中学课程的设置与小学有很大不同，一方面，中学课程的设置不像小学那样趣味性浓厚，它着重于知识传递的信息量。中学加开了物理、化学、生物等课程，教学重复的次数少，学生得当堂学当堂会，各科每天都是新内容，每天都要学会、牢记并熟练掌握。另一方面，课程难度加大，抽象内容增多，形象内容相对减少。例如，数学中的几何对学生的推理能力要求较高，物理则要求达到一定水平的抽象思维，这对初入中学的学生来说都是挑战。

此外，中学教师不像小学教师那样手把手地教学生，不少学生不知道如何学习了。小学教师为了使学生“吃透”或理解知识，会花很多时间反复讲解，而中学的课程进度比较快，教师不能一直停留在一个教学内容上，通常是课上讲解后，需要学生课下自己理解，这使学生感到学习压力很大。另外，小学时，经常是父母长辈陪着学生做作业，详细讲解作业中的题目；到中学后，一方面是作业量增多，另一方面是父母长辈的能力有限，他们很少能提供相应的支持了，学生必须依靠自己，独立奋战。

上述提到的都是学生面临的学习方面的适应，教师应注重帮助学生尽快掌握新的学习方法，适应新的学习环境。

3. 原有的生活习惯发生改变

学生离开原来熟悉的校园、同学和老师，来到了全新的环境，生活方式和行为习惯都得与新环境相适应，这使得学生一时难以应付。有些学生从农村来到城市，面对陌生的环境，心里很是想念那熟悉的田野和乡间的小路，加上生活习惯的差异，他们更加思念以前的学校；同时，有些学生开始离家住校，在校住宿和在家生活的环境完全不同，在家时父母会包办一切家务，学生只要按时吃饭，上、下学就可以。学生在校生活就得自己照顾自己，按照学校规定的时间吃饭和作息，生活用品要自己购买，消费要自己预算，衣服要自己洗。这些对学生都是锻炼，也是他们成长的机会。

如下案例代表了一部分学生所遇到的适应性问题：

包围巾的女孩

半年前，素静随父母一家由郊县搬到城市来居住，并且转入某市中学读书。转学后，刚刚一两个月，她就开始怕与同学们交谈，回避集体活动，变得孤僻。素静觉得自己是乡下人，穿得土气，同学们都看不起她，总想回到乡下读书。最近因害怕看人，尤其是怕看人眼睛，素静干脆就用头巾包住自己的脸，企图挡住部分视线。她这样的举动引起了老师的注意，老师建议她来看辅导教师，接受咨询和帮助。

通过向老师和家长了解情况，辅导教师得知：素静向来个性内向，很文静，衣着朴素，从不惹是生非，成绩还好。母亲出身农民，是传统的家庭妇女，父亲也是从乡里调到县里的技术员，父母都教育孩子不要出风头，要本分，好好读书。

（曾文星，2001）

学生对新环境的适应程度受多种因素影响。这些因素包括自己的个性（内外向、是否善于交际、自信心强弱）、新环境的情况（与原环境的差异大小、是否欢迎外来人）以及他人所给予的关心和支持（家人与朋友的鼓励常能激励个体去认识新环境中的人）。素静个性比较内向，不善与新朋友交往，使自己处于被动位置。另外，素静的母亲不太了解城市的生活习惯，较少关心女儿外表上穿着跟其他同学的差异，缺少对孩子的帮助。

辅导教师建议素静每天主动去找一个同学，不管是否被拒绝，都要向他们提个问题，请他们回答。素静本来以为这个差事很难，会让自己把脸丢尽，使同学们更看不起她。但是，她没想到每个同学都回答了她提出的问题，只不过有些回答详细，有些回答简略而已。这个尝试增加了素静与同学接触的信心。另外，辅导教师也建议素静的母亲适当关心素静的衣着，建议素静邀请一两个朋友到家里玩或一起逛街。数次辅导后，素静已经不包头巾了，高兴地说现在敢跟人说话了，打消了回乡的念头。由此可见，通过相应的辅导，素静适应了新环境，从消极、害怕到开心地与同学相处，这就是一种成长。

为帮助学生了解自己的适应能力的情况，下面提供一份心理小测验。

请学生根据自己的实际情况，在每道题的3个备选项A、B、C中选出和自己最接近的一个。

A表示“是”　　B表示“无法确定”　　C表示“不是”

1. 我最怕转学或转班级，每到一个新环境，我总要经过很长一段时间才能适应。

A　　B　　C

2. 每到一个新的地方，我很容易同别人接近。

A　　B　　C

3. 在陌生人面前，我常无话可说，以致感到尴尬。

A　　B　　C

4. 我最喜欢学习新知识或新学科，它给我一种新鲜感，能调动我的积极性。

A　　B　　C

5. 每到一个新地方，我第一天总是睡不着，就是在家里，只要换一张床，有时也会失眠。

A　　B　　C

6. 不管生活条件发生多大变化，我也能很快习惯。

A　　B　　C

7. 越是人多的地方，我越感到紧张。

A　　B　　C

8. 在正式比赛或考试时，我的成绩多半不会比平时练习时差。

A　　B　　C

9. 我最怕在班上发言，全班同学都看着我，心都快跳出来了。

A　　B　　C

10. 即使有的同学对我有看法，我仍能同他交往。

A　　B　　C

11. 老师在场的时候，我做事有些不自在。

A　　B　　C

12. 和同学、家长相处，我很少固执己见，乐于采纳别人的看法。

A　　B　　C

13. 同别人争吵时，我常常感到语塞，事后才想起怎样反驳对方，可惜已经太迟了。

A　　B　　C

14. 我对生活条件要求不高，即使条件很艰苦，我也能过得很愉快。

A　　B　　C

15. 有时自己明明把课文背得滚瓜烂熟，可在课堂上背的时候，还是会出差错。

A　　B　　C

16. 在决定胜负成败的关键时刻，我虽然很紧张，但总能很快地使自己镇定下来。

A　　B　　C

17. 我不喜欢的东西，不管怎么学也学不会。

A　　B　　C

18. 在嘈杂混乱的环境里，我仍能集中精力学习，并且效率较高。

A　　B　　C

19. 我不喜欢陌生人来家里做客，每逢这种情况，我就有意回避。

A　　B　　C

20. 我很喜欢参加社交活动，我感到这是交朋友的好机会。

A　　B　　C

计分方法：

凡是单号题选“A”得－2分；选“B”得0分；选“C”得2分。

凡是双号题选“A”得2分；选“B”得0分；选“C”得－2分。

将各题的分数相加，即得总分。

分数解释：

35～40分：社会适应能力很强。学生能很快地适应新的学习、生活环境，与人交往轻松、大方，给人的印象极好，无论进入什么环境，都能应付自如、左右逢源。

29～34分：社会适应能力良好。学生能够较快地适应新的学习、生活环境，在新环境中稍加努力就能适应。

17～28分：社会适应能力一般。当进入一个新的环境时，要经过一段时间的努力，才能基本上适应。

6～16分：社会适应能力较差。依赖于较好的学习、生活环境，一旦遇到困难则易怨天尤人，甚至消沉。

5分以下：社会适应能力差。在各种环境中，即使经过相当长一段时间的努力，也不一定能适应，常常因为与周围事物格格不入而十分苦闷。在与他人的交往中，总显得拘谨、羞怯、手足无措。

说明：

此测验并非考试，只是为帮助学生了解自己。心理教师需要事先向学生准确无误地说明：如果学生在这个测验中得分很高，说明其社会适应能力较强。但是，如果得分较低，也不必自惭形秽，因为一个人的社会适应能力是随着年龄的增长、知识经验的丰富而不断增强的，是可以通过锻炼培养的。

（贾晓波，2002）

培养学生的适应能力，是一项长期的工作。无论是中学生的价值观还是生活和学习习惯都具有很大的可塑性，教师和家长要引导学生从日常生活中的小事做起，注重培养自己的适应能力。教师尤其需要关注学生学习阶段之间转接时出现的适应问题，及时辅导学生适应新环境。

二、新生适应新环境的策略

陌生的学习与生活环境、现实与理想的差距、自我地位的改变、不当的学习方法以及人际关系等问题，常常令入学新生感到烦恼，出现适应不良的现象。如何尽快解决这个问题，帮助学生融入新的环境，可以参考以下建议。

1. 心态上找准自己的位置

新生中很多人高高兴兴地来报到，但是经过一两周后他们就抱怨说不喜欢新环境，惦念以前的学校，其实这是正常的。拿高中新生来说，经过中考进入高中的学生，初中时都比较优秀，心理上自然有种优越感，但是进入高中后，他们发现出色的学生那么多，相比之下，觉得自己逊色许多，心理上容易产生不平衡。新生首要的问题是要摆正心态，不管自己过去是多么辉煌，都要把过去忘掉，要踏踏实实地投入到新的学习中来。教师要及早调整学生的心理落差，使其端正心态。

2. 学习上探索自己的学习方法

年级越高的学生越有感触，学习要靠自己，要讲究方法。与小学不同，中学的学习广度和深度都迅速增强，这就要求学生摸索适合自己的学习方法，而不是单一地跟着课程前进或在教师的督促下学习。尤其是进入高中后，教师不像初中教师那样整天盯着学生学习，更多地要求学生自己动脑子学习，所以，学生要从一开始就培养自主学习的习惯。

3. 生活上独立、坚强、不赖家

中学阶段有不少学生开始住校，每隔一段时间回一次家，有些学生几周回一次家，有些可能几个月才回一次家。有些学生抱怨学校住宿条件差，几个人住一个宿舍，感觉没有私人空间；食堂条件差，饭菜不如家里的好吃。他们觉得学校处处不如家里，其实是他们习惯了父母的庇护。殊不知，路是要自己走的，无论是谁，最后都要从父母的羽翼下脱离，独立接受生活的锻炼。在以后的人生道路上可能会遇到各种情况，都要靠自己解决。

4. 为人处事谦和大方

集体生活中，大家吃住在一起，同学和室友抬头不见低头见，处理好人际关系很重要。良好的人际关系不但能营造良好的学习气氛，也能使人身心愉快，如果人际关系处理不好，则会影响生活和学习。此外，中学生要有意识地培养团队意识和合作意识，只有更好地融入到团体中，才有归属感。

5. 生活态度积极乐观

中学生身心尚未成熟，他们虽然已经开始探索自己的生活方向，但又觉得有些不知所措，容易受到社会上流传的消极观念的影响。例如，有人说，人生如梦，没有什么实在意义可谈；有人说，人生如舞台，只不过是戴着假面具逢场作戏罢了，没什么可认真的；有人说，人生如战场，互相厮杀，惨不忍睹；有人说，人生如浮萍，任风吹雨打，飘泊不定；有人说，人生终归是死亡，今朝有酒今朝醉，得过且过吧……这些思想都会潜移默化地给学生造成影响，增加他们的思想负担。初二学生王庆就有这样的困惑，在日记中写道：

> 今天我很早吃完早饭，来到学校。学了一天的语数外，头脑里似乎是装得满满的，但我心里空荡荡的。放学后，把自己关在自己的房间里，不停地做着老师布置的作业。我常想：我们的中学生活就是这样？真无聊、空虚。感觉自己是在机械地做事，被动地学习，总问自己生活有什么意思。考大学？考上大学又怎么了？被人羡慕又怎么了？出人头地又怎么了？到头来不都一样，生活真没劲。
>
> （陈梦稀，2000）

其实很多学生在某一时间都与王庆有相似的感受，这些学生一般从小到大一帆风顺，成绩又好，进入中学之后，他们开始思考人生的价值和意义所在，但是又找不到确定的答案，就简单地把人生归为“到头来就是一把灰烬”，有些悲观主义色彩。面对这些学生，教师要使学生明白，人生的意义对每个人来说是不同的，它取决于你对它的态度，如果积极乐观地对待它，那么你最后得到的就是美好的，如果感到生命是没意义的，那么你所经历的生命就是索然寡味的。

积极是一种心态，积极的人对自己的选择负责，想方设法地促使自己期待的事情发生，他行动之前先考虑清楚，发生不好的事情之后能重新开始。积极的人能专注于自己的事，不为自己无能为力的事烦恼。一个学生从初中到高中后，在班里的排名直线下降，更怀疑老师不喜欢自己，其实，过去学习好，这证明他学习能力并不低，现在学习不好，并不是能力没有了，而是由于观念的转变问题，由积极的心态转变为消极的心态了。

积极的学生现在可能并不是特别出众，或许他的学习成绩不是很优秀，外表不帅气或不漂亮，但是他的内心是充满阳光的。成绩、外貌等都是外在的表象，学生真正需要具备的，也是学生真正拥有的，那就是一颗积极向上的心。

6. 互敬互重，合作前行

合作意味着人们在一起通过活动达到共同目标。合作的基本原则是要相互尊重，以大局为重。

自然界有很多令人震撼的合作例子。当野火烧起来时，众多蚂蚁迅速聚集，抱成一团，像滚雪球一样快速滚动，逃离火海。那噼里啪啦的烧焦声，是最外层的蚂蚁在用自己的身躯为同伴开拓生存之路。面对困难，唯有团结，才能走出困境。

对于进入陌生环境的学生来说，面对的困难就是自己对环境不熟悉，对周围的人不认识，这时候与他人合作能更好地认识他人，尽快融入新环境，在有共同目标的活动中贡献力量，表达自己。与之相对的是有些学生孤身前进，独自奋进的精神虽然可嘉，但是却耗费了更多的时间和精力。良好的合作过程中，每个人投入的精力和时间肯定要比单独奋战投入的精力和时间少得多，而且能给成员以归属感。无论是在学校也好，还是在以后的生活道路上也好，懂得团队合作始终是生存的必需技能。

合作是快乐的事情，有些事情只有相互合作才能做成。合作后，你得到你想要的，对方也得到了他想要的。现在，学生之间的竞争非常激烈，有时有的学生可能怕别的同学超过自己，不愿意与其他同学沟通学习方法或交流学习心得，不乐意参加小组学习，共同解题。其实，他们没有看到合作所带来的巨大的共享资源。尤其是在学校中，合作最重要的可能不是结果，而是在过程中同学之间的相处。请阅读《先知和长勺的故事》，看看是否可以加深对合作的理解。

先知和长勺

一个虔诚的教徒找到先知伊里亚。这个教徒受到天堂和地狱问题的启发，希望自己的生活过得更好。“哪里是天堂，哪里是地狱？”他问先知，但伊里亚没有回答他，伊里亚牵着他的手穿过一条黑暗的通道，来到一座宫殿。他们走进一扇铁门，来到一个大厅中。大厅里挤满了人，有穷人，也有富人。有的人衣衫褴褛，有的人珠光宝气。大厅的中央支着一口大铁锅，里面盛满汤，下面烧着火。整个大厅中散发着汤的香气。大锅周围挤满了一层层的人。那些两肋凹进、带着饥饿目光的人，都在设法分到一份汤喝。当那个伊里亚带进来的教徒看着那些人拿着的盛汤的勺时，不由大吃一惊。那些铁勺子足足有一人高，安着木柄。那些饥饿的人贪婪地拼命用勺子在锅里搅着，但谁也无法把汤用勺子盛出来。勺子太长太重，即使是最强壮的人把汤用勺子盛出来，也无法把汤移到嘴边去喝。有些鲁莽的家伙，甚至烫伤了手和脸，还把汤溅到旁边人的身上。于是，大家争吵起来，挥舞着本来是为了解决饥饿的长勺子大打出手。先知伊里亚对那个教徒说：“这就是地狱。”他们又走进一条长长的黑暗的通道，最后进入另一个大厅。这里也有许多人，大厅中央同样放着一大锅热汤。就像地狱里的所见一样，这里每个人也同样有一把长勺，但这里的人营养状况都很好。大厅里只能听见勺子放入汤中的声音。这些人总是两人一对在工作：其中一个人把勺子伸入锅中舀汤，把汤给他的同伴喝。如果一个人觉得汤勺太重了，就有人过来帮忙。这样，每个人都在安安静静地喝。当一对人喝饱了，就换另一对人。先知伊里亚对他的教徒说："这就是天堂。"

三、活动训练营

教师在讲述了上述内容后，可适当配合以下活动，以促进学生之间的相互了解，对环境的熟悉及使学生获得有益的体验。

【活动】我的名片

活动目的：

促进学生之间相互了解，尽快熟悉新同学。

活动过程：

1. 活动准备：请每个学生在纸条上写下自己的姓名、性别、身高、体重、兴趣爱好、优点等。

2. 活动实施：教师收集纸条，放在"秘密箱"里，由学生随机抽出部分纸条宣读除名字以外的内容，请其他学生根据纸条上描述的情况说出这是哪个同学。猜完后请写纸条的学生站起来，谈谈自己的感想。

我的名片

班级:____________　　姓名:____________

1. 我的性别是:
2. 我的身高是:
3. 我的体重是:
4. 我的兴趣爱好是:
5. 我的个性是:（请用几个形容词形容自己）
6. 同学可以叫我的昵称:
7. 我的优点是:
8. 在班上我担任的职务是:

活动总结：

讨论结束后，教师请学生回想对谁的印象最深，打算和谁交朋友。

【活动】认识我的学校

活动目的：

帮助学生尽快熟悉新环境，降低陌生感，增进亲切感。

活动过程：

将学生分成6人组，分别讨论如下问题，然后每组推举出一个同学代表发言，一组发言时其他组可做补充发言。教师对不准确的回答要给予纠正。

①学校所处地理位置的特点：周围有哪些标志性建筑？

②学校有哪些建筑？你最喜欢学校的哪个地方（如教学楼、运动场、小花园等）？

③认识校长办公室、教务处、任课教师办公室、实验室和图书馆的位置，指出在哪个楼、哪一层。

④学校的校训或校风是什么？

⑤学校运动场在哪里？平时可进行哪些体育活动？

⑥学校办学历史有多久？学校有哪些令你敬佩的人（如师长、学长等）？

活动总结：

教师让比较熟悉校园的学生带着对校园认识不够的学生去逛一下校园。

【活动】大家讨论

活动目的：

让学生感悟适应能力的重要及平时如何注意培养。

活动过程：

1. 阅读材料：

无法适应香港高校学习生活　内地尖子铩羽而归

这两年，赴香港念大学风靡内地。许多优秀的高三学生都把目光投向了香港这个国际化大都市。家长们更是口耳相传，互相推荐。一度，社会上传出了“北大清华沦为二流”的声音，而香港的一些三流大学录取分数却被炒得很高。但是很快，消息传来，一些毕业于内地著名高中的学生尖子竟然适应不了香港的学习和生活，退学回家！这让很多人吃惊，香港和内地语言相通，文化相近，为什么这么优秀的学生会铩羽而归？

香港理工大学大一学生刘脩如此讲述：

圣诞节前的一个晚上，我在香港理工大学的同学小汪拎着一大袋水果到我宿舍，我以为他刚采购回来，没想到他告诉我一个令人意外的消息："我后天就回北京，这些水果留给你吃吧。"我一下懵了，这也太突然了。

"我不想在这里上了。"我关心他以后怎么办，他沉吟片刻说，"可能复读吧。"我一时无语，心中怅然。我们这个专业录取的5名内地生，有一人没报到，小汪这一走，就只剩下3个人了。我决定和他好好谈谈，劝他最好能留下来。

第二天，小汪告诉我，他觉得香港怪怪的，香港人也怪怪的，他不适应，不喜欢这里的许多东西，再也不想勉强自己了。我说，尽管香港是一个国际化大都市，内地学生到香港也会有一定的不适应，关键是要调整自己。但在他的坚持下，我只好放弃了，小汪离开了我，一个人回北京了。其实，小汪毕业于北京著名的高中，成绩优秀，他是在大家艳羡的目光中来香港上大学的。短短3个多月，他经历了人生又一次的考验和抉择，但最终选择了放弃和逃离，实在让人惋惜。

（《中国青年报》，2007－03－28）

2. 活动讨论：

让学生思考内地学生到香港后会遇到哪些问题？从生活方面和学习方面考虑。

活动总结：

教师在学生讨论后进行总结。指出内地学生到香港后主要面临的问题：独立生活成问题，在国内读书时很少自己处理生活琐事，到香港后很多学生应付不来；全英文教学让内地学生一时很难适应；两地生活习惯的差异使他们吃不惯睡不好。这些困难是客观存在的，但如果平时注意适应能力和意识的培养，则可以成功转身。

【活动】合作游戏

活动目的：

通过活动，让学生体会合作的重要性及技巧。

合作游戏一

活动过程：

将学生分为6人或8人小组。让他们站成一个圈，拉起手来，腿分开站好。让学生按照"1、2、1、2"报数。然后双脚保持不动，报数为"1"的同学向前倾，报数为"2"的同学向后倾，互相依靠，直到保持平衡。一旦达到平衡，要学生对换身体倾斜的方向。

活动总结：

游戏结束后，让学生反思游戏中遇到什么困难。让学生讨论：我们是如何合作的？感觉如何？什么对我们完成任务有帮助？让他们互相对话，互相倾听。

合作游戏二

活动过程：

1. 准备气球或皮球、带子或绳子；将学生分为4人一组，告诉学生这个游戏的目的是训练小组内的相互合作。

2. 两组学生，学生都用手抓着一根带子，向对方抛球。游戏的目的是尽可能多次扔球而不让球掉下去。手离开带子为犯规，整组将被淘汰。如果某小组失误过多，即经常接不住球，给几分钟时间讨论如何合作。

活动总结：

活动结束时，教师一定要肯定学生主动参加的积极性，不但要表扬每个学生，而且要表扬所有学生，必要时需要把每个学生的表现都点评出来。

（张金秀、韩幼萍译，2005，有改动）

第二节 去惘臻学，提高学习适应力

埃里克森认为，处在中学这一阶段的青少年将面临着"勤奋—自卑"的危机，能否顺利度过这一危机时期，取决于中学生能否有效地适应学校学习生活并从中获得快乐和成功。因此，中学生的学习适应状况与心理健康水平之间密切相关。

学习适应是指学生主动调整自身以便与学习环境要求相符合。学习适应性是指学生善于克服学习困难、取得较好学习效果的能力倾向，简言之，就是学习的适应能力。一般来看，学习适应性良好的学生成绩较好，学习适应性水平偏低导致部分学生虽然智力正常但学习成绩不良。学生的学习适应性好、学习方法科学，能提高学业成绩；相反，学生的学习适应不良，则会导致学业不良，影响到未来的成才和发展。

一、学习适应不良的表现

通常来说，学习适应不良学生具有以下表现：

1. 学习动机水平低

这类学生有明显的厌学、畏学和逃避学习的行为表现，不愿意学习，夸大学习困难，不能正确归因，简单地认为学习不好是因为自己能力低下。

2. 学习习惯不良

学生在学习时没有明确的学习目标，也没有学习生活作息时间的规划，盲目地跟着教师的进度走；学习积极性比较低，学习活动遇到干扰或困难便放弃，如做作业拖拉或者干脆参考其他同学的；也有些学生由于父母或长辈知识水平较高，就长期依赖他们的指导，一旦需要独立克服困难就会觉得力不从心。

3. 学习技能缺失

不能正确评价自己的能力，认为自己对学习无能为力，对改变现状缺乏信心；学习方法不恰当，如听课方式不利于知识的掌握（不会做笔记等）、做作业不肯动脑筋思考；应试时也不会运用必要的技巧等。

4. 学习情绪不良

这类学生因学习达不到理想状态，会对学习产生抵触情绪，最明显的情绪是自卑、焦虑，在得不到关爱时就自暴自弃。他们与那些优秀同学做比较，觉得自己没有长处，自信心愈发降低。不良情绪会影响学习效果，造成学习失败，又使学生的不良情绪加剧，使其逃避学习，如此恶性循环，甚至使学生出现严重的抑郁情绪。

二、学习适应不良的原因

导致学生学业不良的主要因素有：

1. 个体因素

有些学生因为自身身体素质差，经常缺课，造成知识学习的不连贯，当需要达到更高的知识层面时出现适应不良。另外，不良的意志品质也是学习适应不良的重要原因之一。学生做事缺乏毅力和恒心，自控能力差，遇到困难或外界干扰很容易就退缩或放弃，这些品质会影响学生的学习成效。有些学生性格比较内向，遇到困难不愿意与老师和同学沟通，尽量避免困难，逃避学习活动，造成学习适应不良。

2. 家庭因素

在我国当前的高考制度之下，有些家长习惯拿孩子同学和同伴的情况跟自己的孩子比较，给孩子造成压力；有些家长在日常生活中对孩子责怪、批评过多，让孩子自尊心受挫、自信心缺乏；有些家长对孩子的希望过高，孩子即使努力后也达不到目标，久而久之便产生厌学情绪，并且认为自己无能。另外，如果家长对孩子在学校的学习活动缺乏必要的关心，不能和孩子一起面对困难，也会使孩子感到更加受挫。

3. 学校因素

目前，很多学校不注重学生心理素质的培养，或者措施不力、方法不当，使学校教育不切合学生心理发展的实际。班主任或其他教师一般不太重视学生学习动机的激发、学习兴趣的培养、学习情绪的调适和良好学习习惯的形成等，而只侧重于知识的灌输，侧重于单纯的考试，这会压抑学生的主动性和创造性。当面临学习环境、学习角色和教学方式改变时，学生便会感到无法适应。

三、学习适应不良的应对策略

针对上述学生学习适应不良的表现与原因，教师在进行心理健康教育和辅导的过程中，要开展以下几个方面的工作：

1. 引导学生分析原因

在学生自我认识正确的基础上，使学生意识到自己产生学习不良的主要原因，引导他们进行正确而积极的归因。

2. 激发学生的学习动机

学习适应不良的学生认为自己在老师和同学眼里是比较差劲的，这深深地影响了他们的自尊和自信，造成了其自卑。教师要鼓励和奖励学生，使其感受到关爱，增强学习的信心。另外，教师要注意培养学生的学习兴趣，让他们认识到学习并不是为了完成老师或家长的任务，而是自身的需要，是对自己负责。

3. 及时与家长沟通

对于出现学习适应不良的学生，教师要及时与家长沟通，从学校和家庭两方面给予学生关怀。有些家长在孩子出现学习适应不良时，不但不能给孩子提供支持反而盲目批评孩子，让孩子备感孤单、无助。家长的态度对孩子的成长真的很重要，家长的

关爱能够改变孩子的一生。下面是摘自网络的一篇文章:

有一次在清华大学学子成功经验报告会上,一位母亲做了一段感人的发言:

小时候,我孩子的发育似乎总比同龄人晚一些。在一次幼儿家长会上,老师找到我对我说,“你孩子是否有多动症?你最好带他去查一查,他简直不可救药。”在回家的路上,孩子问我:“妈妈,老师对你说了什么?”我笑着对孩子说:“老师说你只要努力,你一定很棒。”看着孩子幸福的表情,我转过身偷偷擦去眼泪。孩子上小学时,我很怕开家长会,但是最终老师还是找到我对我说:“你孩子可能有智障,你最好找专家看看。”还是面对孩子同样的问题,我对孩子说:“老师说你又进步了,只要你每天都在努力,你一定会成为最棒的学生。”看着孩子害羞但又幸福的眼神,我又偷偷哭了。孩子上初中时,似乎有点开窍,学习也在不断进步,一天孩子又问我:“妈妈,我是不是特笨?为什么我每天都很努力,却总考不过班里那几个经常玩但学习仍然很好的同学?”我没有立即回答他,因为我不知道如何回答。一天,我带孩子到海边玩,看到海燕、海鸥在海水上嬉戏。我问孩子:“你说是海燕还是海鸥灵巧?”孩子看后笑着说:“当然是海燕,你看海鸥好笨拙。”我说:“你知道真正能飘洋过海的是谁?是海鸥,它虽然笨拙,但它有目标,且能持之以恒地奋斗。”孩子似乎突然明白了什么。进入高中后,我每天看见孩子都在努力,他房间的墙上贴了两个大字:清华。当孩子拿到清华大学通知书的时候,我痛痛快快地哭了一场。

讲到这里,这位母亲已经泣不成声,在坐的每一个人都在长时间沉默,接着发出雷鸣般的掌声……

作为家长,这位母亲的睿智是值得赞赏的,她给了孩子坚强的支持和温暖的保护,使孩子虽然面对各种压力和困难仍旧有信心前进。父母希望自己的孩子健康成长、成才,特别关注孩子的学习,当孩子的学习出现问题时,他们感到担忧、焦虑。这时,如果父母能站在孩子的角度考虑,和孩子共同努力,认识问题的所在,而不是一味地责难孩子或者放任自流,那么孩子就有了前行的力量,加上辅导教师的专业建议,孩子的学习适应问题是可以解决的。所以,当学生遇到学习适应问题时,教师不应忽视家长对解决问题所能起到的作用。

4. 联系班主任和任课老师,共同提供帮助

每一个学生都有自己的长处,或许他在学习方面并不是特别突出,但是他在其他方面可能很有潜力。很多教师往往只注重学生的学习成绩，成绩差的学生所有的方面都不被看好。这需要心理辅导教师多与班主任或者任课教师交流，使其转变观念，看到每个学生身上的闪光点，并用语言和行为真诚地表达出来。

四、案例分析

从上述内容可以看出，帮助学生应对学习适应不良不仅需要辅导教师调动学生积极配合，还需要联合班主任、任课教师、家长等相关人员对学生进行帮助。以下是关于学生学习适应不良的几个案例，针对案例中学生的不同情况，辅导教师提供了相应的建议，可作为实际辅导工作的参考。

案例一　小舟的问题

独生子小舟是个居住环境优越、家庭经济富裕的孩子，家长非常重视对小舟的培养和教育，期望他早日成才，成为优秀人才。在小学表现不错的小舟，自升入初中后，很快出现情绪低落，沉默寡言，精神萎靡；在学习中焦急忧虑，神志恍惚，坐立不安；对待人生消极自卑，行为懒散，出现了自暴自弃的心理状态。

（《中国教育报》，2005 － 06 － 20）

案例二　想退学的高中生

开学刚一个月，一名高一的学生就这样向辅导教师反映：上课时，我总也不能集中注意力。有时，上课听明白了老师讲的内容，做题时却不会。现在，我对学习越来越提不起精神、没兴趣。我总在下决心，总也不想学。有时，我想干脆退学算了。可在初中时，我学习成绩总名列前茅。真不知道我现在怎么了。

（摘自培森家教联盟网）

以上两个案例都属于学习适应不良问题。从小学升入初中，或从初中升入高中，学生原有的适应机制不适合新的学习环境，而新的自主学习机制尚未建立，于是就容易出现学习适应问题。

针对案例一，辅导教师可以从两方面入手：一是让学生进行心态调整、自信训练、认知调适，激发其内在的积极意义，如“我以前成绩很好，说明我不笨”。二是让学生进行学习策略训练。例如，让小舟从爷爷奶奶那里搬回来与父母同住，在自己的房间里独立完成作业，让上小学时经常依赖爷爷奶奶的小舟逐渐培养独立思考的习惯。与此同时，让小舟体验学习上的每一点进步，从而顺利地度过危机时期。

案例二中想退学的高中生主要是未适应教师的教学方法。高中的教学方法与初中有很大不同，教师很少督促学生学习，而要求学生自己主动去学。这就需要在学习方法上有大的调整：做好预习工作，在上课前知道自己的听课重点，预习中没有解决的问题课上要着重听老师讲；对教师讲课强调的部分，或者自己有疑问的部分，要使自己注意力高度集中地去听，做好课堂笔记，课后进行必要的整理，不积累问题，发现一个解决一个。

案例三　如何帮助阿灿

阿灿是一个很内向的学生，初中就读的学校不是重点中学，中考成绩也一般，但是父母还是想办法让他上了重点高中。刚进班时，他在班上很少发言，但是性格固执，有时因为一些小事和同学发生摩擦，加上学习成绩差，班里同学都不喜欢他，而且他跟宿舍同学也形同陌路。他经常独来独往，不参加集体活动，与同学愈发疏远了。

（聂衍刚、郑雪等，2004）

在阿灿的诉说中，辅导教师发现，虽然阿灿觉得自己不讨人喜欢，但是他还是很想改变这种状态的，他想融入到班集体的学习生活中，却又怕自己因为成绩不好遭受同学的嘲笑。

辅导教师联合班主任给予阿灿积极的关注。班主任告诉他，虽然他成绩差点，但是全班同学并不讨厌他，相信他可以为班里做出自己的贡献。辅导教师和班主任寻找和创造能让他展现优点的机会。例如，他乒乓球打得不错，于是在开运动会时，派他参加比赛，班里同学为他呐喊加油，他觉得自己在集体中是受人关注的，是有价值的。接着，要将这种良好的感觉迁移到学习中来。各科任课教师、课代表和他一起制订了学习计划，在家长和老师的监督下逐步实施。在实施计划的过程中，不断有同学伸出援助之手。阿灿的学习积极性被调动起来了，经过努力后，其成绩有所提升，虽然还不是很好，但重要的是阿灿的整个身心状态良好，自信心增加，学习兴趣比较高。

这是一个调动辅导教师、班主任、任课教师、家长和同学共同帮助学生的成功案例。在实际辅导过程中，很多案例涉及的并不是单一的某种学习或人际问题，教师需从多方位关注学生，帮助他进步。

第三节 师生互动，消除对教师适应不良

教师的更换在学校教学中是难以避免的现象，但是由于教师的更换，学生需要时间来适应新老师。尤其是当原来的老师教他们的时间比较长，深得他们喜欢时，学生往往对新老师的抵触情绪比较大。另外，如果学生对新老师的教学风格不适应，也会出现适应不良。

一、对教师适应不良的表现

更换教师后，有一部分学生会出现较为明显的对教师适应不良的表现。

1. 抵触情绪明显

对新老师提出的意见不理不睬，对其组织的活动不予支持。觉得新老师不如原来的老师重视他们，故意在课上捣乱，并且把新旧老师做对比，认为新老师这里也不好，那里也不好。

2. 课堂表现不如以往积极

上课注意力明显不集中，甚至在上课期间做与所上科目无关的事情。例如，问问题和举手回答的次数明显减少，甚至在新英语老师的课上做数学作业。

3. 学科成绩明显下降

这是一种比较常见的情况。学生由于不适应新老师的教学方法，影响学习成效，也影响了学科成绩，转而埋怨新老师课教得不好。

4. 逃课或违反学校纪律

有些学生的严重适应不良表现为逃课，不去上新老师所教的课。中学生处于逆反时期，对一些问题不能理智地去思考、解决，往往采取最直接的方式进行“抗议”，表示不满，甚至不惜做出违反校规校纪的事来表明自己的立场。

二、对教师适应不良的主要原因

学生出现对教师适应不良的原因主要有如下几个:

1. 教师教学风格的差异

不同的教师肯定有不同的教学风格，如果原来老师的教学风格很严谨，课堂上不

能随意发言，而新老师的教学风格则很活泼，对课上发言不加限制，有些学生就感觉新老师不管学生；如果原来的老师教学风格比较随意，课堂纪律比较松，而新老师对课堂纪律要求比较严格，学生就会感觉新老师的课堂气氛太呆板了。无论新老师的教学方式实际上是否更适合自己，学生在适应之初都会出现抵触情绪。

2. 部分学生感觉受到“忽视”

对于原来的老师比较重视的学生来说，如果新老师对他们没有“照顾”到，他们就会备感失落，产生不良情绪，影响学习。

3. 承受挫折的能力较差

适应总是需要时间的，经过一段时间后，一般学生都能继续学习，只有个别学生适应能力差，如果又没有及时获得指导，就可能出现适应不良。

三、对教师适应不良的应对策略

要帮助中学生应对对教师适应不良，需要学生、教师和家长三方面的努力。

（一）学生方面

1. 要主动与新老师交流

有些学生觉察到了问题所在，但是不愿意主动与新老师沟通，等着新老师发现自己的问题，来找自己，结果因为新老师的教学任务重等原因，新老师稍微疏忽一下可能就错过了。因此，学生自己应该主动找新老师进行交流，尽快熟悉新老师。

2. 将自己的感觉表达出来

鼓励学生与家长和同学进行沟通，谈论自己对新老师的看法，这不仅可以使他们宣泄不良情绪，也可以使他们学会从多个角度看问题。但是要注意，学生之间的交流有时会造成某种负面情绪的联合，使学生对新老师更加抵触。所以，要注意与有不同观点的同学交流，如果与同样不适应的同学在一起，则可能会一起埋怨新老师不好，不利于改变适应不良。

3. 学会情绪调节

学生出现学习适应不良后，可能会因为成绩的下降而产生焦虑、担心等情绪，影响正常的学习和生活，要及时进行情绪调节。可以通过转移注意力（如打球、跑步等）、自我激励等方式放松身心并重获信心（情绪调节的具体内容详见第六章）。

（二）教师方面

为避免学生产生对教师适应不良，新老师应做到如下几点：

■接手新班级时，及时了解学生，在最短的时间内熟悉班里的状况。

■多主动与学生沟通和交流。

■组织某些活动与学生一起参与。

■注意细节问题，给学生关心和帮助。

（三）家长方面

家长其实也是不愿意学校频繁地更换老师的，因为孩子确实会出现适应问题，还可能造成成绩下降等。而且，教师适应每一个学生也需要一个过程。但是，家长不要过分夸大更换老师带来的影响。有些家长在家里议论新换的老师教学方法不对等，会使孩子更不喜欢这个老师。家长在此刻要帮助孩子发掘新老师的优点，使孩子认识到，每个老师都有自己的个性和行事风格；老师负责把学生引到知识的殿堂，但是学习关键还是要靠学生自己的努力，正所谓“你可以把马拉到河边，但你无法迫使它饮水”；学习的动力关键在于自己，而不在于他人。

四、案例分析

因为某些原因进行教师更换后，大多数学生经过自我调节，能够接受新老师，但是部分特别依赖前任老师的学生则难以适应。下面案例中的苏小就是这样的情况，我们看看应该如何帮助她。

苏小的新英语老师

眼看着就要初三了，教英语的李老师突然要到外地去学习，一年后才回来，所以学校决定由王老师接替李老师教初二（3）班的英语。李老师从初一就开始带这个班的英语，由于他讲课幽默风趣、课堂气氛活跃，学生们都很喜欢他。王老师是位经验丰富的老教师，带过好几届毕业班，但是他对课堂要求严格，平常不苟言笑。上了几节王老师教的英语课后，苏小说：“我不喜欢他，我想李老师。”其他同学也跟着“控诉”起来，说王老师太呆板，不懂幽默。苏小是班上的活跃分子，虽然成绩不是特别突出，但是很有活力，老师也比较喜欢她。李老师经常夸她英语作文有文采。但是，王老师似乎对苏小没有特别关照。苏小报名参加学校的英语演讲比赛，写了个稿子请王老师修改，王老师觉得她的整篇稿子有些偏题，要她重新写。苏小不乐意了，直接说“我不参加了”。而且，苏小在其他课上也不能集中精神，常走神。

从苏小的情况来看，很明显她对王老师有抵触情绪，凡事拿王老师和李老师相比较，看不到王老师教学的特点，不能根据老师的方法去进行学习。另外，李老师对苏小很信任，常夸她有文采，但是在王老师这里，苏小的文章要重写，没有得到王老师的认可，她感觉自己的“地位”降低了，不受重视了，所以以最直接的方式（不参加比赛）来反抗，表达自己的不满。但是，这种不当的情绪表达，并不能解决问题。

苏小这样的学生，首先应该从认知上进行调整，要意识到，王老师具有丰富的经验，其教学方法是有益的。另外，王老师不苟言笑是个人性格使然，强求不得。而且，学习是个人的事，谁都不能依赖的。苏小需要做的是主动跟王老师联系，说出自己和同学们的感受，促使师生相互适应。

第六章

识别情绪，管理情绪

人类有快乐、愤怒、悲哀和恐惧四种基本情绪，另外还有羞耻、嫉妒、同情、崇敬等情绪、情感。人们通过面部表情和躯体动作表达自己的情绪，并识别的他人情绪。尚在摇篮里婴儿就能识别成人的脸，并能通过他们脸上的表情来感知他们的态度。小孩子的情绪就像一颗天然的正在发芽的种子一样，释放是没有任何限制和界限的。随着身体和心理的日渐成长，到了中学阶段学生就需要学会管理情绪。这不仅是学生成长历程的一部分，也是心理健康教育的重要组成部分。

第一节 察言观色，认识情绪和情感

在日常生活中，人们体验着各种情绪和情感，或欢欣喜悦，或黯然神伤。情绪和情感具有非常强大的力量，能够控制人们的精神状态，从而影响人们的生活质量。健康的情绪和情感让人生气勃勃、精力充沛，而消极的情绪和情感让人萎靡不振、精力不济。中学生阶段的情绪、情感波动很大，给学生带来了不少烦恼和困惑，教师应该让学生认识自己的情绪、情感发展特点，并学会合理调控，当激烈情绪来临时不再只是随着感觉走。

一、什么是情绪和情感

（一）情绪和情感的含义

情绪和情感是人们对客观事物是否符合自身需要而产生的态度体验及相应的行为反应。例如，取得好成绩，学生会感到开心、高兴；亲人的亡故会令其感到悲伤、难受；遇见问题时可能产生焦虑、恐惧；遭受侮辱时心里则充满了愤怒、不满。也就是说，当客观事物符合自身期待时就会产生正性的体验，如愉快、欢喜、满意、敬仰等；

当客观事物与自身愿望相违背时则会产生否定的、消极的体验，如失望、痛苦、憎恶、愤怒、焦虑、恐惧等。

（二）情绪和情感的成分

情绪和情感具有独特的主观体验、外部表现，并且伴随着特定的生理唤醒。例如，人在愤怒时拍案而起或摩拳擦掌，同时出现心跳加速、血压升高等生理反应。

1. 主观体验

主观体验是人们对不同情绪和情感状态的自我觉察，是一种自我感受。每种情绪和情感都有不同的主观体验，代表不同的感受。例如，学生对好朋友不幸的同情、考试受挫的沮丧、成功的喜悦等。这是个人内心意识到的“我很难过”“我很痛苦”等感觉。

2. 生理唤醒

生理唤醒是情绪和情感发生时伴随着的生理反应，不同的情绪、情感的生理反应是不一样的。例如，愉快时心跳节律正常；紧张时心跳加快，血压升高。

3. 外部表现

外部表现是情绪和情感产生时伴随出现的外部反应过程。当人们发生不同的情绪和情感反应时，表现出不同的面部表情、身体姿势和声音语调。例如，开心时嘴角上翘，发愁时眉头紧锁；痛苦时号啕大哭，不满时连连摇头；高兴时说话声音比较高，语速较快，悲伤时则声音低沉缓慢。

（三）情绪和情感的关系

情绪和情感紧密联系，却又存在差异。

1. 区别

首先，从需求角度看，情绪更多的是与人们的物质或生理需求相联系的态度体验，是相对低级、简单的体验，是人类和动物所共有的。例如，饱食后会感到心情畅快，遭受攻击时会感到恐惧。情感则更大程度上与精神或社会需求相联系，是高级、复杂的体验，为人类所特有。人类社会富裕的物质生活和精神生活、良好的社会道德风尚、完美的艺术品等都给人以愉快、满足、幸福等肯定的情感，而战争、杀戮则使人产生痛苦、厌恶、绝望等否定的情感。人类正是由于情感的存在，才能够感受尊敬师长、孝顺父母、关爱幼小等美德，对不良的社会现象能够拍案而起、义愤填膺。

其次，从发展的角度看，情绪出现早，情感产生晚，随着人年龄的增长逐渐发展。例如，初生的婴儿并没有道德感等情感，这些情感随着他们的社会化过程而逐渐形成。

最后，从反应特点看，情绪具有情景性、暂时性、激动性和外显性特点，往往随着刺激情境的改变或需要的满足而消失。情感反应则稳定、持久和内隐。例如，对丑恶现象的憎恶、对美的欣赏不会轻易改变，而我们内心对祖国的热爱体现了情感的内隐性。

2. 联系

情感和情绪同属于感情性心理活动，是同一过程的两个方面，虽然不尽相同，却不可分割。一般而言，稳定的情感是在多次情绪体验的基础上形成的，并通过情绪表现出来；而情绪的表现和变化受已经形成的情感制约。因此，情绪是情感的基础和外部表现，情感是情绪的深化和本质内容。

二、情绪和情感的种类

（一）情绪的基本分类——喜、怒、哀、惧

人的情绪复杂多样，很难有精准的分类。我国古代有喜、怒、忧、思、悲、恐、惊的“七情说”，美国心理学家普拉切克（R. Plutchik）提出悲痛、恐惧、惊奇、接受、狂喜、狂怒、警惕、憎恨八种基本情绪。还有的提出了九种类别。虽然分类繁多，但一般认为有四种基本情绪，即快乐、愤怒、悲哀和恐惧（见表 6.1）。

表 6.1　常见的情绪描述

	快乐	愤怒	悲哀	恐惧
面部表情	兴高采烈 喜上眉梢 笑容满面	青筋暴起 咬牙切齿 怒目而视	愁眉苦脸 表情麻木	大惊失色 汗如雨注 目瞪口呆 面如土色
动作姿势	灵活敏捷 活蹦乱跳	拍案而起 暴跳如雷 拳头紧握	行动缓慢 反应迟钝 垂头丧气 郁郁寡欢	心惊胆战 不寒而栗
语言表达	语调高昂 谈笑风生	恶语相向 言辞激烈	唉声叹气 声泪俱下	声音发抖 哆哆嗦嗦

快乐是指期待和追求的目标达到后的情绪体验。由于需要得到满足，急迫感和紧张感随之消失。因为所追求的目标对自身的意义以及实现的难易程度等不同，快乐具有强度的差异，从愉快、兴奋到狂喜等。例如，如果目标很容易就达到，学生感到的喜悦程度要低于那些经过努力才获取的成功带来的喜悦程度。

愤怒是指由于受到干扰而不能达到目标时产生的情绪体验。愤怒也有程度上的差

异：当一般愿望无法实现时，只会感到不快或生气；当遇到不合理的阻碍或恶意破坏时，愤怒情绪会急剧升级。例如，航模竞赛时，在公平比赛的情况下，某学生的船模零件出了问题，成绩不好，他会感到生气，但是如果其他参赛选手故意破坏他的船，他则会怒火中烧。

悲哀是在失去了心爱的对象或愿望破灭、理想不能实现时所产生的体验。悲哀的程度取决于失去的事物对自己的重要性和价值。悲哀时，人通常会哭泣，这是悲哀带来的紧张的释放。

恐惧是想要摆脱和逃避某种危险情景但又无力应付时产生的情绪体验。恐惧的产生不仅是由于危险情景的存在，还与个体的应对能力有关。例如，初次出海的水手遇到惊涛骇浪时感到无比恐惧，而老水手则镇定自若。

（二）情绪的状态分类

根据情绪发生时的强度、紧张度和持续性，情绪可分为三种状态：心境、激情和应激。

1. 心境

心境是指平静而持久的情绪状态。心境具有感染性和弥散性，平稳且持久，正所谓“情哀则景哀，情乐则景乐”。当心情难过郁闷时，即使是阳光普照，人也觉得到处充满了阴霾；而当开心时，人又觉得世界那么可爱，一草一木似乎都在微笑。心境的这种感染性作用有如让人戴上了有色眼镜，看待客观事物时加上了自己的色彩。心境的弥散性指心境不是关于某一事物的特定体验，而是以同样的态度体验来对待一切事物。某种心境产生后，人们就会不知不觉地在言语、行为上表现出这种情绪色彩。

心境持续时间长短不一，有些可能持续几小时，而另一些可能持续几星期乃至更长时间。一种心境的持续时间依赖于引起心境的客观刺激的性质和个人的性格特点。例如，高考成绩不理想会比期末成绩不理想更令学生难过；面对同样的挫折，性格开朗的学生比较容易重新振作起来，而性格内向的学生可能很长时间都郁郁寡欢。

导致心境变化的原因是多方面的。生活中遇到的各种事情都可能引起某种心境变化，如考试成功或失败、与同学关系融洽或不融洽等。

心境对人的工作、学习和生活有很大的影响。积极向上、乐观的心境，能够提高人的活动效率，使人对未来充满希望，有益于健康；消极的心境则对健康不利，并且使人反应迟钝，丧失信心和希望。

2. 激情

激情是一种爆发性的、强烈而短暂的情绪状态，往往由对个人有重大意义的事件所引发，如巨大成功后的狂喜、惨重失败后的恸哭，都是激情状态。

激情状态下的生理变化和行为表现十分明显，如狂喜时捧腹大笑、悲痛时捶胸顿足、盛怒时怒发冲冠。极度的兴奋、悲痛和愤怒可能导致精神衰竭、晕倒、发呆，甚至出现激情休克现象；有时也表现为言语紊乱以及动作失调。例如，《范进中举》一文中范进在得知自己高中举人之后喜极而疯，就是一种激情状态的表现。

激情状态下会出现“意识狭窄”，即理智分析能力受到抑制，认识活动范围缩小，自我控制能力降低，行为失控。如果说心境相当于缓慢平稳的自驾车游览，那么激情就好比猛烈急速飙车。缓慢行驶时人们视野非常开阔，可以欣赏沿路的许多风光，但是飙车时，进入视域的景物非常有限。激情状态下的人可能出现伤人、毁物等失控行为，有些学生在激情状态下动手打人、砸坏课桌椅，就以“激情时完全失去理智，自己无法控制”为理由为自己开脱。其实，个体能够意识到自己的激情状态，也能够有意识地调节和控制。因此，对中学生而言，不应当以激情为借口，放纵自己，而允许恶劣行为的发生。

虽然激情状态有不利的方面，但是激情并不都是消极的。例如，奥运赛场我国健儿取得金牌时的喜极而泣，“神州五号”宇宙飞船发射成功时人们的欣喜若狂，这些激情中包含了强烈的爱国情感，是激励人们奋进的强大动力。

3. 应激

应激是指在意外的紧急情况下所产生的适应性反应。例如，当人们遇到某种意外危险或面临突发事件时，必须集中自己的智慧和力量，迅速做出选择，采取有效行动。此时，个体的身心处于高度紧张状态，并引发一系列的生理反应，如肌肉紧张、心率加快、呼吸急促、血压升高等。此时，个体的身心即处于应激状态。

应激状态的产生与人面临的情境及对自己应对情境的能力的评估有关。如果某种情境提出了要求，而个体意识到自己无力应对该情境，就会体验到紧张而处于应激状态。

应激的生理反应大致相同，但外部表现存在很大差异。有些人在应激状态下沉着冷静、急中生智；而有些人则惊慌失措、束手无策。

唐朝诗人卢纶的《塞下曲》描述了汉代“飞将军”李广的一件轶事，从侧面体现了李广将军在应激状态下的临危不惧与镇定自若。请阅读这首诗。

塞 下 曲

林暗草惊风，
将军夜引弓。
平明寻白羽，
没在石棱中。

这首诗大意是说李广将军一次夜间狩猎，一阵疾风掠过，草声作响。将军望见茂密的草丛里有一个黑色物体，似一只猛虎即将扑过来。情急之下，将军奋力拉弓，射向“猛虎”。第二天清早查看时，他发现昨晚射杀的竟是一块巨石，整个箭头和箭杆都已射入石头之中，只有箭尾在外。《史记》中亦有记载：“广出猎，见草中石，以为虎而射之，中石没镞。视之，石也。因复更射之，终不能复入石矣。”李广找到前一天射箭的位置，用尽全力再射箭，但是无论怎样用力都射不进石头里了。“这其实是因为前晚李广误以为石头是猛虎而处于应激状态，调动了非同寻常的力量；当他再射箭时，已然知道那只是一块石头，不会对他造成威胁，应激状态自然就解除了，神奇的力量也就消失了。”（周之良，2005）

（三）情感的分类

情感是人类特有的一种心理现象。高级的社会情感是一种持久而强烈的社会和精神需要，渗透于人类社会生活的各个领域，影响着人的社会行为，主要有道德感、理智感和美感。

1. 道德感

道德感是根据一定的道德标准在评价人的举止、行为、思想、意图时所产生的主观体验。不同时代、不同社会制度有着不同的道德评价标准。如果一个人的言行符合标准就会产生幸福感，否则会感到不安。当别人的言行符合这些标准时，人们对他产生敬佩、尊重等体验，而违背标准的思想和行为受到人们的厌恶、反感。

2. 理智感

理智感是在认知活动过程中所产生的情感体验，它与个体的求知欲、好奇心、认识兴趣的满足相联系。例如，在求知过程中，学生有新的发现时会产生愉悦的情感，遇到不会做的问题时会产生疑惑，问题解决后会感到喜悦。理智感是学生在认识过程中发展起来的，反过来又促进学生的学习。

3. 美感

美感是根据特定审美标准评价事物时所产生的情感体验。一方面，美感可以由客观情境引起，如优美的自然风光和巧夺天工的精美艺术品等；另一方面，人类社会的道德品质和行为特征也能引起人们对美的体验。公正、英勇、善良的行为品质都是美的，虚伪、懦弱、狡诈则会引起人们对憎恶的体验，青少年阶段美感的培养有助于其综合素质的提高。

三、情绪和情感的功能

情绪和情感具有四项功能：

1. 动机功能

情绪、情感是重要的动机源泉之一，它能够激励和引导行为。有时候我们去做某件事是因为它能给我们带来快乐。喜欢、自信等积极体验能提高人们的活动能力，而恐惧、害怕等消极体验则会降低人们的活动积极性。

2. 组织功能

情绪、情感对个体的认知过程既有积极作用，也有消极作用。具体表现为适当的情绪起到组织、协调作用，而不当的情绪则具有破坏、瓦解的作用。例如，中等程度的愉快情绪使学生思维敏捷，有利于提高学习效率；而考试时极度的焦虑则会影响真实水平的发挥。

3. 信号功能

情绪和情感在人际沟通中起到传递信息的功能。特别是在语言信息表达不清时，人们往往通过情绪的外部表现，即表情，如微笑、点头、手势等，使信息表达得更充分。

4. 适应功能

个体对社会的适应是通过调控情绪来进行的，即人们通过各种情绪、情感，了解自身或他人的状况，适应社会，并获得更好的发展。情绪调控的好坏会直接影响到身心健康。众所周知，积极的情绪有助于身心健康，消极的情绪则引起各种疾病。西方有句俗语"一个小丑进城胜过一打医生"，很形象地说明了情绪对身体健康的调节功能。

四、情绪和情商

提到情绪和情感，很容易让人联想到"情商"这个词。什么是情商？情绪和情商之间有什么关系呢？请先看下面这个案例。

为什么升职的是他？

马舰高中时是班上成绩最好的学生，在学校里小有名气，老师们都很喜欢他，认为他将来前途不可限量。大学毕业后，马舰和班上另一个同学李瑞一起进入了一家不错的单位工作，但是不久他就被辞退了，而成绩一向不如他的李瑞却成了部门副主管。马舰怀疑李瑞采用了什么不光明的手段，便去质问李瑞。李瑞平静地告诉马舰，他是靠自己的勤奋工作得到单位的认同，靠善解人意、行为得体和同事相处愉快。而马舰在单位从不关心他人的感受、不善于合理表达自己的情绪，最终与同事闹得不欢而散。

从学习成绩上来讲，马舰无疑是优秀的，但是他却在工作中失掉了优势，而成绩不如他的李瑞在工作中顺利晋升，这看起来有点奇怪。其实并不奇怪，学习成绩只从一方面反映了个体的智商，但并不能表明个体的情商，在本案例中，正是情商对成功起着巨大的作用。

1995年10月，美国《纽约时报》专栏作家、哈佛大学心理学教授丹尼尔·戈尔曼（Daniel Goleman）博士出版了《情绪智商》（*Emotional Intelligence*）一书，正式提出了"情商"这个概念。"情商"是"情绪智力商数"（Emotional Intelligence Quotient，EQ）的简称，用来评价个体的情绪智力发展水平。在国内，情商又被称为"情绪智力""情绪智商"，或者直接用其英文缩写为EQ。一般认为，情商包括五个方面的主要内容：了解自我情绪的能力、管理自己情绪的能力、自我激励的能力、认识他人情绪的能力和管理人际关系的能力。通俗说来，情商主要是指信心、恒心、毅力、乐观、忍耐、直觉、抗挫折和合作等一系列与个人素质有关的反应程度，主要指一个人运用理智控制情绪和操纵行为的能力。

情商开始于幼儿期，形成于儿童期和少年期，成熟于青年期。青年期之后，个体的情商水平仍然持续不断地提高。中学阶段正是情商培养的关键阶段，学校和教师应当注重学生情商的提高，而不是单纯看重学业成绩。情商的培养可以从这几个方面着手：引导学生有效控制不良情绪，营造良好的心境；教育学生正视挫折，增强抗挫折能力；培养学生顽强的意志。这几方面的内容在本书中都有介绍，本章重点介绍情绪和情感的调控，其他章节有相关内容的详细阐释。

五、中学生的情绪和情感特点

很多父母发现，孩子自从上中学后变了很多，跟他们以前印象中的样子差得太远了。他们有点无所适从，他们感到疑惑：养了这么多年的孩子怎么突然就搞不懂了呢？贾珍的妈妈就是其中的一个。

困惑的妈妈

刚上初中，贾珍就发生了很大的变化，变得妈妈都有点不认识她了。她不像以前那样活泼外向了，有的时候，她好像郁郁寡欢，心事重重。小的时候，不论学校里发生了什么，贾珍总像“实况转播”似的在家叙述一遍。吃饭的时候，爸爸妈妈就听她不停地说呀说，连插话的机会都没有。可现在，贾珍不在饭桌上讲学校的事了，即使有时妈妈问起来，她也只是敷衍几句，一副爱理不理的样子。吃完饭，就把自己锁在她的小屋子里，在一个小本子上写啊写的。那个本子可是贾珍的宝贝，她还特意买了一把小锁把它锁在自己的抽屉里，爸爸和妈妈是难得一见的。贾珍有时写着写着，还会莫名其妙地流出几滴眼泪；有时又什么也不做，就那么望着窗外待一下午。别看贾珍在家里的话越来越少，和朋友在一起的时候可不是这样，有一次妈妈在下班的路上看到她和几个要好的“姐妹”在一起，那眉飞色舞的样子绝对是家里见不到的……贾珍的妈妈真的搞不懂女儿，她这是怎么了？

其实，贾珍的妈妈不必过分担心和忧虑，贾珍的表现是中学生情绪特征的正常表现。

中学时代是人生发展的一个关键时期，这个时期人的生理、心理发展都日渐成熟。其中生理上最明显的特点是性的发育和成熟；在心理上，表现为独立意识和自我意识的不断增强。正是由于这两方面的显著变化，中学生才表现出与儿童和成人时期不同的独特的情绪状态。他们既令家长操心，也令老师担心，同时中学生自己也时时刻刻体验着“让我欢喜让我忧”。

中学生的情绪与情感呈现出以下特点:

1. 情绪与情感更丰富

随着学习、生活范围的扩大以及自我意识的觉醒，中学生的自我情感开始多样化，如自卑感、自尊感等体验强烈，而且两性的情感与社会性情感也日益丰富，如出现对社会变革和个人前途之间的情感体验、对人与人之间关系的情感体验、对升学和就业的相关情感及情绪体验等。

2. 情绪具有强烈性

有人形容中学生时期是“暴风骤雨”的时期，情绪来得迅速去得也迅速。他们常常因为一点进步就欣喜若狂，或者因为一个小小的挫折就垂头丧气；同学之间可能因为一言不和就恶语相向。虽然强烈的情绪可以成为学生行动的推动力，但是教师需要引导学生正确地发挥这种力量。

3. 情绪表达趋于理性化

随着学生知识、智力、意志力的发展，中学生的情绪控制能力有所提高，他们能根据当时的情境在某种程度上控制自己的情绪，或喜不形于色，或怒而不争。例如，学生可能很讨厌某个人，但也可以表现得很不在意，甚至还会跟对方打招呼。

4. 情绪仍不稳定

中学生自我意识强烈，自尊需求极高，十分珍视自身的荣誉，努力维持着自尊心。因此，当他们意识到有某些威胁自尊心的因素存在或凸显时，他们就会强烈不安、焦虑及恐惧；当觉得自尊心受到伤害时，他们就会生气、愤怒；当别人不认可自己的行为，如嘲笑、蔑视、反对自己时，他们反应非常强烈，同时，对家长、教师的忽视、不公平对待，他们变得很敏感，容易出现过激反应。

中学生这种情绪上的不稳定和敏感与此时期他们的生理特点有关。性成熟给他们带来情绪上的一些扰乱，如女生的月经、痛经和男生的梦遗、手淫等，给他们带来一定的心理压力，使他们情绪紧张、不安。

六、不良情绪对中学生的影响

不良情绪对中学生的生活、学习等各方面有着不可低估的消极影响。

首先，影响学习。学习活动其实是某种程度的认知活动，情绪能够影响认知活动时的信息选择和加工，促进或阻碍记忆或问题的解决等，从而对学习起到调节作用。一般来说，积极情绪有利于人们的思维活动，使思维活跃，眼界开阔；消极情绪可能导致思维迟钝、狭隘。

其次，影响人际交往，尤其是同学关系。中学生生活在集体中，良好的人际关系对于个体成长有着积极的作用，但不当的情绪表达或者不能正确体察他人的情绪容易使学生陷入人际关系的僵局。

再次，也是最重要的，是影响身心健康。长期处于消极情绪中，人的心理负担会增大，进而导致不良后果。愉快、平静等情绪可以保障机体的正常工作，提高机体对不良因素的抵抗力，而愤怒、忧郁、焦虑等消极情绪则易引起身体机能紊乱。

中学生正处在生理、心理的急速发展阶段，虽然心理能力的发展加快，生活经验范围大大扩大，情绪的感受和表现形式开始多样化起来，但是远未达到成熟的水平。尤其是初中生刚进入青春期，情绪波动很大，哪怕是微小的事件都可能引起其剧烈的情绪反应。高中生相对于初中生来说情绪控制的能力有所增强，但是仍然有反应强烈、走极端等特征。教师要及时发现并帮助学生摆脱不良情绪的困扰，尽量减少不良情绪对学生的伤害，并使学生逐步学会觉察自己的情绪，了解不良情绪的形成原因，逐步培养健康情绪。

七、情绪调节方法

要学会调节情绪，逐步培养健康情绪，就要先了解健康情绪有哪些表现，情绪调节有哪些步骤。

（一）健康情绪的表现

情绪对人的身心健康影响很大，因此要规避不良情绪、保持健康情绪。那么，什么样的情绪属于健康情绪呢？健康情绪通常表现为以下几个方面：

- 具有明确的表达目的、合适的表达方式。情绪健康的人能够采用社会认同的方式，通过语言、行为表达自己的感受。
- 反应适时、适度。情绪反应的强度、持续的时间与刺激呈现时的强度和时间有关。如果因为一个微小的事件就引发强烈的情绪反应，是不合常理的。
- 积极情绪多于消极情绪。情绪有积极和消极之分，消极情绪有其存在的意义，情绪健康不排除消极情绪，但是占主导地位的应该是积极情绪。

（二）情绪调节的具体步骤

情绪调节可以分为三个步骤：觉察情绪、了解不良情绪的形成原因、转换情绪。教师可以让学生逐步体会，从而掌握情绪调控的基本方法。

1. 觉察情绪

在日常生活中，我们可以看到这样的情况，当周围的人都看出某个人生气了时，他自己却说“我没有生气啊”，这实际上是对自己情绪的一种拒绝和忽视。

情绪调节，首先要从觉察开始。在这里，觉察是指个体对自己的生理状态、行为、情绪、心理活动的觉察。个体要及时注意到自身消极状态的出现，因为消极的身心状态是一个强烈的信号，它在提醒个体，身心有某个地方出问题了，要注意查找原因，进行有针对性的调节和维护。

觉察情绪的一个有效方法是记录情绪，教师可以建议学生制作“情绪阴晴表”（见表 6.2），尝试着将每天的情绪记录下来，一段时间之后，让学生总结自己的情绪并在班级里展开讨论。

表6.2 情绪阴晴表

日期	星期	情绪	原因	事件纪要
3.21	一	高兴	借到了想借的书	一直想借，终于借到了
3.22	二	平静	……	……
……	……	……	……	……

积累“情绪阴晴表”，分阶段及时总结自己的情绪状态。例如：

一周以来，我的主要情绪状态是____________，原因是____________。

近一个月，我的主要情绪状态是____________，原因是____________。

近半年来，我的主要情绪状态是____________，原因是____________。

2. 了解不良情绪的形成原因

（1）生理因素。生理病变通常影响个体的情绪，如个体在生病时经常会心情不佳、心烦气躁等。另外，人体内部的生物节律也会影响人的情绪。据研究，人体内部情绪有周期性的盛衰，每个人从出生时起，到生命结束，一般存在周期为28天的情绪变化，每28天就会体验到一次情绪的高峰与低谷。高峰时，个体往往心情愉快、生机勃勃，而且头脑清晰、思维敏捷；低谷时，个体通常喜怒无常、各种机能的效率降低。

（2）神经活动类型。前苏联生理学家巴甫洛夫根据神经类型的三个基本特征，即兴奋和抑制过程的强度、灵活性和平衡性，把人的高级神经活动分为四个基本类型，不同类型的个体具有不同的情绪表现形式：①不可遏止型。这类人的兴奋和抑制过程都很强，而且兴奋相对更强些。他们情绪体验强烈、暴发迅猛、精力旺盛、争强好胜，但同时也表现为鲁莽冒失、刚愎自用。②活泼型。这类人的神经活动兴奋和抑制过程较为平衡。他们情感丰富、适应能力强，在面临各种应激情境时能及时进行自我调节。③安静型。这类人的神经活动难以从一种状态转变为另一种状态。他们情绪平稳、冷静，具有较强的自制力和忍耐力。④抑制型。这类人情绪压抑、多愁善感、行为缓慢、优柔寡断。

（3）认知因素。中学生在认识和评价一件事物时，往往以自己的主观经验为主，不能加以客观的分析和评价，由此出现面对一些情境时，因为片面的认知方式而产生抑郁、自卑、焦虑等情绪状况。例如，有些中学生常常会夸大某次考试对自己的重要意义，担心自己考不好引起的严重不良后果，由此引起考试焦虑。

（4）外界环境因素。①家庭方面。家庭社会经济地位的转变以及父母教养方式问题，都会引起学生情绪的不稳定。例如，父母离婚会引起孩子的不安全感，表现为孩子情绪上的焦虑、抑郁等。②学校方面。由于中考和高考的指挥棒作用，很多学校强调智育，忽略了学生的兴趣培养、文艺和体育方面的教育，这些都不利于学生情绪的培养。③社会方面。当前社会生活节奏越来越快，竞争日趋激烈，这些都使未成年的中学生感到了压力，使其情绪紧张、心态浮躁。

3. 转换情绪

当消极情绪出现后，如果任其发展，会对学生的学习和生活产生不良影响，这时需要学生掌握一些必要的方法，尽快进行自我调控，转换情绪，远离消极情绪。下面这些方法是心理健康教育活动中经常使用的转换情绪的方法，教师可以建议学生必要时尝试做这些活动。

（1）渐进性肌肉放松训练。渐进性肌肉放松训练是利用生理和心理彼此交互影响，使生理和心理同时得到松弛的情绪缓和方法（详见本章第二节的有关内容）。

（2）活动转移法。活动转移法是指当个体处于困境中时，暂时将问题放下，转而去从事自己喜爱的活动，转变情绪体验，如“借酒浇愁”现象。当然，“借酒浇愁”是一种消极的情绪转换方式，这样做使得自己进一步陷入负性情绪中，正所谓“借酒浇愁愁更愁”。教师要指导学生学会积极的转移方法，如学习过程中碰到难题解不出来而感到郁闷时，可以去看看自己喜欢的电影，或者做做自己喜欢的体育运动。

（3）音乐调节法。音乐调节法是借助情绪色彩鲜明的音乐来振奋精神、调节心理活动、保持良好情绪的一种方法。凡是精神因素引起的高级神经活动过度紧张，如焦虑、抑郁等，都可用音乐来调节。抑郁的人适合听节奏明快、曲调欢乐的乐曲，如《流水》《黄莺吟》和《百鸟朝凤》等；焦虑的人适宜听曲调悠然、节奏缓慢、风格典雅的乐曲，《平湖秋月》《姑苏行》是不错的参考；易怒的人适合听恬静悦耳、优雅婉转的乐曲，如《春江花月夜》《塞上曲》等；失眠的人可以尝试听旋律缓慢、清幽典雅的乐曲，如《幽兰》《小夜曲第二乐章》《G大调弦乐》等；另外，《步步高》《小步舞曲》等是令人振奋的乐曲，适合情绪低迷时听。

（4）改变认知法。改变认知是通过改变个体对事物认知过程中所产生的观念，也就是说试图通过改变对己、对人或对事的看法与态度，来改变当前的情绪。下面这个小故事很好地说明了这一点。

不快乐的大儿子

从前有一位母亲，她有两个儿子，大儿子整天闷闷不乐，干什么都没有精神，觉得什么都没意思；相反，小儿子则整天都快快乐乐的，对自己做的任何事都表现出极大的兴趣。母亲不知道这是为什么，以为可能是两个儿子在一起的时候，大儿子总是要让着小儿子，所以就想给他们改变一下环境。于是，她把大儿子领到一个装满了新玩具的屋子里，把小儿子关在了马圈里。结果发现，大儿子仍然愁眉不展，坐在那里什么也不干，看着那一堆玩具碰都不碰。妈妈感到很奇怪，问大儿子："你为什么不玩那些玩具呢？"大儿子回答："如果玩那些玩具的话，万一把它们弄坏了，我会很伤心。"可当妈妈去看小儿子时，却发现他在马圈中的马粪堆里掏啊掏，似乎在寻找着什么，依然很开心。妈妈问小儿子："你在干什么，怎么玩得那么开心？"小儿子回答说："妈妈，我想没准下面会藏着一匹小马呢？"

故事中的大儿子即使在面对满屋的玩具时还是愁眉不展，而小儿子在马圈中却玩得十分开心。他们的差异在于对事物有着截然不同的认知方式。大儿子面对本该令他开心的事物时想到的是消极的方面，而小儿子面对令人生厌的事物时却认为那里有无限的希望。两个儿子对事物的不同看法导致了他们迥异的情绪。

上面介绍的是学生可以自行使用并进行情绪调节的方法。在实际生活中，当学生陷入自己无法摆脱的情绪困扰时，他们可以直接向老师、家长、同学、朋友或者他人求助。他们可以将自己的苦恼向他人倾诉，从他人处获得看待问题的新视角，这有助于学生走出个人的习惯性思维模式，改善情绪状况。因此，教师应鼓励学生主动与他人沟通和交流。

八、情感教育和培养

情感是个体心理结构中的重要组成部分，也是生命的重要表征之一。在生活中，情感的产生伴随着情绪反应，情绪反应是情感的外在表现形式。面对同一事件，怀有不同情感的人，情绪反应不同，从而行为表现不一。例如，冷漠的人面对递到眼前的募捐箱可能会感到恼火，而富有爱心的人，则尽可能地帮助他人，主动解囊相助。

情感教育是利用情绪和情感的感染性功能、弥散性功能、激励性功能和动力性功能，促进学生对学校道德教育的认同。教师可以把身边的真实事件或者媒体上的信息作为材料，讲述给学生听，让学生体验事件中体现的情感。正是因为情绪和情感的上述功能，学生在一次次的体验中才能逐步培养起健康的情感。因此，在某种程度上，情感教育是健康情感培养的过程。

2006年7月19日，《北京青年报》刊登了一个年仅10岁的农民工的孩子的日记，

内容如下:

今天，我想让爸爸给我买一双运动鞋，爸爸说等有时间了去收破烂那里给我买一双，两块钱就可以，去市场上买至少要20元。唉，又是去破烂市场买，那里的鞋根本不结实，穿不了几天就不能穿了。爸爸真是的，连20块钱都不舍得花。我们班的某某一个星期的零花钱都有100多块钱！同样都是孩子，为什么有的只能穿两块钱的鞋子，有的却能挥金如土呢？外面下雨了，爸爸还没有回来。他每天都要到很晚才能回来，爸爸说回来早了怕警察罚钱。不知道今天爸爸拉的什么菜，要是葱或者韭菜，我还要帮爸爸妈妈他们干活，不知道什么时候才能睡觉。爸爸真辛苦，白天跑那么远去拉菜。每天早上，我还没有起床，爸爸就拉着菜去市场了。整天风吹日晒的，爸爸简直像非洲黑人一样了！同样都是爸爸，可人家的爸爸整天开着奥迪、桑塔纳，多舒服，为什么我的爸爸要每天蹬三轮没日没夜地干活呢？这多不公平啊！

这则报道引起了很多读者的关注，网络上也有很多讨论。有些热心的朋友给这个孩子写了信，其中一个女网友的回复标题是“爸爸不能给予你的，你可以回报给爸爸”，内容摘选如下:

阿姨认识一个男孩子，他的父母是普通的农民，为了把两个孩子培养成有知识的人，他们不仅倾家荡产，还欠了好几万块钱的债，一家人穷得连一件像样的衣服都没有，别说两元钱的鞋，就是吃饭也只是一天一顿。

当男孩子大学毕业时，别人都是光彩照人地去留影，而他，却只有一件当年报到时舅舅送的运动外衣还能穿得出去。但是，他没有愤于世道不公，他相信命运掌握在自己手中，他要改变自己及全家人的生活。

通过努力学习，他在大学毕业后又考取了MBA。同时，他在工作单位积累了两年经验，利用计算机专业的特长，开办了一家小型的IT公司。

奋斗了三年之后，他就把家里所欠的债务全部还清了。2000年的春天，他开着自己新买的汽车，将父母接到他在北京的家。他骄傲地告诉家人、朋友:“我把握了自己的命运，也改变了全家人的命运。”

他就是我的男朋友，一个出色的、不甘于被命运左右的、农民的儿子。他没有把时间用在疑问与不解上，而是用行动，用不屈的精神，改变着生命的轨迹。相信我，孩子，任何人的命运都不是一成不变的，只要付出，谁都会有收获。

没有天生的富人，也没有天生的穷人，富人不努力会变成穷人，穷人勇于争取和奋斗，同样可以成为富人。爸爸不能给予你的，你可以回报给爸爸。他们已经努力了，来到北京，通过劳动改变了他们曾经的生活。你要继续他们的奋斗，通过你的努力改变你们现在的生活。

期待着你快乐、朝气蓬勃地面对生活，好好学习。相信有那么一天，你的爸爸妈妈会因你而感到骄傲！

孩子的日记让人感到，现实的生活压力使他背负了巨大的精神负担。跟随父母来到城市打工的农村孩子都会体验到，人与人之间的生活差距是如此之大，足以让他们困惑不已。如何给孩子一个答案呢？物质捐助是人们常用的方法，但是说到底，物质只能改变一时的外在条件，是不稳定的。女网友的信是对孩子的一种情感教育。她对孩子表示同情、理解，更多的是给予期待和激励，她期待这个孩子能勇敢、坚强、心存感激等，这些都与情感因素密切相关。当孩子的这些情感被激发出来时，他就获得了生活的动力，并且能够在今后付诸于实际行动。

此外，情感教育能够对一个人的品质和人格起到调整和纠偏作用。当一个人的情感被极度扭曲时，其心理健康状况也同样令人担忧。如今，社会上报道的中学生残酷杀人的事件，表现出某些人情感上的冷漠和残酷，实际上也是心理层面的扭曲。所以，培养学生健康的情感是中学生心理健康的重要内容，教师应当注重学生的情感陶冶，使其拥有同情之心、感动之心、感激之心以及义愤之勇。这些情感反映在行为上是优良的社会品德，是我们整个社会提倡的精神。

第二节

走出焦虑，体验常态下的呼吸

焦虑是人类和高等动物所具有的情绪反应，所以，心理学家说“只要有记忆就会有焦虑”。适当的焦虑对调动人的积极性和激发个体动机有益处，过度焦虑则对身心有害。在紧张的学习生活中，常会听到不少学生说自己在重要考试前失眠、吃不下饭，其实，这都是考前焦虑引起的常见的一些生理反应。

一、认识焦虑——揭开焦虑的面纱

（一）什么是焦虑

焦虑是指个体由于不能达到目标或不能克服障碍的威胁，致使自尊心与自信心受挫，或使失败感与内疚感增加，形成一种紧张不安、带有恐惧的情绪状态。焦虑中的现实性或客观性焦虑是由客观上可能对自尊心产生威胁的情景产生的，通常把学生由于考前复习和考试而产生的焦虑称为考试焦虑，考试焦虑属于现实性或客观性焦虑，一般只要威胁自尊的客观情景消失，焦虑自然消失。此外，神经过敏性焦虑则是面对任何情况都可能产生的焦虑反应。

（二）焦虑的表现层次

1. 焦虑的层次

个体的情绪状态能够显现出他属于什么样的焦虑层次，以下几种表现属于渐进的焦虑层次：

■ 身体紧张，觉得自己没办法放松。

■ 自主神经系统反应强烈，易出汗、眩晕、身体时冷时热、胃部难受、大小便频繁和咽喉有阻塞感。

■ 对未来莫名地担心，对自己、亲人或健康无名地担心。

■ 对周围环境过分警惕，像一个准备战斗的士兵一样，时刻注意着周围的细微变化。

2. 在考试焦虑中的具体表现

■ 临近考试不能静心复习，心烦意乱，看不进去书。

■ 怯场。心理过度紧张，情绪不安，大脑处于兴奋状态，无法控制，以至于出现头晕、出汗、口干等反应，重者甚至无法考试。

【活动】 众议“我在考试之前”

活动目的：

使学生了解自己考试前的状态，初步了解焦虑的表现。

活动过程：

1. 问题导入

只怕应该怕的，不怕不应该怕的，才是勇敢的人。（列夫·托尔斯泰）

2. 教师前言

同学们从小到大可谓是“身经百战”了，大考小考不计其数，每次考试都是一次历练，我们认真对待每一场考试，我们把每场考试都看做一个战场，拼杀出属于自己的战功，但考试之后总是“几家欢乐几家愁”，不禁有同学感慨“古来征战几人回”。作为人生必经的事件，考试是学生时代不可或缺的内容。其实，不单是学生时代，人的一生可能都要面临各种各样的“考试”。考试之前你有何感受？是雄心壮志、成竹在胸，还是惴惴不安、彻夜难眠？

3. 让学生看看以下哪些描述符合自己

（1）在考试前几天就开始坐立不安，总觉得自己有什么事情没做好。

（2）在考试前经常变得暴躁，容易发脾气。

（3）脑子里一直出现“考不好怎么办”的问题。

（4）考试临近时，胃口变得不好，没有食欲。

（5）考试越临近，注意力就越难以集中。

（6）考试开始前，上厕所的次数明显比平时多。

（7）考场上感觉呼吸困难，头晕。

（8）考试时发现自己写字发抖。

（9）考试时突然记不起熟记的知识内容。

（10）考试时头脑不由自主地想到与考试无关的事物。

活动讨论：

由学生发言，描述自己当时焦虑的感觉。

活动总结：

学生发言后，教师总结什么是焦虑，焦虑有哪些表现。

（三）焦虑缘何而来

引发中学生焦虑情绪的原因可以归结为社会、学校和个人三方面。社会生活节奏加快，信息自四面八方而来，对学生的心理和行为产生冲击，易使其产生困惑和无所适从感；学习任务繁重，或是家长、教师对学生的要求过高、过严，超出他们的实际能力水平，都会使他们不由自主地感到焦虑；某些特定人群更容易陷入焦虑情绪，这些人通常谨小慎微、优柔寡断、自怨自艾。

走出考试焦虑的认识误区

误区一：只有没复习好的同学才会出现考试焦虑

其实，考试就像一门永远追求完美的艺术，但几乎总会有缺憾。复习中可能制订了全面的复习计划，而且复习的效果也不错，但是在考试前会忽然感觉哪个章节没复习好，即使所谓复习好了的同学也同样会感到紧张。

误区二：考前一点都不紧张的人才是真的心理素质好

考前紧张的同学特别羡慕那些考前镇定自若或谈笑风生的同学，羡慕他们一点儿都不紧张，觉得他们的心理素质才是真正的好。其实这个看法有些绝对。事实上，作为学生，在面对重要考试时，他们都会或多或少感觉到紧张，这是人的正常意识使然，只是表现出来的形式不一样而已，镇定自若的人可能心里在敲小鼓，谈笑风生或许是人紧张的一种表现。

误区三：考试焦虑只会带来坏的影响，降低考试时的水平发挥

有些同学认为紧张只会影响自己考试水平的发挥，所以千方百计避免紧张，一旦发现自己有轻微焦虑的感觉，就觉得不是好现象，竭力想避免，结果反而更紧张。心理学的研究已经证实，中等程度的焦虑有利于发挥出自己的最佳水平。所以，感觉到紧张时不要害怕，要相信自己，接受自己的焦虑，而不是竭力去克制焦虑。

害怕考试的小寒

小寒是个快要毕业的高中生。上了高三，无论是同学还是老师都全力以赴备战高考，所以考试也越来越多，几乎每星期都有一次小考，一个月一次大考。本来以为考多了也就没关系了，可是小寒发现自己越来越害怕考试，最初只是月考的时候才恐慌，后来发展到连平时考试时都会焦虑不安，头脑一片空白。小寒很着急，可是越着急考试越发慌，并且头晕、出汗，每次考前都要吃止泻药，不然考试时要上好几次厕所。在最近一次月考中，小寒的成绩一下子从中上水平滑到了中下。小寒是家里的独生女，父母对她的期望都很高，眼看高考临近，小寒害怕极了。明天又有一次小考，她来到了辅导室。

作为面临高考的学生，小寒承受的压力是空前巨大的。要想从根本上解决问题需要扭转小寒的认知，但是需要的时间比较长；而催眠放松方法的即时效应比较好，适合在时间紧促的情况下使用。因为明天小寒就要考试，所以，辅导教师对她采取了催眠放松疗法。

简单介绍催眠原理后，辅导教师要求小寒积极配合，按照指导语去想象。辅导教师让小寒平躺在按摩床上："想象一下，你来到大草原上，蓝天、白云、一望无际的绿草地，空气中散发着泥土的芳香，你深深地吸了一口气，丝丝凉意传遍全身。你感到十分放松，十分平静、惬意、舒适。好，现在做深呼吸。现在开始做全身放松。首先脚部放松，脚趾一个个放松；放松感觉向上移，脚踝放松；小腿放松……"辅导教师引导她从脚到头放松做两遍。"你感到你的眼皮越来越沉，越来越沉；你感到要昏昏欲睡……你站了起来，向前方走去，走啊走啊走啊；你看到了一间房子，你走到门口，推开了门，原来正在考试……你坐在了位子上，开始答题……你现在的感觉是……""很紧张。"小寒喃喃地说。"好。放松，全身放松。你站起来向外走去，外面是大草原，蓝天、白云、一望无际的绿草地，空气中散发着泥土的芳香，你深深地吸了一口气，丝丝凉意传遍全身。你感到十分的放松，十分的平静，十分的惬意，十分的舒适。"辅导教师又引导小寒从脚到头做两遍放松，然后暗示："你又走进了考场，你现在的感觉是……"

反复做几次，一直到小寒进入考场以后感觉放松了才停止。之后，辅导教师将她唤醒，并询问她的感觉，小寒觉得比较轻松了。

催眠放松的即时效果比较明显，但是还需要配合其他辅导，帮助考试焦虑的学生掌握应对的方法。

二、如何应对焦虑

谁带走了他们？

一日，一位智者看到死神正向一座城市走去，于是，他上前问道："死神先生，你要去哪里啊？"死神回答说："我奉命去前方的那个城市带走100个人的灵魂。"智者作别死神后，以最快的速度跑到那座城市里，提醒遇到的每一个人：请大家小心，死神即将带走100个人。不用多久，很多人都知晓了这个消息。

第二天早上，这位智者又在城外遇到了死神，他不满地问道："昨天你说只带走100个人，可是为什么有1000个人死掉了？”死神看着智者平静地说：“我从来不超量工作的，而且确实也准备按照昨天告诉你的那样做，只带走100人。可是恐惧和焦虑带走了其他那些人。”

从这个故事可以看出，有时候真正伤害人们的并不是事件本身而是人们自身产生的不良情绪。正如一位美国心理学家所说：“焦虑本身毫无可怕之处，可怕的是我们对它的态度。”如果在焦虑面前过度紧张，恐惧至极，那就被焦虑俘虏了。因此，我们需要学会焦虑调适。焦虑的音乐调节法、体育活动调节法、睡眠调节法操作起来简便易行，适合中学生在日常生活中自行使用。

- 音乐调节法。紧张时听一些舒缓的音乐可以放松心情，伴随着美妙的音乐想象自己的愁绪如风，不见了踪影。
- 体育活动调节法。如果心烦意乱，看不进去书，就不要逼迫自己坐在书桌前，到操场上跑跑步或做些伸展肢体的运动，使神经放松一下。
- 睡眠调节法。感到学习紧张时可以稍事休息，给大脑放松的时间。

此外，渐进性肌肉放松训练、呼吸训练和系统脱敏训练都是缓解焦虑情绪的常用且有效的方法。焦虑的自信训练和归因训练偏向于认知方面，教师可以在辅导学生时使用这些方法。

1. 渐进性肌肉放松训练

人在放松状态时，全身肌肉放松，呼吸频率和心率减慢，血压下降，四肢温暖，从而获得愉快和舒适的感觉。不仅在焦虑时可以运用放松训练，在疲惫或感到压力时进行放松训练也是不错的选择。放松训练能够影响机体各方面的功能，进而促进身心健康。渐进性肌肉放松训练是放松训练中常用的一种。

渐进性肌肉放松训练是通过交替收缩或放松自己的骨骼肌群，体验个人肌肉的松紧程度，调节生理功能，使个体获得放松和舒适感。

采用舒适的坐姿，胳膊要舒适地放在身体两侧，手掌向上，摘掉首饰和眼镜。收缩肌肉的时候吸气，放松肌肉时要呼气。注意力要集中。

放松步骤：

（1）面部。绷紧前额和眼部的肌肉，感觉把全部面部肌肉集中拉到鼻子那里。能拉多紧就拉多紧，然后保持15秒，感受肌肉的紧绷状态。然后缓慢放松并呼气，感受紧张感的消失。尽力张大嘴巴，保持15秒然后放松。

（2）颈部。屈颈使下颏触到胸部，感受肌肉紧张感，保持15秒，然后呼气放松。

保持肩部平直，转头向右，保持15秒，转头向左保持15秒，然后呼气放松。

（3）肩部。耸肩向后，要感觉自己好像承担了许多的沉重感，沉甸甸地在自己的肩头保持15秒，呼气放松；提肩向前，保持15秒，呼气放松。

（4）胸部。将双臂在前胸交叉，两肩尽力向里收，紧绷胸部肌肉，保持15秒，然后放松。

（5）背部。弯曲双臂，双臂带双肩尽量向后收，用力挤压后背，把后背压向地面，有意识地紧绷背部肌肉，保持这一姿势15秒，呼气放松。

（6）手和前臂。右拳逐渐紧握，逐渐感受紧张感，继续握紧拳头，并体会右手和右臂的紧张，紧紧地握着，就像握着你最宝贵的东西，保持15秒，然后呼气放松，注意力要集中。同法放松左手和左臂。

（7）腹部。深吸一口气，体会腹部收缩的紧张感，保持15秒，然后呼气放松。

（8）腰部。尽量向前拱起腰部，腰部脊椎向后弯，感受到酸胀的感觉，保持，然后放松。

（9）臀部。夹紧臀部肌肉，保持，然后放松。

（10）腿部。将双腿合拢，绷直并尽量上抬，脚趾向里弯曲，保持，体验大腿肌肉紧张感，复原，再做脚趾向上翘的动作。

2. 呼吸放松训练

呼吸放松训练需要保持缓慢均匀的呼吸频率，将空气深吸入全肺，然后再全部吐出。这个方法占用场地少，可以随时进行，简单易行，适用于紧急场合。

操作步骤：可以站着，也可以坐着，双肩自然下垂，闭上双眼，慢慢做深呼吸，直到胃部鼓起来，这表明已用全肺呼吸，接下来缓慢地全部呼出来。如此进行五六个回合，每个回合约10秒。

3. 系统脱敏训练

系统脱敏训练是基于放松训练的焦虑缓解方法，利用对抗性条件反射原理，认为在造成焦虑的刺激出现时，若出现一个与焦虑不相容的反应，则能对焦虑起到抑制作用，经过多次训练逐步减弱刺激与焦虑的联系。

活动准备：请学生准备一张纸、一支笔。

活动步骤：

（1）教师指导学生确定哪些情境是具体的刺激情境——请同学们想一下哪些情境下你会出现考试焦虑。

（2）教师引导学生将焦虑情境排等级——同学们想好之后写下这些让你感到焦虑

的情境，按照由轻到重的顺序排列，程度最轻的列在最前面，程度最严重的列在后面。例如：

①班主任宣布两周后期末考试。

②明天就要考试了，可是忽然感觉准备不充分。

③开考铃声令我胆战心惊。……

（3）通过如上放松方法进入放松状态。想象焦虑情境一，想象要尽可能生动逼真，想象之后进行放松训练，如果放松完之后不那么紧张了就进入情境二，若还是紧张，就重复进行放松训练，直到想象情境一时焦虑程度降低。接着继续下一个情境。这样，下次如果再遇到类似情境就能比较容易想起放松时的感受，可以缓解焦虑。

值得注意的是：这个方法每次脱敏数量不宜过多，以三个为宜，每天进行一次。

4. 自信训练

自信训练主要运用交互抑制原理，通过让考试焦虑者自我表达正常的情感和自信，来扭转消极的自我意识。步骤如下：

（1）学会觉察自己的焦虑感觉，随时用书面语言记录下来。

（2）向消极的自我意识挑战。写下自己的消极意识后，要对自我意识中的不合理成分进行辩论，指出其不现实性和不必要性，并写下这样做的危害。

（3）用积极的对话表达感受。找出自己焦虑的情境，说出或者写下自己当时的心理感受，然后用新的积极性的语言重新表达，并体会积极表达时自己的感觉。

教师应当注意让学生在实际情境中多多练习积极的思考方式，并帮助学生掌握有效的考试应对技能。

5. 归因训练

学习的过程本来就有进有退，考试成绩前进几个名次或退后几个名次都是比较常见的现象，关键在于学生对自己学业表现的解释，不同性质的解释会直接影响到学生的信心、对学习的坚持性和追逐成功的动机强弱。不少有焦虑表现的学生都有完美主义倾向，对自己要求过高，定下什么目标就一定要达到，当面对本来就无法实现的目标时，他们便出现明显的焦虑；他们把失败归因于自己能力低下，而不考虑实际情况。

教师可以引导学生在每次测验结束后，给自己做个自我分析。不要让学生把考试失利的原因统统归结为自身的原因，要看到外部的原因。通过归因训练可以避免学生由于反复失利后的错误归因而产生的习得性无助和焦虑。

【活动】每日三省

教师指导学生制作“焦虑反省”表，对自己的焦虑情绪进行觉察并从认知上进行调节。

1. 今天我焦虑了吗？我当时的表现是怎样的？

动作上：______

言语上：______

表情上：______

生理上：______

2. 我为什么焦虑？______

当时的情况是怎样的？______

我害怕出现什么结果：______

3. 如果转换角度看这个问题，结果是怎样的？______

第三节 远离抑郁，还青春一片艳阳天

每个人都有过情绪低落，都体验过悲伤，但一般都是暂时的，就如乌云遮日终究会散开来一样。如果一个人悲哀、忧伤的情绪持续很久，陷入深深的痛苦中，他就像生活在乌云下，看不到希望的阳光，整日愁眉紧锁。抑郁心理是中学生中较常见的一种心境，是中学生感到无力应付外界压力时产生的一种消极情绪。他们自己描述道：即使脸上带着笑，心底却感觉一种莫名的忧伤袭来，心情无法控制地跌落到谷底。

似乎是一夜之间，媒体关于抑郁的报道铺天盖地，几乎所有的群体都出现了抑郁，让人感觉整个世界都失落了，中学生也不例外。但是，人们往往对“抑郁”，只停留在表面理解上，殊不知通常所说的“抑郁”和“抑郁症”是两个不同的概念。

一、什么是抑郁

抑郁可以是一种正常的情绪体验，如比赛失误后感到郁闷等；也可以指抑郁症的症状，或者就是一种病症，即抑郁症。在这里我们把前者称为抑郁情绪。

心情日记：李莎的生活

最近的一个月好像还是平平淡淡，正常上课下课、做作业，周末参加兴趣班，偶尔和同学逛一下街，有时也会想想如何让自己的青春生活更精彩。似乎一切都很正常，但是又有几件让我伤神的事。数学测验考得不好，必须努力补数学了；听妈妈说姑妈查出胃癌，已是晚期，心里很难受，我跟姑妈感情一直很好。上周本来约好和周倩骑车去郊游，因为我迟到，她大发脾气，我也很沮丧。但是还好，一切坏心情都会过去的。Go，Go，加油！

在这里，李莎因为生活中的不顺心事情而感到沮丧、忧伤等，经历的是正常的抑郁情绪，通常所说的抑郁是指这种心境状态，很少指抑郁症。个体通过心理调节，可以回到平稳的状态。但是，当忧伤持续的时间超过正常的范围时，个体便要引起重视了。

1. 抑郁情绪和抑郁症

抑郁情绪是一种很常见的情感成分，人人均可出现，当个体遇到精神压力，如挫折境遇、突发事件时免不了出现抑郁情绪。沮丧、忧郁时人们往往寝食不安、长吁短叹，对自己感到失望，感到头脑也变笨了。但是，这种情况一般经过一周左右的时间就能恢复正常。有少数人长期处于抑郁状态，并伴有严重的躯体不适和行为改变，这时的抑郁已经转化为病态情绪，即抑郁症。抑郁症是一种以持久的心境低落为主，并伴有认知和行为改变的精神疾病，主要表现为兴趣淡漠、消极被动、悲观绝望、不能适应现实生活，抑郁症的确诊需要经过临床上的检验。我们这里所说的抑郁是青少年常见的情绪困扰，是一种以心情低落为主的情绪。

2. 抑郁的表现

情绪方面：沮丧、悲伤，对生活、学习的兴趣明显减弱，对以前喜欢的活动也提不起兴趣来了。

- ■认知方面：对自我进行否定性的评价，觉得自己无能，常有内疚、后悔等自责倾向。
- ■动机方面：不愿与人交往，自我封闭；悲观失望，感到前途渺茫；想成功，但觉得没有希望，没有勇气付诸行动。
- ■身体症状：身体健康水平下降，经常感到浑身乏力，食欲减退、无饥饿感，无端地头痛或身体其他部位疼痛，睡眠质量下降，早醒、失眠或者睡得过多。

抑郁的学生还可能伴随着焦虑情绪。

二、缘何抑郁

中学生心理上存在的抑郁多是心因性抑郁，往往是由于受到父母的责备、与同学关系处理不当或者考试失利等引起，表现为情绪低落、兴趣寡然。

造成中学生抑郁的主要因素有：

1. 身体因素

有些学生由于身体健康状况不好或者遗传方面的因素，在遇到不幸、不顺的事件时，较之他人更易产生抑郁情绪。

2. 人格因素

人格是个体稳定的行为方式，直接影响个体的认知过程及采取何种行为。性格内向、偏神经质的学生面对问题时多采取消极被动的态度。在出现消极生活事件时，这类学生不能及时排解不良情绪，长期压抑在心里，导致抑郁情绪加重。

3. 家庭环境因素

主要是指家庭不健全或者家庭教育方式等方面的问题。单亲家庭里，父母离异或者早逝已经对孩子是巨大的心灵创伤，如果孩子再得不到父亲或者母亲的关心爱护，势必倍觉哀伤。另外，父母过度保护、溺爱孩子，会使孩子无力独立应对生活事件，产生无能感。还有，父母对孩子的要求过高、过严，让孩子备感压力，无法顺利完成学业任务，内心苦闷。

4. 重大生活事件

生活中的重大变故可能引发抑郁。例如，亲人亡故，自身出现严重疾病，这些事件都使学生经受巨大的精神刺激，他们可能会出现否认、焦虑、情感麻木等抑郁症状。所以，教师应当注意帮助经历重大生活变故的学生，使其尽快步入正常的生活，尽量远离重大生活事件带来的影响。

5. 人际关系

中学生所处的生活环境主要是学校，接触比较多的是老师和同学。中学时期适逢自我意识逐渐形成，学生们很看重他人对自己的评价，关注与同学或朋友的关系。不良的人际关系导致学生失去友谊，觉得自己得不到群体的认同与支持，内心备感孤独，常常闷闷不乐。

【活动】自我反光镜

活动目的：

通过本次活动，让学生体察自己近期的心态。

活动过程：

请学生准备纸张和笔，教师按照如下提示引导学生，让学生将自己对每个问题的回答写在纸上。

1. 近来最令自己感到抑郁的是什么？客观地写出来。

2. 这些事对我有什么影响？

3. 我能做的是什么？谁能帮我？

活动讨论：

写完之后，请部分学生主动分享内容，并让学生们设身处地想想：如果遇到类似问题自己会是什么反应，为什么？

活动总结：

讨论结束之后，教师进行总结，并以这段话勉励学生：我们把他人的快乐放大了10倍，所以别人总是幸福的；我们把自己的悲伤放大了10倍，所以自己总是痛苦的。难过的时候，抬头看看浩瀚的天空，低头俯视广阔的大地，于天地之间，自己这点痛算什么！

三、缓解抑郁的良方

1. 客观评价自己和他人

中学生看事物往往缺乏全面性，对自己和他人的评价加入了极重的个人色彩。中学生应能看清自己的长处，知晓自己的短处。不要盲目和他人比较，因为每个人都有自己独特的天赋，要深信自己的过人之处。同时，要正确认识自己所遇到的问题，因为问题具有多面性，在某一方面苦思不得其解的时候，转换一下角度看问题可能会感到豁然开朗。下面这个故事会对我们有所启示。

晴天乎？雨天乎？

一位老婆婆的两个宝贝女儿都长大嫁人了，大女儿嫁了个晒盐的，小女儿嫁了个卖伞的。她整天愁眉苦脸的，天气晴好时担心小女儿家的伞卖不出去，天下雨时又发愁大女儿家没法晒盐。一个聪明人对她说："老婆婆，你应该高兴啊，天晴时大女儿家的盐晒得好啊，天下雨时小女儿家的伞卖得快啊。不论好天气还是坏天气你都有高兴的理由啊。”老婆婆听后转忧为喜。

故事中的老婆婆雨天为大女儿愁，晴天为小女儿愁，终日不得欢颜。其实，她完全可以在晴天为大女儿开心，在雨天为小女儿开心，天气是客观不可改变的，但看问题的角度是可以转换的，一件愁人的事从另一个角度看可能是一件开心的事。

2. 目标合理化

人生若没有目标好比航船没有方向，目标能够激起人们奋斗的激情。但是，在条件不具备的情况下确立的目标不但不能激起我们的斗志，反倒会使我们感到自己无能。一个在车祸中失去双腿的青年问上帝：“我还能成功吗？”上帝说：“如果你想成为一名跳水运动员，那只好祈祷来生了，但是你可以成功，可以成为一个伟大的人。”我们可以想象，假如这个青年追求成为跳水运动员的理想，结果会是怎样的。中学生订立目标时容易好高骛远，教师要注意帮助他们设立合理的目标。

3. 扩大人际交往

在学生时代，学习的重要性位列榜首，很多学生把与同学交往的时间“节省”下来，“挪用”到了学习上。但是，人是社会的一分子，正如一滴水生活在大海里，与他人交往是我们的生活方式，如果孤独而居、孤芳自赏，多会使人自怨自艾。多参加团队活动，结交充满激情的新朋友，会让人感受到青春的朝气与热情，充满活力的朋友能给学生的生活增添阳光和亮色。

苦闷的李霞

李霞性格很内向，平时在班上说话很少，声音又小，平时也不怎么和同学交往，她只有一个关系要好的女同学。但最近两人的关系也疏远起来，她总是自己一个人待着。她觉得全班同学都不喜欢自己，自己偷偷喜欢的那个男生也以异样的目光看她，自己好像个另类一样，所以她很消沉、苦闷，上课也不能集中精力，经常走神。因为注意力不集中，她在课堂上受到老师的批评，觉得更难过了。

（改编自：马丽丽、裘丽红等，2006）

抑郁情绪的产生在很多情况下是由于人际关系不良引起的。良好的人际关系给人以认同感和归属感，大多数学生很看重自己与他人的关系，特别是与自己比较要好的朋友。不与同学来往，没有融入到集体中，这使李霞感到孤立，而与朋友关系紧张使她感到更难过。青春期的学生开始出现对异性的向往和好感，心里有了自己喜欢的对象，或是开始偷偷谈恋爱，但是他们情感比较脆弱，容易受到伤害，从而产生抑郁情绪。

辅导教师帮助李霞逐步敞开心扉，融入到集体当中，感受到同学们对她的认同。通过一些能带给李霞成功感的事件帮她树立自信，并与班主任沟通，争取班主任的支持。

4. 合理宣泄

悲伤的时候记得要找自己的亲密友人或者家人诉说心里的不快，如果悲伤无法抑制，就靠在朋友的肩膀上或趴在自己的床上，痛快淋漓地哭出来。另外，可以参加一些体育活动，如打打球或者跳跳操，以此发泄情绪。

上面介绍了几种缓解抑郁情绪的方法，学生可以在教师的指导下自行尝试应用。下面提供的两个案例是学生可能会出现的情况，在此结合本节内容进行分析，提供辅导参考。

抑郁的好学生

吴凯，一个男孩子，家长的管教一直很严格，他也懂父母的苦心，努力学习，争取成绩更上一层楼。但是，升入重点中学后父母对他的学习要求更高了，并指定一定要考上某所名牌大学。吴凯最近学习时经常感到头痛，在考试前常常彻夜难眠，第二天又觉得精神低迷，怕考试成绩不好，遭到父母的批评指责。后来，他只要一学习就会头痛，他开始觉得前途渺茫、人生无望。

这是典型的由学习压力引起的抑郁情绪，具体原因涉及学习压力、父母态度等。要调节吴凯的抑郁情绪，辅导教师一方面需要帮助他认识学习中存在的问题，对其进行必要的周期性放松训练，帮助他调整学习状态；另一方面要与家长沟通，委婉地说明吴凯的情况，请他们配合。

下面的案例中，当事人受到的刺激比较大，抑郁情绪积压的时间长，是由一位专业咨询师进行的辅导，可供辅导教师参考。

走出阴影

20岁的韩奇，因为备受好友猝死的打击，几乎失去了生活的快乐。6年来，惨案发生的那一幕一直折磨着他。他至今清楚地记得，那天，他们看完电影出来，天有点黑了，走在一条小路上。忽然，韩奇听到后面汽车快速驶来的声音，并被郝君猛推了一把，摔到挺远的路边。等到他找到郝君时，郝君躺在前方十几米的地上。他扑过去抱着血流不止的郝君，发现他已经不省人事了。郝君再也没醒来。医生宣布“抢救无效”那一刻，韩奇眼前一黑什么都不知道了。过了好久，恍惚中看到郝君的父母、亲友都在哭，韩奇觉得自己犯了弥天大罪。他希望被撞倒的是自己，而不是他的好朋友。从幼儿园到中学，郝君是韩奇最好的伙伴。韩奇要上学的早上经常睡过头，总是郝君去叫他。郝君喜欢音乐，韩奇也跟着常常听歌，向他学弹吉他。以前，韩奇遇到什么烦心事，都会找郝君聊聊。现在，一切都不复存在了。好长时间里，韩奇一直生活在浑浑噩噩之中，每天在床上躺着，躺累了就坐起来，不拉开窗帘，也不开灯。看见跟郝君有关的东西，他都会想起生离死别的那一幕。他觉得生活没有了快乐。

他说：“郝君是为了我才死的，如果我再这样萎靡不振，也对不起他。可是，我就是打不起精神来，老走神。看见什么似乎都能联想到他。”

（吴国平，2007）

咨询师发现，韩奇在叙述自己经历的事情时，虽然表情比较平静，但这恰恰表明，他还不能把压抑在内心的情绪释放出来。6年来，他独自忍受着好友去世的折磨，内向的性格使得他不愿意把心事说出来。他独自一人让这种情绪慢性化，一直在心里纠缠。当这种悲伤体验无法与人分享时，就残留在他的内心里。虽然已经过去了6年，韩奇内心的阴影并没有消散，而成了一个自责、压抑的结。所以，首先应当让韩奇把内心郁结的情绪释放出来。

咨询师播放舒缓的音乐，先让韩奇进行身体放松，然后闭上眼睛想起已离去的朋友。在音乐的伴奏下，让他抱住扮演郝君的人，对他说出最想说的话。韩奇哭着对“郝君”说出了肺腑之言。

在内心释放后，咨询师指导其向过去告别，从认知上调整过来。让韩奇认识到，他已经20岁了，能够照顾自己了。以前郝君一直像哥哥一样照顾自己，自己要永远记住，留在心里，但是要开始新生活。

第四节
驾驭愤怒，学会控制心头之火

愤怒是一种强烈的情绪，就像暴风雨一样无法控制，又好像脱缰的烈马，疾驰着，临近悬崖也无法收蹄。如不能及时控制愤怒可能造成破坏性影响。其实，愤怒是一种正常的感觉，但失控的愤怒感觉，容易导致与他人发生争执、打斗甚至自我伤害。中学生年少气盛，容易将愤怒的情绪表露无遗，这会给他人和自己造成不良后果。但是，封闭的愤怒方式会令我们情绪低落、焦灼不安。如果一次次地将愤怒情绪压抑，久而久之，要么形成抑郁情绪，要么使愤怒积累超过极限而突然爆发。所以，愤怒需要通过合理的方式进行疏导。

一、什么是愤怒

愤怒是由于外界干扰使个体愿望难以实现，需要得不到满足，目标受阻，从而逐渐积累紧张而产生的情绪体验。个体愤怒时由于交感神经兴奋性增强，促使心率加快、血压升高，表现为面红耳赤、呼吸急促、咬紧牙关、全身发抖等。行为上表现为嗓门提高、言辞过激、扔或摔东西，甚至出现攻击性行为。

二、愤怒的表现层次

愤怒是一种短暂的情绪紧张状态，来得迅猛，去得极快。根据情绪发展的规律，愤怒可以分为九个层次：

- ■不满。发怒的初始阶段，此时表现为抱怨、不高兴，负性情绪已经存在，但是还没有形之于色。
- ■气恼。可称之为怒的萌芽表现，不满情绪逐渐积累后形之于色，首先表现在眼睛上，如怒目圆睁。
- ■愠。愤怒开始表现在语言上，由眼睛转到嘴巴，用低声咒骂表达愤怒。
- ■怒。公开的对抗由此开始。
- ■忿。由小怒向大怒转化，说话声音异于平时，略带颤抖，颈部青筋暴胀。
- ■激愤。怒的程度正在上升，愤怒由眼到声再到手，这时双手发抖，有动手打人、毁东西的意念。但是理智尚存，也想控制自己的行为，避免发生恶果。这时的手颤就是既激动又克制的矛盾表现。

■大怒。愤怒已然控制不住，公开指责对方，并伴随过激的动作。

■暴怒。行为失控，出现对抗性行为，正所谓“怒之谓暴，后果难料”。

■狂怒。已至狂乱阶段，破坏力尽显其作用，所谓“情至此时，必有后祸”。

愤怒为第1、2层次时基本可自我控制；第3、4层次时还能听进去别人的劝阻；第5、6层次时言语劝说已经不起作用；第7、8层次时情绪完全集中在主观意识活动中；第9层次时必须由很多人强行拉开，发怒者已经失去理智，许多冲动的犯罪行为就是在这一阶段发生。

【活动】心灵窗

活动目的：

使学生通过回忆自己的愤怒感觉，初步认识愤怒情绪。

活动过程：

1. 打气球：教师准备一个气球，一个打气筒，让学生轮流来打一下，经过一番打气之后，气球会爆炸。

2. 教师说明：这就是愤怒，由一点点积累起来，最后爆发了出来。

3. 按照下列提示与学生互动。

（1）请曾经发过脾气的同学举手。

（2）请认为自己脾气不好、经常发火的同学举手。

（3）请从没发过火的同学举手。

（4）请三名曾经发过脾气的同学讲述自己经历的不愉快的过去，并总结愤怒是什么、愤怒时的表现、愤怒的害处。

活动总结：

教师总结学生发言，指出常见的愤怒行为及破坏性结果。

如果同学表现不积极，则可以让其填写表格，具体格式如下（见下页表6.3）。全班分为5～6个组，每个同学填写四件生气的事，然后小组内同学交换阅读，每组推选一个认为最典型的事件和全班同学共享。着重看其当时的表现和当时是如何处理的。

（郑雪，2004）

表6.3　表格样例

	事件一	事件二	事件三	事件四
什么情况？ 生谁的气？				
生气的程度	有点生气 相当生气 非常生气 气炸了	有点生气 相当生气 非常生气 气炸了	有点生气 相当生气 非常生气 气炸了	有点生气 相当生气 非常生气 气炸了
我当时的行为反应				
我当时的行为表现是否合适	是 否	是 否	是 否	是 否
问题是否解决	是 否	是 否	是 否	是 否

三、导致发怒的一般原因

现实生活中，导致中学生发怒的原因可分为个体原因与外部原因。

1. 个体原因

■遗传生理上的原因。因为遗传生理上的原因，有些人确实比其他人脾气更暴躁些，容易发怒。

■身体状况。人们在生病、困倦疲乏、事情与意愿相悖时更易愤怒。

■个体当时的心理状态。当一个人心情本来就不好，已经有愤怒的苗头时，如果再遇到不顺的事情，就会爆发出来，不起眼的小事也能成为导火索。

■神经系统的协调功能。青少年期，人的大脑与皮下中枢的发展尚未完善，大脑对皮下中枢的控制作用不够强，故而人容易冲动、发怒。

2. 外部原因

■个体的愿望受阻无法实现，如评优评好、升学受挫。

■个体的言行受到他人的反对或指责。

■个体的权利遭到侵犯，如遭受他人侮辱。

■个体想要隐瞒的东西被别人揭露，如过去的错误、秘密等被别人揭穿。

【活动】我愤怒了吗？

活动目的：

请学生观察体验愤怒时的不同表现。

活动过程：

1. 分角色表演：请四组学生分别表演如下四个情境剧，每组两人。

背景：同学A借了同学B的CD机，答应今晚还给同学B的，但是不小心给弄坏了，来不及去修了，他正思考的时候，同学B走过来了。

情境一：同学B一听CD机坏了立刻火冒三丈，不听同学A的任何解释和道歉，并狠狠地骂了同学A，最后同学A也愤懑而走。

情境二：同学B一听CD机坏了脸上不由自主地露出生气的表情，但是什么也没说就把东西一把拿走，气呼呼地甩门离开。

情境三：同学B一听CD机坏了心里十分烦躁，简直都要气炸了，但是却故作平静地说："没关系。"在心里，他觉得同学A很讨厌。

情境四：同学B听说CD机坏了并没有生气，笑着安慰同学A说："没关系，修修就好了，不要放在心上。"

2. 讨论分析：学生们表演结束之后，教师与学生一起分析情境：

情境一中，同学B的表现属于怒不可遏型，他一点都不控制自己的情绪，把自己心中的愤怒发泄得淋漓尽致，如果同学A也不甘示弱的话，双方很可能发生行为上的冲突，这样做可能对双方的感情或身体造成伤害，导致同学关系破裂，而在其他同学面前留下不好的印象，同学会对他敬而远之，导致恶劣的人际关系。

情境二和情境三中，同学B把怒气压在心中，没有发泄出来，这并不是一种理想的处理方式。这类同学认为表达出自己的愤怒会破坏同学关系，努力地把不快的情绪压抑下去。这样做可能引发焦虑、抑郁等其他情绪，对身体伤害很大。愤怒的情绪得不到发泄容易转移到其他事情上。比如，在学校遇到不开心的事，回到家冲家人发火，或者迁怒于其他人。愤怒的情绪当时没有直接表达出来，可能会以间接的方式来表达，如把此事告诉其他同学、在背后说同学的坏话。

情境四中，同学B体现出了宽容与理解，使同学友情更加深厚，而且会因为自己的宽容和理解吸引更多的朋友。因为他明白，东西坏了是可以修的，伤了人心却是难以弥补的。

四、愤怒的调节

《淮南子》中有云："人之性有侵犯则怒，怒则血充，血充则气激，气激则发怒，发怒则有所释憾矣。"这里所说的释憾，也就是损性亏本的征兆。《黄帝内经》也明言告诫："怒伤肝。"发怒不但对身体有害，也伤害同学感情，给自己和他人带来苦恼。例如，某晚晚自习后大家陆续就寝，11时许，小张还在床上大声地打电话，遭到同宿舍小李的指责，小张觉得很没面子，恼羞成怒大骂小李，小李也不甘示弱，两人扭打在一起，混乱中小李的脑袋被撞破了，直到其他同学把他们拉开。如果当初两人能够克制情绪，事情完全可以以另一种方式解决。下面提供几种情绪调节的方法，为教师指导中学生提供参考。

1. 提高修养

胸襟开阔的人不会为小事斤斤计较，不会让自己纠缠于无关原则的小事。从他们的认知角度看，就是"这件事不会对我造成影响，我没有必要愤愤不平"。法国作家雨果曾经说过："比陆地宽广的是海洋，比海洋宽广的是天空，比天空宽广的是人的胸怀。"锻炼自己用开阔的胸怀迎接美好的每一天，这才是根本的制怒法。

为什么生气

古时有一个妇人，特别喜欢为一些琐碎的小事生气。她也知道自己这样不好，便去求一位高僧为自己谈禅说道，开阔心胸。高僧听了她的讲述，一言不发地把她领到一间禅房中，落锁而去。妇人气得跳脚大骂。骂了许久，高僧也不理会。妇人又开始哀求，高僧仍置若罔闻。妇人终于沉默了。高僧来到门外，问她："你还生气吗？"妇人说："我只为我自己生气，我怎么会到这地方来受这份罪。""连自己都不原谅的人怎么能心如止水？"高僧拂袖而去。

过了一会儿，高僧又问她："还生气吗？""不生气了。"妇人说。"为什么？""气也没有办法呀。""你的气并未消逝，还压在心里，爆发后将会更加剧烈。"高僧又离开了。

高僧第三次来到门前，妇人告诉他："我不生气了，因为不值得气。""还知道值不值得，可见心中还在衡量，还是有气根。"高僧笑道。

当高僧的身影迎着夕阳立在门外时，妇人问高僧："大师，什么是气？"

高僧将手中的茶水倾洒于地。妇人视之良久，顿悟，叩谢而去。

何苦要气？气便是别人吐出而你却接到口里的那种东西，你吞下便会反胃，你不看它时，它便会消散了。

2. 用理智控制

愤怒之际，人们看什么都是有偏差的，这时你可以给自己一点冷静的时间，努力听别人把话说完，不要立即就反驳回去。比如，当你被别人无聊地讽刺、嘲笑时，如果你顿显暴怒，反唇相讥，则很可能引起双方争执，怒火越烧越旺，自然于事无补。但如果此时你能提醒自己冷静一下，采取理智的对策，如用沉默做武器以示抗议，或只用寥寥数语正面表达自己受到伤害，指责对方无聊，对方反而会感到尴尬。俄国文学家屠格涅夫曾劝那些与人争吵时情绪激动的人："当开口之前，先把舌头在嘴巴里转10个圈。"若是感觉控制不住行为就尽快回避刺激，《论语》中讲的"非礼勿视、非礼勿听"就是一种回避刺激的方法。离开发怒现场后，不要再继续思索事情的是非，而要把注意力转移到其他方面，如听音乐或散步，使自己逐渐放松、平静。

栅栏上的伤痕

一个脾气很坏的男孩剃度出家，成了一名小和尚。但是，他的坏脾气仍然难以改掉，到处给寺院惹是生非。一天，师父给了他一包钉子，要他每发一次脾气时都在菜园的栅栏上钉一颗钉子。第一天，小和尚就钉了20多颗。慢慢地，他学会控制自己的愤怒，每天钉钉子的数目逐渐减少了。他把自己的转变告诉师父，师父说："如果你能坚持一整天不发怒，就从栅栏上拔下一颗钉子。"经过一段时间，小和尚终于把所有的钉子都拔掉了。师父来到栅栏边说："徒儿，你做得不错。但是你看，那些钉子在栅栏上留下那么多小孔，栅栏再也不是原来的样子了。当你向别人发怒时，你的言语就像这钉子一样，会给他人的心灵留下伤痕。"

愤怒爆发造成的后果难以修复，正像故事中提到的"栅栏再也不是原来的样子了"。所以，应该用理智控制愤怒。

3. 合理发泄

愤怒是人类具有的基本情绪之一，它可以被建设性地表达出来。但是，人们往往习惯用两种极端的方式来处理：一是努力尝试忽略愤怒的存在或者不理不睬；一是不进行应有的压抑和克制，完全任其爆发。这两种方式都会带来负面的结果，害人害己，可能导致学生的人际关系恶劣或者生理病变，需要花费时间和精力来修补。所以，教师要建议学生有效地表达愤怒。在下面的案例中，辅导教师帮助瑶瑶合理地表达愤怒，使她既赢得了尊重，又促进了同学关系。

赢得尊重的愤怒

初二女生瑶瑶因为长得有些肥胖，加上肤色有点暗，被班里同学起了很多绰号：肥猪、黑熊……有时在食堂吃饭，也有人大声喊她的绰号。这使她非常生气，但是内向又敏感的她又不敢向同学发火，怕大家说她没度量，也不敢告诉老师，怕同学关系搞僵，瑶瑶就更没办法了。瑶瑶常常在家里哭，不想去学校。

（姜道春，2005）

中国有句古训："小不忍则乱大谋。"家长教育孩子要忍让，要控制自己的情绪，不要跟同学闹脾气，其实这样并不利于孩子的发展。面对同学们的取笑，瑶瑶尽量忍让、退避，但这反而让那些捉弄她的同学觉得她好欺负，更加戏谑她，内向的瑶瑶只好忍气吞声，把愤怒积聚在心里。一味地隐忍、退让使瑶瑶内心难受，导致其产生厌学情绪。

其实，合理的愤怒表达能起到传情达意的作用，人际交往中，要学会合理表达自己的愤怒。针对瑶瑶的现象，辅导教师建议她采取如下步骤表达愤怒：

首先，让瑶瑶写出自己为什么生气、希望同学们怎么做等。概括为几句话：你们经常给我起绰号，我不喜欢；你们起的绰号很难听，我感觉受到了伤害，很难过；如果要给我起绰号，可以起几个好玩又好听的雅号，这样我可以接受。接着，练习表达愤怒。辅导教师让瑶瑶想象在教室里的场景，老师刚下课，同学们还没离开，她冲到讲台前，用黑板擦拍三下桌子，抬头挺胸直视全班同学，高声喊："安静！安静！我有话要说。"（停顿5秒钟）她用生气的口吻高声并清楚地说出自己的心里话："你们经常给我起绰号，我不喜欢；你们起的绰号太难听了，我很难过。"（停顿5秒钟）她用比较轻松的口吻说最后一句："其实大家如果给我起绰号，可以多起几个好玩又好听的，让我选一下。"

瑶瑶在家练习了一个星期，把饭桌当讲台，把父母当做教室里的同学，经过练习后，瑶瑶有信心表达自己的愤怒了，然后就是现场的高效表达。瑶瑶按照辅导教师的建议站在讲台上，勇敢而平静地表达自己的感受，同学们没想到他们闹着玩儿让瑶瑶这么受伤害，气氛有点紧张，而她末了那句略带幽默的话语则缓和了气氛。有些同学甚至为瑶瑶的勇气鼓起掌来。经过这件事后，同学们不但意识到了自己的行为给他人造成的伤害，也认识了一个不一样的瑶瑶。瑶瑶从同学们提供的雅号中选择了一个喜欢的，不仅解决了烦恼，也改善了同学关系，她整个人开朗了许多。

主动做一些消耗体力的运动也是个不错的方法，如通过登山、游泳、练武术或拳击等，使一时的不快得以宣泄；把枕头或其他柔软的东西想象成出气的对象，击打发泄；在独处时可以高声呐喊；写日记或者写一封不寄出的信。美国总统林肯“永不寄出的信件”可以作为这方面的例子。

永不寄出的信件

一天，林肯的一位朋友义愤填膺地向他诉说另一位朋友的无理。林肯听后，显出一副愤愤不平的样子，说：“你马上写信去痛斥那个可恶的家伙，然后与他断交。”那位朋友当即写信把那个人痛快淋漓地骂了一顿，信写好后请林肯过目。谁知林肯看也不看就把信撕了，并笑着说：“我写过很多这样的信，可从来没有寄出去过，因为不管我们有多生气都没有理由去伤害别人。”此时，那位朋友的满腔怒火已从信中发泄出去，听了林肯的忠告后，感慨万千，心情也随之舒畅了。

（沈安，2004）

第五节

由表至里，关怀内心情感

学生的情感世界是构成学生生命个体的重要组成部分，难以想象情感扭曲的人会有健康的心理。热爱生活，帮助他人，期待这个世界变得更美好，这些美丽的情操是社会进步之本，而如今的青少年在升学考试、工作竞争的压力下似乎已经淡漠了情感。繁杂的社会中那些“情感硬化”的人和事件影响了青少年，负面信息也给他们带来干扰，这使他们觉得社会是可怕的，他们多少也呈现出了“情感硬化”现象，把自己包裹在“冷漠”的外表下，甚至对养育自己的父母表现出难以置信的冷漠。但是，“人之为人，就在于不仅是一种客观的存在，而且还是一种精神的存在。……只有从精神上

进行关怀，才有可能发生教育，才不会产生虚假的教育结果。”（谭维智，2003）

从教育的角度来说，一个学生如果很聪明、成绩很好，但是缺乏对人必然的同情心或不懂得感激他人，他会是一个什么样的学生呢？难以想象他会树立远大的理想，拥有高尚的情操。学生在增长文化知识的同时，也要培养自己的健康情感，心有同情，知道感动，学会感激，懂得义愤。

一、心有同情

同情是指对他人的不幸遭遇产生共鸣，能设身处地理解他人此时的思想、感情和需求，并给予及时的关心、安慰、支持等情感援助。同情心是“人类社会情感的典型形式，又是亲社会人格的重要特征，通常被称为‘亲社会性动机’。它们对维护社会联结和维持人际团结有着重要的作用”（孟昭兰，2005）。

孟子云：“恻隐之心，人皆有之。”“恻隐之心，仁之端也。”青少年在成为一个健全人的过程中需要这种“恻隐之心”“仁之端”。人如果没有起码的同情心，哪里来的“仁义道德”，怎可称之为一个“完善的人”？

2005年10月，杭州市清河中学进行了一次情感教育专题调查，请被调查的学生对这一事件发表看法：一个中学生在汽车站遇见一对年过花甲的老夫妇，老夫妇说从农村来城里找打工的儿子，没有找到，带来的钱也花光了，想讨些钱买食物充饥，这个同学便给了他们10元钱。在回收的292份有效问卷中，认为“这对老人可能是骗子，不值得同情；这个中学生真傻，他上当受骗了”的有6人，占2.1%；认为“这对老人可能是骗子，不需要给他们钱，但值得同情”的有78人，占26.7%；认为“这对老人如果能过富裕的生活是不会乞讨的；能帮他们解决一点困难，不能算是被骗”的有208人，占71.2%（刘晓伟，2007）。

现实社会中确实有些骗人的事情发生，令人难以分辨哪些人才是真正需要帮助的人。从多数学生的反应中可以看到一种可贵的情感——同情心。虽然近1/3的学生认为“这对老人可能是骗子”，但是他们仍然认为老人“值得同情”。这样的结果令人欣慰。对这一事件的讨论目的不在于探讨是否应该提倡中学生乐于施舍，而在于让中学生明白，人是有情感的动物，对弱者和不幸者的恻隐之心是我们良知的体现。

二、知道感动

“对生活中真善美的事物感到愉悦并能够欣赏赞美，能够为人间的真情而感动以至于流泪，这不仅是一种心理反应，也是一种情感能力。”（刘晓伟，2007）这里提供一些材料，可由教师呈现给学生阅读，让学生体会自己内心的情感。

伙　伴

2003年11月6日，在北京市南三环万柳路桥附近，一只小狗被来往的车辆轧死了。但是谁也没想到，它旁边的三个同伴，居然不顾正值高峰的滚滚车流，小心翼翼地守护着死去的小狗，舍不得离开它。过往的司机惊呆了，本来匆忙赶路的车，开过小狗身边时纷纷绕行，有些车子为避让小狗而追尾。以往在路上遇到堵车，所有人都会烦躁，车子剐蹭就会爆发争吵，但是，那一天，车里的人们没有相互指责，大家看着那三只围在自己死去同伴身边的可怜兮兮的小狗，心里有的只是感动，感动于动物本能的情感。

母　亲

一次，猎人上山打猎，已经很久都没有收获了，正当他气馁得想收工时，一个矫捷的身影映入了他的眼帘——一只母鹿。猎人一路跟踪，那只母鹿终于在一条偏僻的小路上停了下来。只见那只鹿蹲了下去，用舌头舔了舔她的脚。这时猎人才发现母鹿的脚正在流血，他想：老天给我这么一个大好的机会，不把握好那就太可惜了。他跳了出来，用枪对准母鹿。这时母鹿慢慢站了起来，用一双疑惑的眼睛望着猎人，眼睛里露出了绝望的神情，因为她已经知道自己的命运了。猎人正准备扣动扳机，母鹿竟然没有要逃的意思。这时候，一件猎人做梦也想不到的事情出现了，母鹿忽然弯下两条前腿，跪了下来，眼里似乎还有些东西流了下来。她哀号着，可是猎人连想都没想就开了枪。“嘭！”母鹿倒了下来，一片鲜红的血将她包围，在她脸上还挂着一行泪水。猎人回到家，用刀剖开了母鹿的肚子，这时猎人震惊了：在母鹿的肚子里有一只发育成熟的小鹿，已经停止呼吸了。猎人明白了母鹿为什么跪下：她是为了保护自己的孩子！他深深地感动了并有一种负罪感，他射杀的不是一只没有情感的动物，而是一个伟大的母亲。

人　性

事情发生在1917年第一次世界大战期间，交战双方是德军和美军。他们之间有一条狭长的无人地带，一个受伤的德国士兵试图爬过无人地带，结果被带钩的铁丝网缠住，因为痛苦而不住地呜咽着。这时，一个美国士兵爬出战壕，匍匐着向德国士兵爬去。双方明白了他的意图后，便停止了射击，无人地带顿时出现了一阵奇怪的沉寂。年轻的美国士兵匍匐着爬到德国士兵身边，帮他脱离了铁钩的纠缠，扶起他向德军的战壕走去，将他安全地送到了德军阵营。

感动这一刻，人性光辉的闪烁。

三个案例体现了不同方面的情感，但是带给我们的是深深的感动。其实，真正打动我们的是至情至爱，是友情、母爱以及人类的博爱，我们的内心被这些情感深深地触动。

三、学会感激

感激是一种健康的心境，一种积极的生活态度，是发现美和欣赏美的情操，是良知的体现，是产生责任意识、学会付出的情感基础。马斯洛说道："感激意识对于情感健康十分重要。这种意识使人们能够'感恩知足'，珍惜自己所拥有的东西，不必非等到丧失时才知道可贵。它既能够使人们避免贬低日常生活的价值，又使人们能够重新激发出高峰体验……能够从一个更高、更令人满意的视角来看待自己的生活。"（刘晓伟，2007）

一个人从出生起就在不断地得到别人的付出，父母给予无时无刻的关爱，师长给予循循善诱的教导，朋友给予温暖如春的友情。每天我们都可能得到自己知道或不知道的别人的付出，难道不应该对世界心怀感激吗？"鸦有反哺之义，羊知跪乳之恩"，对养育自己、培育自己的父母师长，青少年更应表达深深的感激。而很多时候，青少年对父母付出的一切接受得理所当然，甚至觉得父母对自己的"服务"不够好，他们的心里缺乏感激之情。

一位辛酸父亲的来信

2004年11月1日下午，南京大学逸夫馆楼左前方公告栏上张贴了一封信，署名为"辛酸父亲给大学生儿子的信"。信的内容是这样的：

亲爱的儿子：

尽管你伤透了我的心，但你终究是我的儿子。虽然，你自从考上大学，成为我们家几代人里出的唯一一个大学生之后，心里已分不清咱俩谁是谁的儿子了。从扛着行李陪你去大学报到，到挂蚊帐、缝被子、买饭菜票甚至教你挤牙膏，这一切，在你看来是天经地义的，你甚至感觉你这个不争气的老爸给你这位争气的大学生儿子服务，是一件特沾光、特荣耀的事。

的确，你考上大学，你爸妈确实为你骄傲。虽然现在的大学生也不一定能找到工作，但这毕竟是你爸妈几十年的梦想。我们那年月，上大学不是凭本事考，要看手上的茧子和出身成分，有些人还要用贞操和人格去换。这也就是我们以你为荣的原因。然而，你的骄傲却是不可理喻的。在你读大学的第一学期，我们收到过你的3封信，加起来比一份电报长不了多少，言简意赅，主题鲜明，通篇字迹潦草，只一个“钱”字特别工整而且清晰。你说你学习很忙，没时间写信，但同院里你高中时的女同学，却能收到你洋洋洒洒几十页的信，而且每周一封。每次从收发室门口过，我和你妈看着你熟悉的字，却不能认领。那种痛苦是咋样的，你知道吗？

后来，随着你读二年级，我们的这种痛苦煎熬逐渐少了，据你那位高中女同学说，是因为你谈恋爱了。其实，她不说我们也知道，从你一封接一封的催款信上我们能感受到，言辞之急迫、语调之恳切，让人感觉你今后毕业大可以去当个优秀的讨债人。

当时，正值你妈下岗，而你爸微薄的工资，显然不够你出入卡拉OK、酒吧、餐厅。在这样的状况下，你不仅没有半句安慰，居然破天荒地来了一封长信，大谈别人的老爸老妈如何大方。你给我和你妈心上戳了重重一刀，还撒了一把盐。最令我伤心的是，今年暑假，你居然偷改入学收费通知，虚报学费。此前，我在报纸上已看到这种事情。没想你也同时看到这则新闻，一时间相见恨晚，及时娴熟地运用这一招，来对付生养你爱你疼你的父亲、母亲。虽然，得知真相后我并没发作，但从开学到今天，两个月里，我一想到这事就痛苦、就失眠。这已经成为一种心病，病根就是你——我亲手抚养大却又备感陌生的大学生儿子。不知在大学里，你除了增加文化知识和社交阅历之外，还能否长一丁点善良的心？

一位辛酸的父亲

这位辛酸的父亲给儿子写的信，经媒体报道后引发了无数人的共鸣。现实生活中，有多少父母正在用微薄的收入维持着孩子们光鲜的生活？我们不免觉得心酸。从母亲的痛苦分娩开始，孩子就开始接受父母的阳光雨露，很多父母生活很苦，却竭尽全力不让孩子受苦，给他们最好的生活、学习条件。孩子已经习以为常，认为父母的辛苦劳作都是理所当然的。当父母满足不了他们的要求时，他们不满、生气、愤怒。他们是否体会到父母对他们的付出，是否体会到父母是怎样的艰辛？

【活动】算这么一笔账

活动目的：

通过算这笔账使学生了解父母是多么不容易，激发其感激之心。

活动过程：

按照如下提示进行计算：

1. 年级：
2. 每年的学费是多少：
3. 每年买辅导书和杂志的钱是多少：
4. 每月的零花钱是多少：

   一年的零花钱是多少：
5. 估算一下每年自己买衣服需要多少钱：
6. 自己每天的伙食标准是多少钱：

   一年的伙食费是多少：
7. 是否有手机？是　否

   每月手机费大概多少：

   一年的手机费有多少：
8. 一年下来，所有的花费是多少：

   中学六年的花费：
9. 每年按照10个月计算，每月30天，计算每天的花费是多少：

活动总结：

账单算出后，让学生给自己的父母写一封信，写他们想对父母说的话。

《男孩和他的树》是一篇在网络上流传甚广的文章，以大树来寓意父母，从中可以看到拳拳父母心，切切亲子情。此类作品往往能使中学生产生深深的感触，教师要注意多向中学生推荐此类读物。

男孩和他的树

从前，有一棵巨大的苹果树。

一个小男孩每天都喜欢在树下玩耍。他爬树，吃苹果，在树荫下小睡……他爱树，树也爱和他玩。

时间过得很快，小男孩长大了，他不再每天都来树下玩耍了。

一天，男孩来到树下，注视着树。

“来和我玩吧。”树说。

“我不再是孩子了，我再也不会在树下玩了。”男孩回答道，“我想要玩具，我需要钱去买玩具。”

“对不起，我没有钱……但是，你可以把我的果实摘下来拿去卖了，这样你就有钱了。”

男孩兴奋地把所有的苹果都摘下来，高兴地离开了。

男孩摘了苹果以后很久都没有回来。树很伤心。

一天男孩回来了，树很激动。

“来和我玩吧！”树说。

“我没有时间玩，我得工作，养家糊口。我们需要一幢房子，你能帮助我吗？”

“对不起，我没有房子，但是你可以砍下我的树枝，拿去盖你的房子。”男孩把所有的树枝都砍下来，高兴地离开了。

看到男孩那么高兴，树也非常欣慰。但是，男孩从此很久都没回来。树再一次孤独、伤心起来。

一个炎热的夏日，男孩终于回来了，树很欣喜。

“来和我玩吧！”树说。

“我过得不快乐，我也一天天变老了，我想去航海放松一下。你能给我一只船吗？”

“用我的树干造你的船吧，你就能快乐地航行到遥远的地方。”男孩把树干砍下来，做成了一只船。

他去航海了，很长时间都没有露面。

最后，过了很多年，男孩终于回来了。

“对不起，孩子，我再也没有什么东西给你了，我再也没有苹果了……”

树说。

“我已经没有牙咬苹果了。”男孩回答道。

“我也没有树干让你爬了。”树说。

“我已经老得爬不动了。”男孩说。

“我真的不能再给你任何东西了，除了我正在死去的树根。”树含泪说。

“我现在不再需要什么了，只想找个地方休息。过了这么些年，我累了。”男孩回答道。

“太好了！老树根正是休息时最好的依靠，来吧，坐在我身边，休息一下吧。”

男孩坐下后，树很高兴，含泪微笑着……

背着妈妈上大学

刘霆的母亲六年前身患尿毒症，卧病在家，母子相依为命。2005年，刘霆考上了浙江林学院，因为家境贫困，依靠助学贷款就读。为了既能上学又能照顾病重的母亲，19岁的他背着母亲上大学。他用在校园打工挣的钱和学校补贴的钱在学校附近租了一间房子，把母亲接来照顾。为了节省开支给母亲治病，他省吃俭用。刘霆说：“母爱是伟大的，返哺母亲，就是关注生命，崇尚人的尊严。”他的事迹感动了社会各界，复旦大学附属中山医院为其母亲免费进行了换肾手术。人们为其捐款10万元，刘霆除留下一部分给母亲治病外，捐出5万元，由学校设立“孝心基金”，鼓励更多的学生学会感恩。他说：“我希望能够尽自己的最大努力帮助和激励其他有需要的同学，回报社会对我和母亲的关爱。”

刘霆让人感动的不仅有他的自强不息，还有他的知恩图报。虽然他生活艰难，可是他始终对母亲不离不弃，想尽办法照顾母亲，因为他知道，“曾经，妈妈也这样疼爱我”，他对母亲的一片赤子之情溢于言表。此外，他把对母亲的感恩升华为对社会的回馈，设立“孝心基金”，这是更高层次上的感恩。有一颗感恩的心，才能被他人感动，并感动他人。

【活动】情感测试

活动目的：

使学生认识到身边的人的重要性，懂得珍惜和感激。

活动过程：

请学生准备纸笔。让学生在纸上写下世上自己最爱的五个人，然后告诉他们必须删掉一个，划去一个等于这个人不存在了。学生划掉一个后，告诉他必须再删掉一个，这样直到划掉所有名字。

活动讨论：

让学生说说每划掉一个名字时的感受。

补充活动：

建议学生读史铁生的文章《我与地坛》，体会对母亲的深情厚意。

四、懂得义愤

亚里士多德曾说："任何人都能发火，这不难。但要做到为正当的目的，以适宜的方式，对适度的对象，适度发火，这可不容易。"

愤怒伤身，愤怒伤人，告诫自己不要随意发火，但不随意发火并不是要变得无动于衷，这里提到另一种道德上要提倡的愤怒——义愤。义愤不是单独情绪层面的感受，而是融合了爱恨的情感在内。义愤并不是个人怨尤层面的情感，更不是情绪化的过激反应，而是指出于道德良知对邪恶、丑陋现象的情感排斥和否定。在人际交往中，人们倡导互相理解和宽容，不宜愤怒，这是为人处世的修养。但是，对于超越宽容的边界、严重危害他人和社会利益的行为，我们应该坚守良知和道德的底线，做出应有的情绪反应。否则，人们体会到的则是麻木不仁、对弱者缺乏同情怜悯、对丑陋行为的默许。义愤是对丑恶现象表达我们应有的愤怒，使良知不至于泯灭。

请看下面的一篇报道：

2004年10月11日16时许，大庆市让湖路区中央大街上，从农村进城打工的人力车夫王强骑三轮车为避让一辆汽车，不慎轧死一对夫妇牵着的小白狗。狗的主人对王强指责了一通后，逼他在马路上当众给死狗磕了三个头。王强磕完头后，他们又向他索要600元钱作为赔偿费。王强翻遍全身的口袋，拿出了自己一天的收入20元钱。狗的主人不答应。王强抹着额头的汗水和委屈的泪水，向其他人力三轮车夫求助，凑到了200元钱。那对夫妇接过钱扬长而去。一位老者气愤地说："大庭广众之下发生这样的事情，真是太欺负人了，太不像话了！"

事后，大庆市公安局根据《中华人民共和国治安管理处罚条例》第22条第三款之规定，给予"公然侮辱他人"者——狗的主人李某拘留15日的处罚。

这则报道曾经引起人们极大的关注，人们纷纷谴责这种不道德的行为。对当事人来说，爱犬意外死亡值得同情，必要的赔偿可以接受，但是不能借此侮辱他人的人格，超过了这一道德底线，必然引起公愤。在这一事件以及随后大家的关注中，很多人表达了气愤，这是令我们欣慰的事，是社会良知的体现。面对各种恶劣的行为，我们应该感到愤怒，而不是故作理智地离开。

第七章

坚强意志，面对挫折

人的一生就像是一段旅行，风霜雨雪都会遇到，或许还要翻越万丈高山，踏过泥泞的沼泽。随着年龄的增长，我们愈加认识到人生在于不断前行，永不停止。年少的中学生可能会认为“花该为我红，水该为我绿”，虽意气风发却又少不更事，一旦遭遇挫折就逃避退缩。因此，教师要让学生懂得挫折乃是生命历程的必需，要让他们知晓每一棵参天大树的长成都要经历风雨的洗礼，把每次风雨的到来看做是一次成长的契机，即使道路有坎坷，也不放弃生命的旅程。

第一节 直面挫折，勇敢的心不退缩

生活并不总是一帆风顺，人们总会遇到不顺、阻碍等，这都是生活的经历，可以使人积累人生经验、磨炼意志。当青少年不能有效地应付挫折，不能缓解由此产生的负面情绪时，这些就会影响其身心健康。因此，引导学生正确认识挫折，及时调整心态，对维护青少年的身心健康有重要意义。

一、什么是挫折

挫折是指个体的需要和动机行为受到阻碍、预定目标不能实现时所产生的一种紧张状态及情绪反应。比如，排队买东西，结果到自己时刚好卖完了，这时就会感到懊恼。

挫折包含着三层含义：挫折情境、挫折认知和挫折行为。挫折情境是指干扰或阻碍有目的行为的情境；挫折认知是个体对挫折情境的认识、态度和评价；挫折行为是指伴随挫折认知而产生的情绪和行为反应，如愤怒、焦虑和攻击等。

由上可知，挫折情境并不一定会构成心理挫折，比如同样是没有评上三好学生，对于有些同学来说是很大的挫折，对于有些同学来说则不是什么大不了的事。一般来说，当挫折情境、挫折认知和挫折反应同时存在时，便构成心理挫折。但是挫折认知和挫折反应也可能构成心理挫折，如有些同学觉得周围的同学故意冷落自己，自我感到紧张、烦恼等。

【活动】假如生活欺骗了你

活动目的：

使学生通过诗歌领悟生活中避免不了挫折，要以平常心对待。

活动过程：

1. 教师指导学生自行阅读俄国诗人普希金的诗歌《假如生活欺骗了你》。
2. 教师与学生一起大声朗读诗歌。
3. 请学生主动站出来有感情地朗读诗歌，并谈谈自己的理解。

假如生活欺骗了你

（俄）普希金

假如生活欺骗了你
不要悲伤　不要心急
忧郁的日子里须要镇静
相信吧　快乐的日子将会来临
心儿永远向往着未来
现在却常是忧郁
一切都是瞬息
一切都将会过去
而那过去了的
就会成为亲切的回忆

活动讨论：

教师指出"欺骗"是指现实和理想的差距，请学生回忆自己经历过哪些被生活"欺骗"的事件，当时自己的感觉怎样。

活动总结：

教师鼓励学生不要惧怕挫折，要勇敢面对。

二、中学生常见的挫折原因

挫折普遍存在于人生的各个领域，只要有欲望，有追求就会有失望、有失败。对于十几岁的中学生来说，他们处在各种生理机能的变化和成熟时期，独立的意识逐渐形成，心理开始变得错综复杂。他们既渴望独立又依然依赖；既渴望体现个人价值又感到力不从心；他们求知欲强烈但是分辨能力低；他们情感丰富但欠缺理智；他们自尊心很强，但时常感到自卑。中学生这些矛盾和冲突的特点使他们易产生挫折感。挫折来自各个方面，大致可分为外部因素和内部因素两大类。

（一）外部因素

对中学生来说，导致挫折的外部因素主要是指在家庭环境、学习环境、人际关系和其他外部环境中可能出现的困难与问题，主要包括以下几个方面：

1. 家庭环境

■亲子关系紧张，孩子从家长那里得不到应有的关爱，反而经常受到忽视，甚至打骂，这会对孩子的心理造成极大伤害。

■家庭破损，父母离异，孩子过早失去父爱或母爱。

■父母关系不和，经常争吵打架，使孩子在家中感到烦恼、苦闷。

■生活条件差，父母经济能力有限，难以满足孩子较高的消费要求，使他们感到不满、失望。

■父母对孩子期望很高，教育方法有缺陷。例如，逼迫孩子学习，参加各式辅导班，孩子不能按自己的意愿学习。

2. 学习环境

■学习有困难，难以跟上课程进度。

■学习负担过重，压力太大。

■大部分精力都要花在学习上，自己的兴趣爱好得不到发展。

■就读学校不是理想中的学校，对学校或所在班级不满意。

3. 人际关系

■同伴关系问题，如在班级里没有好朋友、受大家孤立、受个别同学欺负或被朋友误解、友谊破裂。

■师生关系问题，如受到老师的误解或不公正对待、与老师产生对峙。

■异性交往问题，如不敢看异性同学、不敢与其交谈，或者心里对其产生爱慕，不知如何处理这种情感，内心感到矛盾。

4. 其他因素

包括一些突发性事件，如生病、遭遇火灾、车祸、被盗等。

（二）内部因素

导致学生遭受挫折的内部原因除了自身生理上的伤残、病患外，从心理因素看，主要有以下几个方面：

1. 对目标的期待水平

学生经常高估自我能力，因此定下的目标要高于自己的实际能力所能达到的水平，一旦不能实现就会感到十分失望。例如，学生觉得自己这段时间学习进步了，如果努力一定能够进入前三名。当然，学生追求进步的动机是好的，但是目标如果过高，则容易导致积极性受挫。

2. 对目标的重要性判断

一般认为，目标的价值越大，目标受挫带来的失落感越强。例如，一个很想当班干部的学生，积极努力为竞选做准备，他把这件事看得很重，如果落选，他会觉得很受挫；而认为当班干部会影响自己学习的学生，则感觉无所谓。

3. 对挫折情境的主观判断

由于学生的认知方式、生活经历和性格特征等方面的差异，他们对相同的事情往往会产生不同的认识和感受。例如，从小在表扬声中长大的学生，如果偶尔受一次批评便觉得受不了；而从小老挨批评的学生，对偶然的批评则不是很在意。另外，性格豁达、乐观的学生，容易从积极的角度看问题，而性格孤僻、抑郁的学生爱从消极方面理解事物，更易产生心理挫折。

三、挫折反应

中学生在遭受挫折后，必然会做出一定的反应，这类反应可以分为情绪性反应和理智性反应。

（一）情绪性反应

个体受到挫折后伴随着强烈的情绪活动的反应，如紧张、烦恼、焦虑等情绪反应，多为消极性情绪。情绪性反应的形式很多，一般有攻击、退化、固执、幻想、逃避、自戕等。

1. 攻击

攻击是情绪反应最常见的形式，是学生受挫后发泄愤怒的过激行为。攻击可以是直接把愤怒发泄到造成挫折的人或物上，如直接动手打人；有时候由于不能直接攻击引起挫折的对象，便将情绪发泄到其他人或动物身上，称作转向攻击，如在学校受了气，但不好发作，回家之后向父母发火或者虐打小动物。

2. 退化

退化是学生受挫后表现出与自己的年龄和身份不相称的幼稚行为。他们不能控制自己，而以简单、幼稚的方式应付挫折，表现出由成熟向幼稚倒退的现象。例如，学生在得知自己的自行车被偷后，坐在地上号啕大哭。

3. 固执

固执是指学生受挫后，不根据实际情况调整自己的行为方式，仍然以刻板的反应方式，盲目地重复同样无效的行为。

4. 逃避

学生受挫后，轻易放弃原来的目标，不再去做任何努力。

5. 自戕

学生受挫后，心神紧张，处于愤怒和痛苦之中，往往将失败的原因归结于自己，把自己作为发泄愤怒的对象，伤害自己。

（二）理智性反应

理智性反应是指个体受挫后审时度势，克服各种困难，坚持不懈地朝预定目标迈进。同时，理智性反应还表现在能客观地分析困难，适当地降低或提升目标。

1. 继续努力

这是最常见的处理方式，也是遭受挫折后的首选反应。表现为不轻易放弃既定目标，再接再厉，争取实现目标。

2. 调整目标

这也是一种理智性的反应方式。如果学生经过多次努力后，目标仍然遥不可及，那就需要重新审视自己的能力，实事求是地确定新的目标水平。

3. 替代行为

这是寻找新的目标来代替原有目标，借以补偿原有目标未能实现所造成的心理伤害。尤其是当实践表明，学生的原有目标确实是非自己能力所及时，更换目标是一种降低挫折感的可行方法。例如，学习成绩不好的学生，可以发挥自己在体育、艺术或操作技能等方面的过人之处。

【活动】 胡萝卜、鸡蛋和咖啡豆

活动目的：

通过活动使学生意识到面对同样的挫折环境，不同的应对方式结果不同。

活动过程：

1. 准备材料：胡萝卜、鸡蛋和一些咖啡豆。

2. 教师引导："假如把这三样东西（咖啡豆磨成粉状）分别放在不同的锅里煮，它们会有什么变化呢？"向学生展示煮过的胡萝卜、鸡蛋和咖啡粉。三样东西加热后的变化：胡萝卜变软了，剥皮后的鸡蛋变硬了，咖啡粉成了香喷喷的咖啡。

活动讨论：

请学生比较这三样东西在进入沸水前后有什么变化。

活动总结：

学生发言后，教师指出，这三样东西面临同样的逆境——煮，但是变化却各不相同。胡萝卜入锅之前是强壮的、结实的，但进入开水之后，它变得软软乎乎。鸡蛋原来是易碎的，它薄薄的外壳保护着液体的内脏，但是经开水一煮，液体变成了固体，反而变硬了。粉状咖啡豆则很独特，进入沸水之后，它们改变了水。请学生思考自己属于哪一类。

四、如何让学生不惧挫折

（一）主动吃点苦——吃一堑，长一智

"自古英雄多磨难，从来纨绔少伟男。"这句古训告诉我们，艰苦的条件更能激发孩子的潜力，锻炼他们坚强的品质。在实际生活中，家长、教师习惯将学生围得严严实实，使他们很少有机会亲自体验学习之外的挫折并通过自身努力克服挫折，更别说自找挫折受了。这里建议对中学生进行适当的挫折训练，使他们逐步体验生活，认识社会。教师可指导学生自己设计活动方案。例如，策划一次街头卖报的行动，从市场调研开始就要学生自己负责，包括找报社合作，最后自己走上街头卖报等过程。每个环节中，学生都有可能遇到困难，那都是他们接受锻炼的机会。活动结束后，请学生分享自己在活动中的心路历程，注意学生在遇到挫折时是如何反应以及如何克服的。给学生创设挫折情境的目的，是让他们从中获取经验、教训和感悟，逐步形成正确的挫折意识。

（二）学会受挫后的快速恢复

在西方挫折教育中，培养孩子受挫后的恢复力是一项很重要的内容。乐观的孩子不是没有痛苦，而是能很快从痛苦中解脱出来。学生受挫后，教师要帮助他们尽快从挫折情境中走出来，“重新收拾旧山河”。常用的挫折心境调节方法有如下几种：

1. 自我安慰

当自己真正的需求无法满足时，为了解除内心的不安，可编造一些合理的“理由”，以消除紧张，减少压力，保护自己不受伤害。这是一种自我防御措施，其实就是通常所说的“酸葡萄心理”。《伊索寓言》说，“狐狸吃不到葡萄，就说葡萄是酸的；只能得到柠檬，就说柠檬是甜的，于是便不感到苦恼。”

2. 转移法

把放在挫折情境上的注意力转移到感兴趣的活动（如绘画、游泳等）上。

3. 宣泄法

受挫后，学生心中充满了苦闷，这时要鼓励他们向信任的人倾诉；或是在适当场合痛快地大哭或大声喊叫。但是要注意，发泄并不是把怨气和怒气撒在别人身上，而是要重新梳理，重新认识。

4. 补偿法

当学生某一方面的目标受挫后，告诉他们可以用另一个可能成功的目标来补偿替代。正如西方谚语所说：“当上帝给你关上一扇门的时候，他一定给你打开了一扇窗。”

5. 自我暗示法

暗示有一种神奇的力量，如果有人当面赞美你，那么，你往往感觉那一天都是美好的。但是，你还是你，并没发生什么本质性的变化。称赞让你觉得自己真的很不错，这其实就是最常见的一种心理暗示。如果学生在逆境中对自己进行积极的心理暗示（参见图 7.1），不但对自己是一种鼓励，而且也使自己增强了克服困难的信心。

图 7.1 心理暗示

6. 寻求社会支持

在中学生遭遇重大挫折时，父母和亲友会与他们站在一起，给他们温暖和力量，所以，遭遇挫折时，可以从父母、亲友那里寻求帮助。父母和亲友适当的帮助，能使遭遇挫折的中学生更快地走出阴影。

五、活动训练营

在教师对挫折进行理论性的介绍后，学生对挫折有了感性上的理解，教师可以通过下列活动进一步使学生正确应对挫折。

【活动一】蝴蝶和蜘蛛网

活动目的：

通过活动使学生意识到自己在遇到挫折时并不是孤立的，给自己以战胜困难的信心。

活动过程：

1. 热身活动：小故事——破茧而出。

草地上有一个蛹，一个小男孩发现并带回了家。过了几天，蛹上出现了一道小裂缝，里面的蝴蝶挣扎了好长时间，身子似乎被卡住了，一直出不来。天真的孩子看到蛹中的蝴蝶痛苦挣扎的样子十分不忍。于是，他便拿起剪刀把蛹壳剪开，帮助蝴蝶脱蛹出来。然而，由于这只蝴蝶没有经过破蛹前必须经过的痛苦挣扎，出壳后身躯臃肿，翅膀干瘪，根本飞不起来，不久便死了。

2. 教师前言：人的成长如同蝶的破茧，过程是痛苦的，但是如果没有这种蜕变，就不会有力量的增强，更不会有新生。因此，压力和挫折是我们成长与发展中不可缺少的元素。当遇到困难时，我们不是孤立的，有人永远站在我们的身边，他们愿意倾听我们的心声，了解我们的心情。

3. 猜谜语：请学生先猜个谜语。它是一种动物，生长在陆地上，会爬，雌的大过雄的，大部分女生都害怕，能捕捉蚊子和苍蝇，有八只脚，经常待在屋子的墙角，会结网。随后给出答案：蜘蛛。

4. 画蜘蛛网：蜘蛛结的网有什么特点？有很多的格子。启发学生认识到：正是这一个一个的格子才使蜘蛛稳坐在中央，进行自己的捕猎活动。画出自己的蜘蛛网，然后把自己的朋友、亲人写上去。最内圈的人是自己遇到困难时最先想到要找的人，最外圈是不经常去找的人。

活动讨论：

写完后请学生看看蜘蛛网上最内圈都填了哪些人，并请学生分享找这些人有哪些收获，成效如何；回过头来好好想一想，自己的蜘蛛网哪里出现断丝了，需要如何修补。比如，与父母关系紧张、最近和朋友因为小事而吵架伤了和气，应该如何化解。

活动总结：

学生讨论结束后，教师进一步向学生点明，遇到困难时他并不是孤立无援的，谁都可以伸出手来拉一把，同时也让学生明白要常对他人保持感激之心，这样反过来会避免很多挫折的发生。

【活动二】人生篇章

活动目的：

通过活动使学生注重从挫折中吸取经验，更好地前进。

活动过程：

1. 回忆挫折：教师引导学生回忆2～3件影响较大的挫折事件的内容、解决过程、当时的感受及挫折解决的后果，让学生整理思路后，将内容填入下表（表7.1）中。找5～10个学生进行分享。教师要注意总结学生在问题解决时应用的好方法。

表7.1 过往的挫折事件

挫折事件	如何渡过难关	心里感受	满意度（低中高）
例：和父母沟通不良	默默承受，找好朋友诉苦	很哀怨	低

2. 欢送挫折。

教师寄语前言：挫折代表着人生的一种变化，它标志着旧阶段的结束和新阶段的开始，让我们给失败举办个仪式吧，来甩开失败。让我们努力鼓掌，欢送失败，迎接我们新的明天。请同学们鼓掌时想象过去的痛苦、挫折一扫而光，让它们灰溜溜地跑掉吧。教师带头鼓掌，等掌声自然消落。

3. 重新来过：让学生思考如何运用合适的方法应对自己目前的2～3个挫折处境，填入下表中（表7.2）。

表7.2 目前的挫折处境

挫折事件	如何渡过难关
例：和父母沟通不良	用学过的沟通方法，加上适当的言辞，真诚地跟父母沟通……

【活动三】励志共享

活动目的：

通过名言警句对学生进行激励。

活动过程：

与学生共享励志故事和名言警句，并让学生收集自己喜欢的励志故事和名言警句。

一个人并不是生来要给打败的，你尽可把他消灭掉，可就是打不败他。

——海明威

苦难对天才是一块垫脚石，对能干的人是一笔财富，对弱者是万丈深渊。

——巴尔扎克

被雨打折了的向日葵，天晴了，它仍旧向着日，美满地开花，美满地结实。

（选自文学家沈尹默写的一首诗《秋》中的一句）

这里有来自网络（http：//gtlsz123.blog.com.cn/archives/2007/2381333.shtml）的一段话，非常传神地描述了挫折面前的坚强形象：

挫折就是将你打倒在地再踏上一只脚，就是千锤万砸、百般揉搓、纠缠不休，就是屋漏雨连夜、沉船顶风、落井下石，总之，就是叫你不得安生。然而，只要你尚未粉身碎骨，只要你尚未樯倒帆没，只要你还有一口气，挣扎起来，喘口气，连牙带血地唾一口，向那得意洋洋的恶腿扑过去，扯翻在地。撼铁山难，化铁为水，恣其如流，可乎！——倒而不败，是谓挫折。

活动总结：

名言警句有时能起到非同一般的激励效果，教师要引导学生在学习中多积累此类格言，对自己进行激励。

第二节

坚持不懈，造就顽强意志力

老一辈的人总是喜欢讲自己过去的生活如何艰难，曾经如何忍饥挨饿，如何在艰苦的条件下学习。相比起来，现代的青少年物质生活确实优越得多，但是，如果认为离开了这些艰辛，他们生活得如何轻松快乐，那就错了。他们面对的困难一点也不比以前的年代少：信息铺天盖地，社会五光十色，生存竞争激烈。现代社会给予青少年成功的机会多，失败和挫折同样也不少，就像我们所说的“机遇与挑战并存”。坚强的意志力使青少年增强了抵御诱惑的控制力，也使他们增强了克服消极情感的控制力，勇敢快乐地迎接挑战，向成功奋进，而脆弱的意志力则往往使他们一事无成。

一、意志的含义

心理学上的意志指人们自觉确定目的，根据目的有意识地支配和调节自己的活动，克服种种困难而实现预定目的的心理过程。人们每做一件事，都会在头脑中有自己的行为目的，然后制订计划，并下决心克服困难，付诸行动。

知、情、意是人类不可分割的基本心理过程，意志使人的认识不断深化，使人的注意力集中，并坚持完成自己的计划。积极的、愉快的情感是意志行为的动力，而意志又能使愉悦感持久、巩固；但负性情绪需要意志来控制。意志坚强的学生能够使情感服从于意志，形成良好的学习、生活习惯；意志薄弱者沉溺于消极情绪中，长此以往就形成懦弱、懒惰等不健康的心理。

二、意志的四大品质

意志品质是个体在意志行为中表现出的稳定的心理特征，各方面协调才称得上品质优良，某一方面太强或太弱，都不利于整体的意志品质体现。

1. 独立性

独立性指个体能根据自己的认识与信念，独立地采取决定，执行决定，不受他人的干扰，不随波逐流。

与独立性相反的表现是武断和受暗示性。武断是指从主观出发，刚愎自用，一意孤行，不听他人的忠告。受暗示性指容易受别人的影响，没有自己独到的见解，人云亦云，这类学生表现出过多的盲从和屈从。

2. 果断性

果断性是指面对复杂多变的环境，能够迅速而有效地做出决定并实施。这类人善于审时度势，善于对问题做出正确的分析和判断，在考虑诸多因素的基础上当机立断，既处事严谨，又果敢坚决。

与果断性相反的意志品质是优柔寡断。优柔寡断者在决策时顾虑重重、内心冲突此起彼伏，做出决定后又患得患失，怀疑自己的决定。

3. 坚韧性

坚韧性指在执行阶段能坚信自己决定的合理性，并矢志不渝，克服困难，坚持到底。顽固和执拗不同于坚韧，顽固和执拗的人不能正视现实，不能根据变化了的形势改变策略，甚至知错而不改。与意志坚韧者相反，动摇者在行动伊始，决心很大，也能执行自己的计划，但是一旦遇到困难就放弃目标，中途退缩。学生中不乏此种虎头蛇尾的现象，他们也很想改掉这些坏毛病，关键在于有没有行之有效的方法。

4. 自制力

自制力指自觉控制和协调自己的思想、感情和行为的意志品质。主要表现在两方面：一方面使自己排除影响行动执行的干扰因素；另一方面能抑制与目的相背的情绪和行为等。自制性表现为很强的克制力和忍耐力，组织纪律性强，情绪稳定。与自制性相反的表现是任性和怯懦，任性的人自由散漫，感情用事，自我约束力差。而怯懦的人则过分压抑自我，一味迎合外在环境，谨小慎微，在需要行动时畏首畏尾。

学生通过上述内容对意志品质有一定认识后，教师可以配合下列活动，为学生提供思考自己意志特点的方法。

【活动】 自我“体检”台

活动目的：

通过活动使学生认识自身的意志特点。

活动过程：

对照以上意志品质，让学生看看自己有哪些优良的品质，又有哪些不良的品质（见表7.3）。针对不良品质，课后制订行动计划，并写下承诺（计划）。

表7.3　意志品质检查表

	优良意志品质	例：自制力强		
	优点	作业不用父母督促		
	不良意志品质	例：优柔寡断		
	缺点	做决定时拖拖拉拉		

三、在行动中磨炼意志力

不言而喻，意志力很重要，这种优良品质能够使每个人克服困难，最终赢得光荣和梦想。那么，如何使学生具有恒心和毅力呢？意志力的培养不是一蹴而就的，如果做每一件小事都能坚持最初的目标、达到目的的话，那么就可以相信自己是个有恒心和毅力的人了。毛泽东同志读书十分注意持之以恒，在湖南第一师范读书期间，曾做过这样一副对联："贵有恒，何必三更起五更眠；最无益，只怕一日曝十日寒。"整联强调一个"恒"字。学生若想要培养恒心和毅力，那就制订计划，行动吧。

想要制订切实可行的行动计划，需要两个步骤：

第一步，确定和设立目标。

关于目标曾经有这么一个故事：

一日，一位教师课上向学生提问："一辆客车上坐了20名乘客，在第一站下了3名乘客，上来2名乘客；下一站下了1名上了2名；下一站上了2名下了3名；再下一站下了4名上了5名；再下一站上了3名下了4名；下一站又下了5名上了6名，请问答案是什么？"

学生回答："车上还有20名乘客。"教师摇头："错了。我问的是汽车共停了几站？"

这个故事想说明的是，如果不知道目的，就永远不可能得到正确答案。所以，设立明确的目标是前进的第一步。

第二步，针对目标制订行动计划。只有清楚自己每一步想达到一个什么样的目标，才能知道行动计划朝向哪个方向。计划制订之后，最关键的是执行。

计划订得再完美，如果不去执行，还是白纸一张，只有坚持去做了，哪怕当时很痛苦，回头想想就会觉得有收获了。放弃是因为在艰难的时刻觉得痛苦得无法支撑，于是稍微松了那么一下，结果导致整个过程都松懈了。艰难的时刻是什么呢？艰难的时刻是做正确的看似痛苦的事和做容易的实则有害的事发生冲突的时刻。艰难时刻每天都会出现，比如应该在6点起床，闹铃响后，还是留恋温暖的被窝，一直赖到了7点，睡过的1小时不能重新度过，需要赶这个时间，赶那个时间，于是匆忙而慌乱，如果在这一时刻保持坚强，6点就起床，那么那是心想事成的一天，一切都那么美妙。在这些紧要时刻，要坚持，挺住，一直挺住，一直坚持，那么整个计划就实现了！下面这个故事或许能使学生对"坚持""挺住"领会更深一些。

没有鱼鳔的鱼

在浩瀚的海洋里，生存着数以万计的鱼类。这些鱼大多有鱼鳔，可以自由沉浮。但是，有一种鱼，它们没有鱼鳔，行动极为不便，很容易沉入海底。为了生存，它们只有不停地运动。许多年以后，这种鱼拥有了强健的体魄，成为当今海洋的霸主。它们就是海洋中最凶猛的鱼——鲨鱼。

（改编自：郑巍，2007）

面对如此逆境，正是因为不断的努力和坚持，没有鱼鳔的鱼才成为了海洋中最强大的生物。无论何时，当觉得无力再撑下去时，想一下这个故事，不要放弃努力。

觉得艰难的时刻，那或许是离成功最近的时刻，学生往往在这时候就不能再坚持，教师需要帮助学生克服恐惧，让他体会到每次进步一点点都在靠近成功，坚持努力就一定成功。

有些学生在计划实施的过程中贪多、贪快，总想一下子成功。一开始热情还挺高，但不久就把自己搞得身心疲惫，不得不放弃。所以，在计划实施的过程中，需要提醒学生注意：不贪快，因为“贪快”就会造成过度的心理压力，导致欲速则不达；不贪多，因为“贪多”会让自己无力承担，丧失面对的勇气；不中断，因为一旦中断，会影响累积的效果和意志，功亏一篑。

其实将巨大的任务分解来看，每一步努力就不显得那么艰难了，要不贪多，不贪快，不中断，一步一步完成目标。下面故事中的小钟只是每秒摆一下，最后完成了3200万次的任务。

每秒摆一下

一只新组装好的小钟放在两只旧钟当中。两只旧钟“滴答”“滴答”一分一秒地走着。

其中一只旧钟对小钟说：“来吧，你也该开始工作了。可是担心你在走完3200万次之后，恐怕吃不消了。”

“天哪！3200万次！”小钟吃惊不已。“要我做这么大的事？办不到，办不到。”

另一只旧钟说：“别听他胡说八道。不用害怕，你只要每秒钟滴答摆一下就行了。”

“天下哪有这样简单的事？”小钟将信将疑，“如果是这样，我就试试吧。”

小钟很轻松地每秒钟“滴答”摆一下，不知不觉中，一年过去了，它摆了3200万次。

每个人都渴望梦想成真，成功似乎远在天边遥不可及，倦怠和不自信让我们怀疑自己的能力，放弃努力。其实，我们不必想以后的事，一年甚至一个月之后的事，只要想着今天我要做些什么，明天我该做些什么，然后努力去完成，就像那只小钟一样，每秒“滴答”摆一下，成功的喜悦就会慢慢浸润我们的生命。

（陆勇强，2004）

第三节 危机干预，承受生命之重

十几岁的孩子自杀、自残甚至丧心病狂地伤害他人，这种极端不爱惜生命的行为时有发生，令人痛惜。我们不知道在他们的头脑中“死亡”是什么概念，他们或许没有意识到生与死的差异，他们选择了这种极端的方式作为生命意义的归宿。而悲剧发生后的影响力则是不可估量的，尤其是发生在学生中间的突发事件，给他们造成了相当大的心理压力。我们有必要也有责任让学生了解死亡是怎样一回事，使中学生正确看待生命中的死亡事件，并对类似的事件进行及时干预。

一、生命主题辅导

现代青少年在成长过程中出现了诸多问题，尤其在对待生命方面，如对自身生命的漠视、对他人生命的轻视、对异类生命的摧残，这些问题表现了青少年对生命的无知和不以为然。

“生命教育是一种以人为本的教育，是强化生命意识、珍视生命价值和发展生命潜能的教育。狭义的生命教育是指对生命本身的关注，包括个人与他人的生命，进而扩展到一切自然生命。”（刘晓伟，2007）

生命教育的目的是为了“促进学生生理、心理、社会、灵性全面均衡地发展。从生命的终点——死亡开始，帮助学生探索与认识生命的终极意义与价值；克服对死亡的恐惧与焦虑，珍惜自己的生命，尊重他人的生命，超越生命中的困难，提升生活品质，激发生命的潜能”。

（一）认识生命与死亡

对每一个人而言，没有了生命，就没有了一切的基础；放弃生命，就放弃了一切可能。人生活在关系中，只有珍爱自己的生命，才会扩展到珍惜他人及生灵的生命。

一个轻视自己生命的人必然伴随着对他人生命的轻视；对自己的身体缺乏尊重和珍惜的人，必然无视他人的痛苦。

1. 生命随时间流逝，花落花又开

朱自清先生的散文《匆匆》很具体地描述了时间的流逝，“如白驹过隙”，无声无息，却绝决无情。人的生命就是随着时间的溜走而成长，生命的长度随时间的增加而减少，过去的生活不可追回，生命中没有反复。教师可通过以下活动配合教学，使学生感受有限生命的珍贵。

【活动】假如生命只有一星期

活动目的：

通过活动使学生思考在有限的时间里，生命的弥足珍贵。

活动过程：

教师提出假设条件“如果你的生命只剩下一星期”，按照下列提示，组织学生展开讨论。

1. 你有什么话要对谁说？说什么？

2. 你有什么事一定要做？或想立刻去做？

3. 你想和谁度过这段时光？如何度过？

4. 由教师计时，请全体学生闭上眼睛，一起静静体验两分钟的时间，体验生命的流逝。（注意要学生保持安静，不要说话和相互观望。）

活动总结：

讨论结束后，教师指出，生命的时间有限，要在有限的时间里珍惜生命。

2. 让生命有所值，花落为花开

自然界有其自己的规律，每一个事物都要经历出生、成长、衰败和死亡。人也是一样的，每个人最终都要死亡，但是死亡不是目的，死亡也不是追求的最终价值。中学生已经开始生命意义的探索，他们时时会思考“人为什么要活着，活着的意义何在”。这是几千年来人类上下求索而未有统一结果的问题，人生的价值和意义没有固定的答案，因为每个人的生命都是独一无二的。下面几个事例从不同侧面说明，每个人心里都有一朵生命的奇葩，不因坎坷和困难而贬低其价值。

20美元的价值

在一次讨论会上，一位著名的演说家没讲一句开场白，手里却高举着一张20美元的钞票。面对会议室的200个人，他问："谁要这20美元？"一只只手举了起来。他接着说："我打算把这20美元送给你们其中的一位，但在这之前，请允许我做一件事。"他说着将钞票揉成一团，然后问："谁还要？"仍有人举起手来。他又说："那么，假如我这样做又会怎样呢？"他把钞票扔到地上，又踏上一只脚，而且用脚碾它。尔后又拾起钞票，钞票已变得又脏又皱。"现在谁还要？"还是有人举起手来。"朋友们，你们已经上了一堂很有意义的课。无论我如何对待那张钞票，你们还是想要它，因为它没有贬值。它依然值20美元。人生路上，我们会无数次地被自己的决定或碰到的逆境击倒、欺凌甚至碾得粉身碎骨。我们觉得自己似乎一文不值。但无论发生什么或将要发生什么，在上帝的眼中，你们永远不会丧失价值。在他看来，无论肮脏或洁净、衣着齐整或不齐整，你们都是无价之宝。"

（摘自：《CHAMATE》，2007年第1期）

生命的价值并不因为我们处在落寞困惑中而降低，只要拥有生命便具有生命的价值，也才能体会其意义所在。生命的意义因人、因时而异。一个大浪冲击礁石，海鸟惊逃，以为是危险来临，而海浪冲上沙滩，孩子欢喜，会以为是大海开出了花。

生命的意义

天使想了解万物的意义，尤其是生命的意义。然而天上的各路神仙都被这个问题难住了，没有一个有准确的答复，于是，天使准备到人间向人们索求答案。

天使先到了一个花园，一位年老的花农正埋头忙碌着。天使礼貌地问："老爷爷，打扰一下，您能告诉我生命的意义吗？"花农看了看手中的一株花，慢慢说道："生命的意义就像这昙花一现，虽只有片刻的精彩，却需要付出一生的努力。"天使似懂非懂地注视着这株快凋谢的昙花，告别了花农，继续上路。

天使又来到一所学校，一位慈祥的教师正伏案工作。天使尊敬地问："老师，请问您能告诉我生命的意义吗？"老师指了指桌上的蜡烛，笑着说："生命的意义好似这根蜡烛，燃烧自己，奉献光明，一生都是默默的。”天使细细咀嚼了一番，望着老师疲倦的背影，笑着离开了。

天使来到一座医院，一个身患绝症的女孩正静静地折着千纸鹤。天使真诚地问：“姐姐，你认为生命的意义是什么？”女孩放下手中的千纸鹤，沉思了片刻回答道：“生命的意义是走到人生尽头时仍能乐观坚强，让最后的日子充满欢笑而不是悲伤。”天使若有所思地望了一眼千纸鹤，轻轻带上了房门。

天使最后来到一家科学研究所，一位年轻的科学家正聚精会神地做着研究。天使恳切地问：“请问您怎样看待生命的意义？”科学家顿了顿，坚定地说：“生命的意义是不可估量的，正如科学的神奇与无穷。所以我们才要努力实现生命的意义。”天使满意地笑了笑，看着那些伟大的科研成果，欢快地回家了。

神仙们知道天使回来了，便纷至沓来问答案，天使微笑着告诉大家：“生命的意义没有一个准确的答案，更不能把它与金钱物质相提并论。因为生命的意义是耕耘，是付出，是奉献，是乐观，是坚强，它需要每个人去努力实现它的意义，甚至超越生命本身的意义。”

（二）珍惜生命

生命本来无所长，珍爱生命，使自己的生命不受到伤害是第一层次；如何使自己活得有价值是更高层次，每个人都应该去思考并为此付出行动。有位哲人曾说过：内容充实的生命就是长久的生命，要以行为而不是时间来衡量生命。对学生而言，就是要活在当下，把握好每一天。珍视生命要从珍视自己的生命扩展到珍视他人或其他动物的生命，心怀对生命的尊重，人才不会是一种冷酷的动物。但是如今，很多中学生不珍惜自己的生命，因为一点小事就以极端的方式解决问题，这实在令人担忧。

2008年3月20日，湖北新闻网的一条消息“枝江14岁神童之死”再次引起公众对青少年自杀的关注。神童覃瑶2岁上学，14岁上高二，因看课外书被老师批评，留下遗书跳入校内的池塘自杀。有网友留言道：“这个小孩已经很努力。她努力成天才，努力爱父母，努力生活。她只是没有学会珍惜自己的生命。”

中学生思维具有片面性，当他认为事情已经不可改变时，死亡就是最好的逃避和心灵的回归，覃瑶在绝笔信中写到：“我现在真的觉得很累、很累，我要好好地休息一下了。”或许造成这个结果的原因很多，但她选择的问题解决方式太绝对了，她不知道她如此轻率的举动葬送了自己和他人的一切梦想和希望。不管生命是多么弱小，只要心跳存在，总能感受到世界的美好。能来到世上，就已经打败了成千上万个对手，所以千万不要感叹生命力量的软弱无力。有些人身体完好，却轻易地抛弃了生命；有些人身患重病，却仍坚强勇敢，周大观和约翰·库缇斯（John Coutis）在这方面是令人敬仰的对象。

周大观1988年出生于我国台湾省，1997年去世，是位小诗人。他在生命的最后两年里与病魔做顽强斗争，做了32次化疗、30次电疗，然后截肢。截肢后，周大观写下了《我还有一只脚》这首诗。

我还有一只脚

贝多芬双耳失聪，
郑龙水双眼失明，
我还有一只脚，
我要站在地球上。
海伦·凯勒双眼失明，
郑丰喜双脚畸形，
我还有一只脚，
我要走遍美丽的世界。

在生命的最后时刻，周大观怀着一颗感恩的心，默默写了《活下去》这首诗。

活下去

医师是法官，
宣判了无期徒刑，
但是我是病人不是犯人，
我要勇敢地走出去。

医师是法官，
宣判了死刑，
但是我是病人不是犯人，
我要勇敢地活下去。

我要与癌症恶魔争健康，

向上帝争公平；

我才只有十岁，

我不应该只有十岁。

虽然我的生命只有十岁，

虽然我们就要说再见，

可是，请你，请你一定要记得，

那个有关你和我之间坚强不哭的约定，

我们要把自己种成一株树，

一代一代不停地种下去，

有一天，

长成一座充满爱的森林，

有一天，长成一座充满希望的森林。

周大观去世后，他的父母周进华夫妇将周大观在与病魔战斗的心路历程中写成的41首诗汇集成诗集《我还有一只脚》出版，用所得版税成立了“周大观文教基金会”，资助全球更多的热爱生命的人。周大观已然去了，未满十岁的孩子留下的是一篇篇令人动容的诗篇。

而澳大利亚的约翰·库缇斯没有双腿，却能潜水；没有双腿，却能驾驶汽车；没有双腿，却能成为运动场上的冠军；没有双腿甚至患有癌症，却走遍了世界190多个国家进行激情演讲；他时时刻刻面对死亡，却拥有最完美的爱与生活。

下面是国际著名激励大师约翰·库缇斯2007年7月在福建省体育馆的演讲“珍惜生命，别对自己说‘不可能’”的部分内容。

我刚出生时，只有装水的瓶子这么大！当时，医生没有指望我能活过24小时。可是，当父亲含着泪准备好葬礼之后，却发现他的儿子——我这个顽强的小生命还活着。医生又预言，我活不过一周。等我挣扎着活过了一周，医生又说我活不过一个月。但是，我又活过了一个月。医生再次预言，这个孩子不可能活过一年。但是，我又活了过来。直到现在，我活了36年，医生不得不认为我实在是奇迹中的奇迹。其实这并不重要，重要的是我活得很快乐。

只能用双手走路的我也曾经绝望过，也想到了自杀。我对弟弟说，我无法再支撑下去了，今晚我准备结束自己的生命。这时，母亲走了进来。她什么也没说，只是给了我一个特别深情的拥抱，并在我的额上深深一吻，告诉我说："小约翰，你的存在是我生命中发生的最最最伟大的一件事。"那一刻，母亲的深情拥抱和吻仿佛给我遭受重创的心灵注入了一支强心剂。这么爱我的亲人，我怎能舍得丢下他们，那一晚，也成为我自信面对人生的一个新起点。我特别感谢我的母亲，她给了我两次生命。第一次是她的自然分娩，而第二次是挽救一个绝望的我。

在以后的每一天里，我都坚强地生活着，并用我的两只手完成了一件又一件别人"两只手加两只脚"才能完成的事情。虽然非常艰难，但我从不对自己说"不可能"三个字。能够活着就是幸运的，因为接下来你可以凭自己的双手和大脑去实现你的理想。只要心还在跳，就没有不可能的事。

我有一个非常幸福的家庭，我那善良美丽的太太和聪明可爱的儿子是我一生的财富和骄傲。我的儿子和我一样，从小疾病缠身，且患有自闭症、肌肉萎缩症、心肌功能萎缩等。但正是由于我们父子俩有着类似的经历，才使得我和儿子之间有了更多的心灵共鸣和情感交流。我一直坚信，并不断告诉我的儿子"你一定能像爸爸一样成为最棒的人。"

因为约翰·库缇斯珍惜生命，内心有着对生命的执着，所以，他不畏惧死亡，他拥抱生活，生活也热烈地拥抱他。就像保尔·柯察金说过的"人最宝贵的是生命，生命属于我们只有一次。人的一生应该这样度过：当他回首往事时，不因虚度年华而悔恨，也不因碌碌无为而羞耻，这样，他在临死的时候就能说：'我的整个生命和全部精力，都献给了世界上最壮丽的事业——为人类的解放而斗争'"，或许有些人觉得这些话过时了，但是保尔坚强的精神是不变的，无论生命怎样艰难，他都没放弃过自己的信仰。

只要热爱生命，一切都在意料之中

我不去想是否能够成功

既然选择了远方

便只顾风雨兼程

我不去想能否赢得爱情

既然钟情于玫瑰

就勇敢地吐露真诚

我不去想身后会不会袭来寒风冷雨

既然目标是地平线

留给世界的只能是背影

我不去想未来是平坦还是泥泞

只要热爱生命

一切都在意料之中

二、应激和干预

上述部分主要从励志方面引导中学生热爱生命、珍惜生命，预防不幸事件的发生，此部分着重介绍危机发生后的处理措施。

“应激”一词是生理学、心理学、医学和社会学等学科广泛使用的概念，其定义也不统一，前面“识别情绪，管理情绪”章节中提到的“应激”是从普通心理学角度来解释的，是指情绪的一种状态。从心理卫生学的角度来解释，“应激”可以理解为：“由紧张刺激引起的、伴有躯体机能以及心理活动改变的一种身心紧张状态。”（王效道，1990）在应激状态下做出的行为反应叫做应激反应。应激是使人感到紧张的事件或环境刺激引起的心理唤醒状态，伴随着一定的生理反应。应激可以引起心率加速，血压、血脂、血糖升高，血凝加快等一系列交感—肾上腺素系统兴奋。通常所说的应激，大多是由外部应激事件引发的，体现在生理效应和心理效应上就是焦虑、紧张、挫折等情绪反应。像亲人死亡、买彩票中大奖等凡可引起高度紧张的事件都属于应激事件，不论这些事件是令人高兴的，还是令人沮丧的。

按照事件与当事人的关系，应激后的创伤可能由个人亲身经历的直接事件所致，也可能是通过间接途径所致，如通过媒体报道、流言传播等。这里我们主要关注负性应激事件，面临这种应激事件，如果当事人不能解决或处理，则会产生心理失衡，称之为危机。把“危”和“机”放在一起，“危”是指可能造成破坏，“机”则意味着也可能变成机会。如果危机过分严重，学生不能进行正常的生活学习了，甚至出现自残或精神崩溃，这就是危险了；如果个体面对危机能成功应对，使心理获得进一步成熟和发展，这便成了机遇。危机干预的目标是在心理上帮助当事人把心理功能恢复到危机前的水平，更高的目标是提高当事人的心理平衡能力。

罹患急重病、意外冲突和创伤是对中学生生活影响较大的应激事件，教师应采取策略，帮助学生疏导应激情绪，有效应对情境。

（一）罹患急重病

学生在毫无思想准备的情况下，获知自己得了重病时，常常表现出茫然，这在心理上也是一种应激。因为患病导致学生生活中的原有计划被迫中断，几乎所有的安排都围绕着治病来进行，学生感受到自己的生命受到了威胁，身体会处于防御状态。

1. 罹患急重病的应激表现

（1）依赖性增强。学生得知自己患病后，希望得到他人的关心，对家人、朋友的依赖性增强，希望身边总是有人陪伴。他们希望被人陪伴是因为生病导致无助感，他们害怕被周围人遗弃。

（2）负性情绪增多。患病期间，学生的情绪波动很大，容易因小事而生气，发脾气。特别是当疾病可能致残或者治愈风险比较大时，学生容易伤感、悲观，对未来生活充满恐惧。与患病前的状况比较，学生觉得自己再也不能如以前那般生活，不愿意见人，甚至拒绝他人的帮助。

2. 相关原因分析

（1）疾病的种类和严重程度。患病时的心理应激与疾病的种类和影响的严重性密切相关。通常，学生患了威胁到生命的疾病（很难治愈）、影响到自我独立功能的疾病（可能留下残疾、后遗症的）、影响自我形象的疾病（面部的疾病）这类疾病后，应激反应比较强烈。

（2）个体因素。患病以后，学生处于持续的应激状态中，伴有焦虑、抑郁、愤怒等负性情绪。但是，对疾病的心理应激随个体的不同而不同。主要是因为学生的承受能力和心态有差异。有些学生承受能力比较差，患病以后失望、抑郁等负性情绪会更强烈。

（3）社会环境。学生生病以后一般都会得到家人、朋友的关心，在这些支持下，学生能保持积极的心态，有利于康复。与父母关系紧张、同伴关系也不好的学生，患病时对应激的适应能力很差。另外，患病以后需要人照顾、需要花钱治疗，家境不好的学生，承受的压力尤其大。他们觉得自己本来生病就耽误了学业，还给父母造成经济和精神上的负担，心理压力很大。此外，医院的治疗环境也会影响学生的心理应激，同病房病人的死亡给学生造成负性影响，而同病房病人的康复则能对学生起到积极的鼓舞作用。

3. 心理辅导策略

（1）帮助学生获取疾病治疗的相关信息。中学生患病后，对疾病了解不太多，认为自己得的病很难治疗，或者认为很容易治疗，这两种认识都不利于配合治疗。认为病过于严重的学生，通常会持悲观态度，认为病容易治疗的学生会因为过度乐观而不重视治疗，逃离治疗。只有正确认识和评价自己所患的疾病学生才能有积极的治疗态度和生活态度。

（2）提供积极的社会支持。在学生治病的过程中，除了医生、护士给予的专业医疗照顾外，也可以通过其他方式来寻求积极的心理社会支持。家长、老师和同学要适时表达关爱，帮助其以积极的心态面对生活。病友之间有时也可以提供支持。

（3）引导学生制订治疗期间的生活计划。重病患者治疗期比较长，以医院为主要活动范围，应该引导学生适应医院的环境，发展与医生、护士的良好关系。学生生病期间生理功能都比较脆弱，不能像以前那样随意活动，以治疗为生活重心，但还是可以做一些力所能及的事情，设立合理的生活目标，这样既不让生活太单调，也有益于自信心的提高。但要注意，这些目标不能超出学生的能力，否则容易引起学生的挫败感。

生病的高三学生

高三学生小张，上课时突发急性阑尾炎，在医院住了一个星期，手术后医生建议在家休养一个星期，不能做剧烈运动。因为正是高三阶段，对于面临高考的学生来说，每一天都是很宝贵的，于是，有些学生在生病时还坚持学习，感觉自己一天不学习就有罪恶感。小张也是这样的，本来住院一周什么都没做，天天看着医院的白床单令人乏味，关键是担心因为自己生病会赶不上学习进度，经常闹着要出院。出院后，小张急着去学校上学，不听医生的建议，不在家里休息，即使在家待着也表现出焦虑，害怕自己不能完全康复，不能及时投入到学习中去。

急性阑尾炎是比较常见的急性病，手术相对来说不算大，恢复时间也比较短，但是对于高三的学生来说一分一秒他们都想用在学习上,突然发生这样的事情可谓是雪上加霜，本来他们的压力就很大，现在浪费了珍贵的时间，他们担心、焦虑，也觉得自己运气不好，心情沮丧。遇到此事，教师一定要引导学生保持良好的心态。不要过分担心时间被浪费。同时，教学生暗示自己：这不算什么，刚好找个时间休息一下，在家里休养的时候可以制订一下学习计划，但是注意不要过度劳累，以免不利于康复。返校后，教师要及时关注学生的情绪状态，表达关心和帮助，帮助学生逐渐缓解应激情绪，适应环境。

（二）意外突发事件和创伤

某些意外突发事件（如车祸、溺水、伤亡等）可能威胁到人们的生命和尊严，使当事人措手不及，产生强烈的害怕与无助感。

1. 创伤后表现

由于意外事件发生得很突然，当事人根本没有思想准备，必然感到紧张和恐惧。学生受到伤害后，由于生理上的疼痛感和精神上的紧张感交织，对身体和未来的担忧就会使其产生焦虑情绪。

在明显感受到意外事件带来的伤害时，有些学生经常回想当时事件的经过和恐怖的情景，产生抑郁；有些学生情绪上极不稳定，动不动就发脾气，变得暴躁、易激动；有些学生则伤心沮丧，时常哭泣。

意外事件的发生可能使学生变得退缩，过分敏感，出于保护自己的目的，不愿与人亲密交往。另外，学生感情变得冷漠，对生活缺乏热情。意外事件的发生对学生的人生观或价值观造成冲击，如可能引发学生觉得人生无常、生活没意义等空虚感。严重者甚至陷入焦虑和恐惧中不能自拔。如果不能适应创伤后的生活，他们会选择逃避，以喝酒、抽烟等方式来麻痹自己。

我不再是我了

陈礼，两个月前因为遭遇交通意外住进医院，腿部受伤，术后虽然康复得不错，但还是走路有点瘸，而且胳膊上有明显的伤疤。他开始回校学习后，有些同学对他表示关心，但是他感觉自己跟以前不同了，再也不能踢球了，走路时周围的人都以异样的目光看着他，甚至看到他们在窃窃私语，胳膊上的伤疤也不敢露出来，总是穿着长袖衣服。每当听到“车祸”“交通意外”的时候，他都不由自主地想起事发的那个场景，真切得就好像在眼前，上课总也不能集中精神，成绩自然下降了，对同学的关心他也表现得反应很迟缓。

陈礼其实不想承认交通意外已经发生，他心里总是想“如果没有发生意外多好”，辅导教师首先让他把压抑的情绪宣泄出来，打消不良幻想，做好面对现实的准备。另外，针对陈礼对他人异样的目光感到焦虑的问题教师使用第六章“识别情绪，管理情绪”章节中提到的系统脱敏法使他缓解焦虑。同时，教师还联合家长注意发现陈礼平常依靠自己力量成功的事例。比如，陈礼比较喜欢踢球，在新队员加入时，可以请他做顾问或评委，让他意识到，虽然腿没恢复好，但并不是什么都不能做了，他仍然有自己的生活能力和价值。在正常的生活、学习中，陈礼慢慢地接受了车祸后的自己。

2. 及时干预

在发生意外创伤事件后，辅导教师应该及时对学生进行心理应激防护和康复训练，如果是恶性创伤事件，如自杀等，心理干预的对象不仅是这些当事的学生，还包括目击事件的学生。

（1）校园自杀危机干预中，辅导教师进行危机干预咨询时需要注意：①教师必须耐心倾听自杀当事人的叙述，逐步探索哪些抑郁情绪在影响当事人。同时，教师要注意排除自己的焦虑情绪，因为自杀事件对教师来说肯定会造成焦虑，所以一定要控制好自己的心态，否则可能对自杀可能性出现错误的判断。②教师有必要与当事人一起体验他们的绝望感、无用感。不要尝试对当事人说，事情并不像他们想象得那么坏，所有事情都会过去的，无论怎么样他都没理由死亡。在当事人看来，这只是应付他，因为所有人都会这么说，对于这么说的人，他们根本就不予信任，因为他们觉得这么说的人根本就不理解他们的痛苦。③教师应该对当事人的自杀抱有高度警惕。因为自杀者大多性格高度内向，他们可能并不暴露任何自杀迹象，但只要有任何一点自杀的可能，就要探究出他的自杀动机。

（2）死亡事件发生后的干预。无论是自杀还是其他原因的突然死亡，事件发生后在校园内都会产生较大的心理影响，一般要对事件的目击者和亲朋好友及时进行危机干预：个别咨询和干预；集体干预；控制谣言，及时公布死亡真相。如下是一个步骤比较完整的团体辅导的案例，可供实际辅导时参考。

【活动】你们走好

某中学相邻工地的防护钢架被大风刮倒，砸塌了该中学两米多高的围墙，高一（11）班7名女生被埋在底下。经过全力营救后，5名学生幸免于难，但是两名女生却永远离开了这个世界。

辅导教师咨询时先做了初步的观察，发现事件发生后学生有以下反应：①许多学生根本不相信这个事实。②觉得事情来得太突然，承受不了这种打击。③脑海中不断重现抢救的画面。④上课时难以静下心来，感觉心里空空的。⑤与死者平时交往的情景时常浮现在脑海中，自责，觉得有对不起她们的地方。⑥想哭又哭不出来。⑦害怕一个人待着，恐惧。

辅导目标：

1. 交流自己经历的情形和感受。
2. 完成对死者未完成的事件。
3. 倾诉不幸发生后自己的感受。
4. 接受现实，面对生活。

准备材料：

纸，笔，一个怀念箱，一首哀乐，一首欢快的曲子。

场景布置：

两张椅子上，放着两个枕头，代替死者。

辅导过程：

1. 情景氛围设置：哀乐声起，大家起立，默哀。
2. 事件陈述：教师陈述事件，语言要缓慢，并观察学生的反应。
3. 真情告白：我们一起来怀念这两位同学，把自己心中想说的话告诉她们。现在假如这两位同学就在这里（指着两个枕头），让我们说出心中的话吧。学生开始逐一发言。
4. 放飞怀念：请学生把想说的话写在纸上，依次来到死者模特前，向死者三鞠躬，把心灵寄语投入怀念箱中。请几个学生把模特搬出教室，并引导学生搓搓手，挥挥双臂，告别仪式结束。
5. 振奋精神：请全体学生站好，轻轻闭上眼睛，慢慢地深呼吸、放松，然后在舒缓的音乐中，跟着指导语进行想象："一片嫩绿的草原上，鲜花盛开，我们慢慢地走近了，看到了我们的同学，她们在咯咯地笑着，请告诉她们，你爱她们，祝她们在天堂幸福，一路走好。我们要转身离开了，我们转身看到的是一条平坦的大道，花草在两边，微风徐徐，阳光和煦，你感到温暖起来，血液沸腾起来，你感到一种力量在召唤你，你发现越来越多的人走在你的身边，他们是你的亲人、同学、朋友和老师，你昂首挺胸向前走去……"
6. 携手前进：欢快的音乐响起相互击掌，握手，拥抱，对身边的同学说一句鼓励的话。
7. 结束语：今天我们在这里缅怀同学，我们要接受现实。逝者已去，我们要继续生活，她们在天堂会为我们开心的。

（徐中收，2007）

经历过死亡事件的学生往往出现焦虑、恐惧不安、内疚等情绪，尤其是在死亡事件中起到某种作用的时候，学生的应激情绪反应更强烈，教师要注意对这部分学生的个别辅导。

他溺水后

小宁给辅导教师发信说他最近老是睡不好，心情很差。来到咨询室后，小宁诉说了事情的原委：

“我和小其是邻居，从小就是最好的朋友，小学、初中都是同班同学，高中也是同校。几乎上学和放学都是同进同出，同学都说我们好得就像一个人一样。我们还做了拜把的兄弟，发誓将来有福同享，有难同当。

大概是一星期之前，天气特别热，我在家里实在无聊得很。于是，我约了小其还有其他几个同学到水库旁边的树林里玩。打了一段时间的扑克，这个时候已经是下午四五点钟了，太阳不是很晒，我兴冲冲地叫他们几个人去水库游泳。小其的水性不好，第一个提出反对，我还笑话他是个旱鸭子，让他一个人撑着竹排在水库边上等着，我们几个人下去凉快。水库虽然不大，但水很深，而且很凉。刚开始下去的时候，我们玩得特别开心，还一直叫小其也下来玩。不过，过了一会儿就有一个同学在水里抽筋了。大家慌作一团，这个时候，小其撑着竹排过来了，想用竹竿把同学从水里救起来，因为没有经验，结果竹排反而被打翻，小其也跌入水中，我当时慌得不得了，不知道应该去救谁。等到大人们来的时候，小其和另外一个同学已经救不过来了。

我当时都傻了，不知道自己怎么回家的。晚上，小其家里人的哭声我听得很清楚，可是我就是没有勇气去他家里。我特别害怕也特别后悔，如果不是我提议去游泳的话，小其就不会有事的……

小其匆匆忙忙走了，我都没有能够送他一程。事情发生有一段时间了，我也从来没有到他家里去过，我对不起小其，也对不起他的家人……

我现在心情特别压抑，晚上常常梦到小其，梦到他掉进水里的那个场景，还梦到我们一起上下学、一起打球，他还是原来那个样子……有一天，我半夜醒过来，心里特别的痛，忍不住就哭了起来。

（钟志农等，2007）

亲密同伴的猝死，对小宁的打击非常大。一方面他为失去朋友而悲伤；另一方面他因为无法挽救朋友的生命而内疚，甚至把小其发生意外归结于自己的责任。这种复杂的心情压抑在心里，无处诉说，使得他的心理负担十分沉重。生活中常见这样的哀痛危机，特别是这种意外死亡，会使人无法控制自己的情感，陷入悲伤、自责、痛苦中不能自拔。虽然事情已经过去，但是当事人的心理仍然处于失衡状态，情绪容易失控。当出现情绪危机时，人往往不能理智思考，认知和评价能力都有所下降，不能正确认识自己行为的意义和后果。这时候如果缺乏一定的外界约束，容易导致意外事件的发生。

辅导工作第一步是帮助小宁承受最初的打击，鼓励小宁不要回避或压抑哀痛的体验，把内心的伤痛完全表达出来。辅导教师采用了“空椅子”技术，创设一个虚拟的场景，让小宁把自己想对小其说的话和要表达的心愿讲出来，完成心里“未完成的事件”。

辅导教师：我能理解你对小其的感情。他走得很突然，你一定还有很多话想对他说，是吗？（摆出一张椅子）。如果小其就坐在这张椅子上，你把你想要说的话都说出来吧。说出你所有的感受。

小宁的眼圈红了，他对着椅子沉默了一会儿，然后缓缓地说：“小其，你还好吗？我没有去送你，你不会恨我吧？我真的很后悔，我不该叫你去游泳，不然也不会发生这样的事。你会原谅我吗？我很想念你……记得我们曾说过有福同享，有难同当，可是现在你已经不在了，你知道我有多难过吗？现在只有我一个人，上学、放学、做作业。我常梦见你，在梦里我们还是那么快乐……”小宁忍不住哭出了声。通过这样的辅导，小宁渐渐走出了自责与悲痛的心理阴影。

第八章

规划生涯，选择未来

选择一种职业就好比是一场赌注，不知道它是能开拓你未来的发展空间，还是缩小你可选择的范围。中学生对职业的认识幻想的成分多，理性的内容少，这包括对自身性格、能力方面和对自己要选择的工作的认识。他们在很大程度上是基于一时冲动做出决定，难以结合自身和工作等长远因素考虑。教师为学生提供职业生涯规划知识，是为了其有方向地选择未来。

第一节 生涯辅导，指引心的航向

我国高等学校职业指导发展很快，相比之下，中学生的职业规划意识仍十分模糊。虽然国家相关部门对中小学生职业规划的研究已开展多年，但从来没有正式进入课堂。在西方，特别是美国、德国等职业系统非常规范和发达的国家，通过职业模拟、看录像、实际操作等方式使学生从小了解职业、了解自己，一步步向自己的职业目标行进。如果学生能在中小学期间就对自己的兴趣、爱好、个性、能力等有所了解，知道自己长大后想从事什么职业，并在中学阶段对这一职业和涉及的专业进行一些探索和了解，那么，他们在选择大学就读专业和今后的职业时就自然不会盲目，在职业生涯发展道路上就会少走很多弯路。

中学生职业生涯规划旨在让中学生尽早认识自我、认识职业、认识教育与职业的关系、学会职业决策，从小根据自己感兴趣的职业目标，从知识、技能和综合素质等方面不断增强自己的职业竞争力。

一、生涯辅导及相关概念

1. 生涯辅导

美国国家生涯发展协会这样定义生涯：个体通过从事工作所创造出的一个有目的、延续一定时间的生活模式。“延续一定时间”意味着生涯不是作为一个时间或选择的结果而发生的事情，本质上是持续一生的过程。“生活模式”指生涯不仅是一个人的职业或工作，它包括职业带来的角色和其他角色的互动。在这里“工作”是指可以为自己或他人创造价值的活动。

生涯辅导是指依据一套系统的辅导计划，引导学生探究、评价并整合运用有关知识、经验而开展的活动。这些知识、经验包括对职业的了解、对自我的了解以及对社会环境的理解。学校生涯辅导的目的在于让学生认识到自己在社会分工中的位置，发挥自己的才能，实现自己的价值，明了学习知识的最终目的是要立身于社会，通过职业、工作发挥自己的才能，为社会创造价值，同时实现个人成长。

2. 职业辅导

我们所熟知的“职业辅导”和“生涯辅导”是两个不同的概念。职业辅导是“帮助学生选择职业、准备职业、安置职业，并在职业上取得成功的过程”（吴增强，2004），是心理辅导的一项重要任务，为学生在自我能力、性格倾向的了解上提供信息咨询，帮助学生在择业与升学过程中增强对自我的认识。职业辅导20世纪在国外兴起，从20世纪70年代起转变为以自我了解、自我接受和自我发展为主的生涯辅导。相对于生涯辅导来说，传统的职业辅导着重于人与职业的配合，它静态地看待职业，认为个体的职业选择是一次性完成的，事实上个体的职业观念、职业能力等方面都会经历发展和变化；在辅导活动中过于强调指导者的角色，将被指导者放在被动的位置上，这好比医生为病人开处方，不利于被指导者的成长。生涯辅导则是从动态、连续的角度看待职业选择和发展，关心个体一生当中的教育、职业，并涉及教育、职业中有关生存角色的选择和发展，其范围要比职业辅导广泛。

二、不同年龄阶段学生的生涯发展任务

生涯不是某个阶段所特有的，它是一个连续不断的终生发展的过程。个体在不同的年龄阶段有着不同的任务要完成，每一阶段要达到一定的发展水准，而且前一阶段发展任务的达成与否关系到后一阶段的发展。

1. 生涯认知阶段

幼儿园到小学六年级，为生涯认知阶段。这个阶段的任务主要是对自我、职业角色、工作的社会角色、社会行为及自身应负的责任等方面的初步认识。

2. 生涯探索阶段

小学六年级到初中三年级，为生涯探索阶段。在此阶段，学生掌握有关自我和职业的知识和基本技能；探索生涯方面的知识和重要因素；掌握一定的生涯决策技能。

3. 生涯定向阶段

初中三年级到高中一年级，为生涯定向阶段。这个阶段的学生要进一步掌握有关的职业知识，正确认识工作角色；进一步澄清自我概念、探索自我；认识社会需求和自身需求，发展社会可接受的行为；了解生涯计划与社会需求、自身需求的关系。

4. 生涯准备阶段

高一到高三年级，为生涯准备阶段。在此阶段的学生要进一步掌握进入某一行业所需要的知识和职业道德；进一步了解社会需求和自身需求；认识自身能力倾向、对职业的兴趣和价值观倾向；准备接受高中后教育或其他的教育及培训。

5. 生涯安置阶段

高中以后，为生涯安置阶段。这个阶段主要让学生进一步探索对职业的兴趣及能力倾向或重新审视自己的职业选择；发展生涯的专业知识和技能；正式进入选定的教育或职业旅程。

由上述发展任务也可看出，中学阶段涵盖了青少年生涯的探索、定向和准备阶段，是生涯发展的重要时期，有必要对中学生展开生涯辅导。

三、中学生生涯辅导的内容

1. 了解职业

学生应该了解职业本身的性质、特点和对从业人员的要求。职业性质、特点包括工作环境、福利待遇、劳动强度等。对从业人员的要求包括技术能力、个性特征等方面。当前，很多学生把影视演员作为自己的偶像，希望自己以后也能成为银幕上的耀眼人物，但学生很可能不清楚演员需要具备的素质，以及他们的工作状态等。很多学生认为当演员很风光，所以选择这个职业，其实他们片面地看待了这一职业。演员作为一种职业，有自己独特的职业素养要求，不但要求具有特殊的形象、气质和表演的天赋资质，还要有执着追求的勇气，才有可能在这个职业上获得成功。

2. 了解自己

首先，要帮助学生了解自己的工作价值观。价值观是具有指向作用的信念，有些学生看重收入，有些学生看重荣誉，不同的价值观指导着他们不同的追求，去从事能够实现自己价值观的职业。例如，以“兼济天下”为生活理想的学生可能会从事慈善事业，或为保卫环境、呼吁世界和平而不遗余力，因为只有这样他才能感觉到自己的理想得到了实现。

其次，明确自己的职业兴趣。在从事的工作中能够体会到乐趣和愉快才会更觉得有动力工作。如果个人兴趣类型与岗位对从业者的能力素质要求是一致的，我们就称之为有“职业兴趣”。例如，善于数学研究的人会比较喜欢且有能力从事计算机软件开发工作。反之，如果个人对所从事的工作没有“职业兴趣”，对工作不满，只是机械地完成任务，这势必影响工作绩效，反过来又导致从业者工作热情和积极性的降低。例如，喜欢与人打交道的人，天天在车间面对机器，久而久之会挫伤他们的工作积极性，工作满意度也会随之下降。所以，使学生了解自己的职业兴趣有助于其以后的职业发展。

再次，帮助学生了解自己的个性特征。是活泼还是娴静，是喜欢与人交往还是独来独往，这些都是学生的性格特征。不同性格特征的人适合做不同类型的工作，如有些学生特别喜欢钻研，就像石油钻井一样，深深地钻入地下，口子虽然小，但却很深，让这类学生从事管理类的工作是勉为其难，但他们搞起研究来却是得心应手。

3. 合理选择

生涯辅导协助学生结合个人所追求的生涯目标，同时结合社会的发展和职业需要，最后做出适当而合理的选择。在中学阶段，教师要辅导学生进行文理分科的选择、填报升学志愿和大学专业的选择。

四、学校生涯辅导的主要方式

生涯辅导是面向全体学生、针对每个人的潜能开发和全面发展而进行的辅导，介于纯粹的咨询和指导之间。在学校内，生涯辅导的方式更类似于职业辅导。教师在中学开展生涯辅导，主要可以进行以下几方面的活动：

1. 测量和评价

心理测量是一种用数量化表示心理特点的方法，即依据一定的心理学理论，通过一定的操作程序，给个体的心理和行为确定出一种数量化的标识。心理测量作为一种了解自我的方法，在职业辅导中经常被应用，通过心理测量使学生了解自身的职业兴趣、个性、能力倾向等特点。常用职业兴趣量表有《霍兰德职业倾向测验》和《库德职业兴趣调查表》(简称KOIS)；常用人格量表有《卡特尔16种人格因素量表》(简称16PF)和《青年人格问卷测验》(简称CPI)；常用能力量表有《一般能力倾向测验》(简称GATB)，常用能力测量量表有《韦克斯勒成人智力量表》(WAIS-R)，另外还有音乐能力测验和美术能力测验等特殊能力测验量表。

在应用量表测验时有几点需要注意：

- 必须选择科学、标准化的量表，不要轻易使用杂志和网络等上面的测验，那些测验往往是娱乐性质的，可靠性有待商榷。
- 施测过程要标准，严格按照相应的指导语、情景要求和时间要求进行。这样才能保证测验结果的科学性。
- 引导学生正确看待测验结果。学生往往会非常关注自己的测验结果，期待测验给自己一个确定的结果。例如，有的学生不清楚自己的职业兴趣，做完职业兴趣测验后，期待结果能告诉他，他的职业兴趣是什么、应该从事什么职业。我们说心理测验是一种认识自我的重要的方法，但结果并不是答案，它给的是一种估计，个体的心理是发展和变化的，测验只是一种参考。应防止学生因测得高分而自满，因测得低分而自卑。
- 注重保密原则。一方面，测试的试题需要保密；另一方面，对学生测得的结果也不能泄露。尤其是后者，不但是对学生的尊重，更是对学生负责。

2. 提供职业信息

学校需要收集历年本学校的就业信息及本地区的职业信息，及时提供给毕业生和家长。职业信息包括劳务供求状况、职业所需人才的特点、工作待遇如何等。建议学校在咨询室开辟一个书架，放置一些有关这些信息的材料。一般情况下，学校都有自己专门的就业指导中心，咨询室的教师可以尝试与这些部门建立联系，方便学生的就业指导。

3. 咨询指导

生涯咨询主要是帮助学生根据心理测验结果和职业信息选择所要从事的职业。在学生了解自身特点的前提下，对实际情况进行分析，帮助学生选择既适合自己又能够得到的工作。咨询一般是个别进行的，也可以采用团体辅导的形式。

【活动】我理想的工作

活动目的：

使学生了解自己希望从事的工作有哪些特征。

活动过程：

教师把全班学生分组，每组5～6人，让学生根据如下问题写出自己对理想工作特征的想法，然后讨论。

1. 工作的性质：你对哪种活动做起来比较投入，感觉得心应手？是管理他人、分析数据、帮助他人还是绘画和编写？写出自己头脑中的第一反应。
2. 培训：你需要多长时间的知识储备？是技校培训还是大学毕业或读研究生？
3. 技能或能力：考虑一下你的动手能力、分析问题和解决问题的能力、人际交往的能力，使用数字、写作、组织、阅读等方面的能力，给这些能力打分，每项能力的得分范围为1～10分，得分越高表明你在这方面能力越强。
4. 收入和福利：你理想的收入是多少？除去家庭生活费用，你想得到的净收入是多少？同时可以考虑你想要什么样的生活条件，何种收入才能满足你。
5. 工作环境：你是喜欢办公室办公、户外操作还是工厂车间的工作？是许多人一起还是单独工作？上班时间是可以比较随意的还是固定的白班或晚班？
6. 工作地点：你喜欢在哪个省市工作？你喜欢什么样的气候环境？
7. 工作伙伴或客户：从事此工作的群体年龄有何要求？性别有要求吗？
8. 职业发展前景：此职业竞争的激烈程度、风险性及发展的空间有多大？
9. 个人满意度：你从职业中想得到哪种满意度？是安全、创造性、独立性、发现真理、亲近自然还是遭遇挑战？

活动讨论：

请学生思考自己考虑过其中的哪些内容，从来没想到过哪些内容，今后有什么目标和方向。可以先分组讨论，然后每组派代表与全班同学分享。

活动总结：

学生讨论和分享结束后，教师进行总结，指出没有一种工作与期望是百分百吻合的，实际工作中是需要灵活适应的。

第二节
职业概览，明辨航道经纬

俗话说“三百六十行，行行出状元”，其实，职业何止三百六十行，“三百六十行”只是个虚指，形容工种之多。除了多种多样的职业，自古以来职业的门类也不是一成不变的，不适应社会需要的职业逐渐淡出人们的生活，适应社会需要的职业则应运而生。例如，电影《我的父亲母亲》里出现的修碗工现在基本不见了，与IT有关的新工种则不断应运而生。对于中学生而言，在确定自己的职业理想前，有必要知晓当前社会上的职业概况；对于教师而言，在对学生进行生涯辅导的过程中，同样需要了解职业门类的相关知识。

一、职业分类

（一）按脑力劳动、体力劳动的性质进行分类

在西方，蓝领、白领之分是人们常见的一种说法，通常认为蓝领是体力劳动者，如工矿工人、建筑工人等；白领一般受过良好的教育，是脑力劳动者，如技术人员、普通职员等。随着时代的发展，各种“领”层出不穷，继蓝领、白领之后又出现了金领、粉领、灰领。金领属于社会精英高度集中的阶层，拥有公司的重要技术和经营权，如首席执行官、财务总监、各行业高级分析家和预测家等。灰领是既能动脑又能动手的复合型人才，是劳务市场上紧缺的人才，如装饰设计工程师、喷涂电镀工程师等。粉领是在家工作的自由职业者，凭借电脑、电话和传真与外界联系，如自由撰稿人、工艺品设计者等。

各种“领”的划分代表了不同的职场生存状态，带有明显的等级色彩。劳动与社会保障部劳动科学研究所专家徐恒熹认为：“这种蓝领、白领的划分方法，不仅阻碍了人的潜能发挥，而且不利于人力资源的整合。”（新华网，2002年2月26日）因此，这种职业称呼只是民间流传，并不是严格的职业分类。

（二）按从业人员的个性心理特征分类

美国心理学家、职业指导专家约翰·亨利·霍兰德（John Henry Holland）假设人可以分为六大类，即现实型、研究型、社会型、传统型、企业型、艺术型，职业类型也可以分成相应的同样名称的六大类。霍兰德用六边形模型（图8.1）来表示六种人

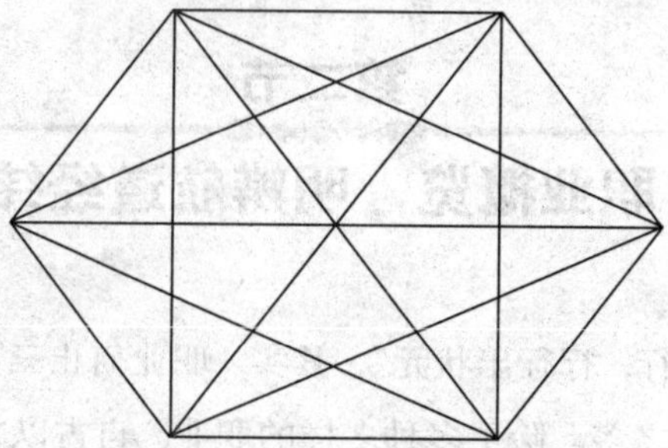

图 8.1　霍兰德六种人格和职业类型

格、职业类型的相互关系，紧邻的类型是相似的、相隔远的，如对角线连接的类型，则是最不相同的。

例如，相邻关系中，如 RI、IR、IA、AI、AS、SA、SE、ES、EC、CE、RC 及 CR。属于这种关系的两种类型的个体之间共同点较多，现实型R、研究型I的人就都不太偏好人际交往，这两种职业环境中也都较少机会与人接触。

相隔关系中，如 RA、RE、IC、IS、AR、AE、SI、SC、EA、ER、CI 及 CS，属于这种关系的两种类型的个体之间的共同点较相邻关系少。

相对关系中，在六边形上处于对角位置的类型之间即为相对关系，如 RS、IE、AC、SR、EI 及 CA 即是，相对关系的人格类型共同点少，因此，一个人同时对处于相对关系的两种职业类型兴趣浓厚的情况较为少见。

1. 现实型

职业类型：各类工程技术工作、农业工作；通常需要一定体力，需要运用工具或操作机械。

主要职业：工程师、技术员；机械操作工人、维修安装工人、木工、电工、鞋匠等；司机；测绘员、描图员；农民、牧民、渔民等。

2. 研究型

职业类型：科学研究和科学实验工作。

主要职业：自然科学和社会科学方面的研究人员、专家；化学、冶金、电子、无线电、电视、飞机等方面的工程师、技术人员；飞行驾驶员、计算机操作人员等。

3. 艺术型

职业类型：各种艺术创造工作。

主要职业：音乐、舞蹈、戏剧等方面的演员、艺术编导、教师；文学、艺术方面的评论员；广播节目的主持人、编辑、作者；绘画、书法、摄影家；艺术、家具、珠宝、房屋装饰等行业的设计师等。

4. 社会型

职业类型：各种直接为他人服务的工作，如医疗服务、教育服务、生活服务等。

主要职业：教师，保育员、行政人员；医护人员；衣食住行服务行业的经理、管理人员和服务人员；福利人员等。

5. 企业型

职业类型：组织与影响他人共同完成组织目标的工作。

主要职业：经理、企业家、政府官员、商人、行政部门和单位的领导者、管理者。

6. 常规型

职业类型：整理各类文件档案、图书资料、统计报表之类的工作。

主要职业：会计、出纳、统计人员；打字员；办公室人员；秘书和文书；图书管理员；旅游、外贸职员；保管员；邮递员；审计人员；人事职员等。

（三）按照工作性质同一性原则分类

前面介绍的两种职业分类的方法，即按脑力劳动、体力劳动的性质进行分类和按从业人员个性心理特征分类，都是西方学者提出的分类方式，适合西方的国情，是西方职业门类的体现。由于我国和西方的国情不同，职业的分类方式也有所不同。

1999年我国颁布了《中华人民共和国职业分类大典》，按照工作性质同一性原则将职业划分为8个大类、66个中类、413个小类、1838个细类（职业）（见表8.1）。2005年发行的增补本又收录了77个新职业。

表8.1　1999年《中华人民共和国职业分类大典》中的职业分类

类别	内容	包含中类数目	包含小类数目	包含细类数目
第一大类	国家机关、党群组织、企业、事业单位负责人	5	16	25
第二大类	专业技术人员	14	115	379
第三大类	办事人员和有关人员	4	12	45
第四大类	商业、服务业人员	8	43	147
第五大类	农、林、牧、渔、水利业生产人员	6	30	121
第六大类	生产、运输设备操作人员及有关人员	27	195	1119
第七大类	军人	1	1	1
第八大类	不便分类的其他从业人员	1	1	1

二、职业信息收集

在生涯教育和辅导过程中，教师单单告诉学生目前存在哪些职业是远远不够的，还要帮助学生全面了解这些职业的特点，端正学生作为一个劳动者的心态。为了达成上述目的，一般来说，学校可以组织一些团体性的活动使学生获得更多的职业信息，也可以鼓励学生通过一些私人的途径收集相关的职业信息。

（一）学校组织的活动

1. 参观访问

学校安排学生去集体参观访问一些企业、事业单位，这些都是学生将来有可能去从事工作的地方。教师要事先安排好参观访问的程序，要求学生拟定访问提纲，提出自己想了解的问题。

2. 团体座谈

邀请校外人士，如毕业校友、人才招聘部门负责人、青年创业成功者等来学校访问，以座谈会的形式与学生沟通，学生可以就自己感兴趣的问题发问。这种面对面的接触是一种行之有效的信息收集方式。

3. 演讲会

邀请职业辅导机构的专业人士、在自己岗位上取得成绩的成功人士或者有名望的校友到学校开演讲会，谈谈他们对职业的看法。演讲会受众广泛，能够使最大数量的学生接触到相关的职业信息，这是演讲会的优势所在。但是，与座谈会相比，演讲会显得不够深入，泛泛而谈，不具有针对性。

（二）学生自行活动

1. 社会关系

社会关系是很重要的资源，父母、亲友都可以提供相关职业的信息，学生平时在与他们交流时，能够获得他们从事工作的信息以及对其他职业的看法。有时亲友提供的信息可能不完全正确，学生要懂得自己分辨、理解。例如，有学生听某亲戚说现在干什么特别赚钱，谁谁就是那样挣了大钱，如果不加思考，不进行实际调查，盲目跟风而去，很可能栽跟头。

2. 媒体资料

引导学生关注那些有职业信息的报刊、书籍、网络以及广播电视等资料，利用有效途径获得职业信息。自从网络的发展异军突起后，网络就成了一个无所不知的世界，很多企业的招聘信息直接公布在网上，学生申请职位等也是直接通过网络投简历，有条件的学生应该多浏览一些招聘网站，搜集职业信息。

3. 社会调查

如果学生只是在课堂上听教师讲职业有哪些分类、这些职业有什么特点，他们很难对这个职业有明晰的认识。教师可以引导学生通过社会调查，亲自接触自己的理想职业的从业者，听听他们对这个职业是如何评价的。教师可以指导学生拟定调查提纲，通过网络或书面形式向各种从业人员收集材料，整理出调查报告。

三、职业内容分析

学生通常对自己感兴趣的职业会有一定的感性认识，但往往比较表面、浅显。教师不仅要指导学生通过各种渠道收集职业信息的资料，更要在收集到资料后，组织学生进行讨论和分析，使其逐步加深对职业的认识和理解。“职业研究表”（表8.2）是一种帮助学生从多方面分析职业内容的有效方法。

表8.2 职业研究表纲要

1. 职业名称:
2. 职业类型:
3. 该职业主要从事的活动:
4. 从事该职业所需要的教育程度:
5. 是否要求有其他技能证书:
6. 该职业的收入:
7. 该职业突出的好处:
8. 该职业对身体、智力、个性的要求:
9. 能够培养从事该职业能力的中学课程:
10. 从事该职业最明显的不利因素:
11. 该职业的就业趋势展望:

“职业研究表”可以包含职业的很多方面（吴增强，2004），教师可以根据实际情况对“职业研究表”的内容进行增删，但一般来说越详细越好。下面是一个已经完成的“职业研究表（样例）”（表8.3）。

表 8.3 职业研究表（样例）

职业名称：幼儿园教师。
职业类型：社会型。
该职业主要从事的活动：与儿童一起活动。
从事该职业所需要的教育程度：中专以上。
是否要求有其他技能证书：教师资格证。
该职业的收入：800～3000 元/月，各地有不同标准。
该职业突出的好处：比较安全，没什么危险性。
该职业对身体、智力、个性的要求：对孩子有爱心，有耐性。
从事该职业选哪些课程有用：基础知识课程，加强语言表达能力。
从事该职业的不利因素：幼儿园的孩子都很小，教师保证他们的安全是头等大事，经常很操心；与小学、中学教师相比，工资明显比较低。
该职业就业趋势展望：较乐观，尤其是随着大家对幼儿教育越来越重视，家长和社会渴望大批高素质的幼儿教师出现。

第三节 了解自我，找准定位

“你为什么工作，想从工作中得到什么？你喜欢什么样的工作？你觉得自己有能力做好这项工作吗？”这些问题不应当留到学生大学毕业时再提出来，那时说不定“悔之晚矣”。每个人从小都有自己的梦想，“想当科学家，想当医生，想当运动员……”。随着学生的价值观、兴趣、人格特征等迅速发展，进入中学阶段后，有人仍坚持自己从小的理想，有人有了新的理想，也有人开始彷徨、迷惑，不知道自己想追求什么。但无一例外，他们都开始探索自己，思考自己是个什么样的人，思考自己未来能够成为什么样的社会劳动者。教师要抓住学生成长的这一契机，给他们提供价值观、兴趣、个性、能力等方面的辅导，帮助学生更好地了解自我，促进成长。

一、价值观

从 20 世纪 50 年代开始，唐纳德 · 萨帕（Donald Super）、马丁 · 凯茨（Martin Katz）及其他心理学家开始研究价值观，具体地说是研究职业价值观在生涯选择和发展过程中的作用。结果发现，价值观影响生涯决策，并且与工作满意度有关。这就意味着当人们的生活方式与自己的价值观相一致时，能够感受到最大程度的幸福感和自尊感。

1973年，米尔敦·罗克奇（Milton Rokeach）将价值观定义为：“一个持久的信念，认为一种具体的行为方式或存在的终极状态，对个人或社会而言，比与之相反的行为方式或存在的终极状态更可取。”他认为，价值观是一种信念，具有动机功能，可以规范或禁止人的行为和态度。罗克奇认为，人们有两种类型的价值观，即终极价值观和工具价值观，并总结出了两大类各18项价值观信念。终极价值观与人类“生存的最终状态”有关，如“舒适自在的生活”“社会认可”，是人们想达到的最终的生活状态。工具价值观是人们日常生活中行动和行为的方式，如“负责的”，抱有这种价值观的人经常对工作认真负责、尽心尽责；“诚实的”，这类人往往对人真诚、实在。从与生活的联系上来讲，工具价值观与日常行为的联系更直接。

有研究表明，有效的生涯决策和规划与个人对自己的价值观的辨析程度有关，对自己的价值观越清楚，职业生涯规划过程越容易。1960年戈登·奥尔波特（Gordon Allport）、菲利普·弗农（Philip Vernon）与加德纳·林德芮（Gardner Lindzey）设计了一个价值观目录，并得到广泛应用。

1. 理性

理性的人以发现真理为主要乐趣。为了达到此目标，他们采取实验、批判、推理等方法。他们渴望整齐有序、系统化的知识与思想，不会因为事物的外表或作用大小做出判断。

2. 经济

经济型的人更看重事物是否有用以及是否有实际意义。他们非常认同商业界的价值观，注重积累物质财富。这类人赞同实用性的教育，喜欢在财富上超越他人。

3. 审美

这种人重视外形，他们从优雅、对称、恰当的角度来判断生活经历。他们认为生活是各种事件的发展过程以及留下的印象。但是，具有这种价值观的人不一定都是艺术家，这只是一种生活态度。

4. 社会

这种类型的人能够关心他人，认为对他人的爱和关心才是人与人之间恰当的联系。他们看起来更有人情味。

5. 政治

这类人倾向于掌握权力，提升个人影响力和名誉。各种领域都有这类人的身影，并不一定只体现在政治领域。

6. 宗教

宗教型的人关注所有经验的统一感。他们渴望将世界理解为一个统一体，并且置身于这个统一体之中。他们其中有一部分人积极地投入生活并以肯定的生活方式来实现宗教信仰；另一部分人则以回避生活、自我克制和自我反省来实现信仰。

价值观是后天形成的，受文化、家庭等各种因素影响。价值观对人们的生活起到指导作用，明确价值观，才能明确自己想要什么样的生活及如何规划自己的人生。下面的活动就为学生提供了一个了解自己价值观的平台。

【活动】价值观排序

活动目的：

学生通过排序工作中看重的方面，了解自己的价值观。

活动过程：

1. 将学生分成每组5～6人。

2. 请学生按照重要程度将下列21种个人价值观进行排序。觉得最重要的价值观排1，次重要的价值观排2，依此类推，直到排到最不重要的21位。

- 成功：通过决心、坚持和努力而达到的结果。
- 审美：欣赏美、享受美。
- 利他：关心别人，为别人的利益献身。
- 自主：能够独立地做出决定的能力。
- 创造性：产生新思想及革命性的设计。
- 情绪健康：能够克制焦虑的情绪，不乱发脾气，思绪平静，内心感觉安全。
- 健康：没有疾病和痛苦，身体总体条件良好。
- 诚实：对人实在，具有忠诚、高尚的品质或行为。
- 正义：公平、正直；遵从真理和事实。
- 知识：为了满足求知欲而寻求真理、信息或原则。
- 爱：建立在钦佩、仁慈基础上的感情。温暖的依恋、热情、献身；无私奉献，为他人谋利益。
- 忠诚：效忠于个人、团体或组织。
- 道德：相信并遵守道德标准。
- 身体外观：关心自己的容貌。

- 愉悦：一种惬意的感觉，内心的满足和喜悦。
- 权力：拥有支配权、权威或对他人的影响。
- 认可：由于他人的反应而感到自己很重要、受到关注。
- 宗教信仰：全心全意为自己的宗教信仰服务。
- 技能：有效使用知识完成工作的能力；具有专门技术。
- 财富：拥有大量物质财富。
- 智慧：具有洞察内在品质和关系的能力。

3. 计分：每人先进行自己的价值评定，然后计算组内的每个价值观的平均分。例如，三个人的小组内计算“正义”的平均分，小明将其排在第5位，则计分为5，小亮将其排在第10位，则计分为10，小硕把它排在第6位，则计分为6，将组内小明、小亮和小硕的计分加和，即 $5+10+6=21$，平均得分为 $21\div3=7$。依次计算其他价值观平均得分，并进行1—21排名，如“权力”平均得分为9，但在21项价值观中排名可能为10。注意：平均得分越高，排名越往后。

活动讨论：

各组根据平均分对各价值观进行排名后，让各组报出排名第一的价值观，看哪个价值观被排在第一的次数最多，并让学生发表看法。

活动总结：

在学生讨论结束后，教师进行总结，让学生课下对照自己的价值观思考与之符合的工作，以及从事这份工作需要锻炼哪些方面的能力。

二、工作价值观

工作价值观是指个人与从事的具体工作相关的价值观。个体能够在职业生活中找到自己的价值，就会觉得工作是富有意义的，相反则会感觉生活单调乏味。例如，假如创造性对学生来说是一项重要的工作价值观，而广告创意人员、设计师的工作就体现了创造性，这个学生从事这类工作会感到自己的价值得到了发挥。反之就会觉得这类工作枯燥，不愿意做。学生在就业时通常看重的工作价值观如下：

- 收入高低；
- 福利好坏；
- 市场对此类工作的需求情况；
- 工作稳定性；

■能否提供良好的受教育或培训机会；

■社会地位高低；

■工作强度如何；

■自己的才能与工作的匹配度；

■工作是否符合自己的兴趣；

■工作的社会意义有多大。

经过上述介绍，学生对工作价值观有了初步了解，教师可以引导学生展开如下活动，使其在活动中进一步感受自己对职业的看法。

【活动】工作价值观大拍卖

活动目的：

使学生了解自己的工作价值观。

活动过程：

1. 活动准备：道具钱和拍卖槌。将拍卖的东西事先写在硬纸板上。

2. 宣布游戏规则：每个学生有10000元（道具钱），他们可以随意拍下拍品。每样东西的底价为500元，每次叫价不低于500元，喊价最高者得到物品。将复印的"工作价值观拍卖表"（表8.4）发给学生。

表8.4　工作价值观拍卖表

所拍卖的价值观内容	预算金额	自己最后喊价	成交金额	是否成交
1. 有稳定的工作和收入				
2. 能够寻找生活的意义				
3. 有时间过愉快的家庭生活				
4. 冒险、感受到刺激性				
5. 成为政党或团体中有影响力的人				
6. 健康长寿，没有疾病				
7. 获得全国或世界范围内的荣誉和名望				
8. 具有极高的收入				
9. 有充分的时间留给自己				
10. 产生新思想，创造新的行为方式				
11. 付出爱和帮助他人				

3. 注意事项：只要对自己感兴趣的物品喊价了，即使最终没有得到该物品，也要将所出的价格写在预算金额那一项中；即使某项价值观自己没参与

竞拍，也要将别人最后拍得的价格写在成交金额那一项中。

活动讨论：

让学生思考他选择的物品，然后讨论下列问题。

你是否觉得你拍下的东西物有所值？

拍卖过程中是否因为气氛而打乱了自己原先理性的计划？

有哪些物品你一点都不感兴趣？

有没有同学什么都没买？为什么不买？

活动总结：

让学生回味拍卖的过程，课后及时写下自己的感受。

（活动改编自：吴增强，2004）

三、职业兴趣和个性特征

1. 职业兴趣

兴趣是个体积极探究某种事物或爱好某种活动的心理倾向。它是个体认识需要的情绪表现，反映了个体对客观事物的选择性态度。例如，喜欢音乐的学生可能会为听到一首好歌而激动不已，若硬要他违背心性把兴趣转移到数学运算上，则会令他感到不悦。

职业兴趣指个体对某类专业或职业所持有的积极态度。当一个人对某项工作有兴趣时，即使是别人看来枯燥的工作他也会乐在其中，能持之以恒并做出成就，而对工作缺乏兴趣的人只是把工作当成生存的工具，内心充满厌烦，难以想象这样的人能在工作上有所建树。

英国动物学家珍妮·古道尔（Jane Goodall）（图 8.2）从小就喜欢生物，她中学毕业后就想去非洲研究野生动物，打工攒了足够的钱后，研究黑猩猩的强烈兴趣促使她只身进入非洲黑猩猩生活的原始森林，对黑猩猩进行了长达38年的野外考察工作。经过深入的考察和研究，她完成了《在人类的阴影下》《人类的近亲》和《我在黑猩猩中的生活》等著作，在研究、探索和发现黑猩猩方面做出了突出贡献。可见，兴趣的力量是巨大的，是一种推动人克服困难并乐在其中的潜在动力。

图 8.2　珍妮·古道尔和猩猩

在实际工作中，职业兴趣不仅强调对工作的兴趣，同时也强调工作能力和工作责任。中学低年级的学生倾向于从事某职业是因为觉得做起来会“很好玩”“很风光”，未曾考虑该职业所需的能力和要承担的责任。例如，学生小优一直梦想成为主持人，但她在人多时容易紧张，一说话就脸红，声音又小，说话还磕磕巴巴。小优对当主持人很感兴趣，这仅仅是个人的爱好，喜欢什么职业并不一定就能从事什么职业，因为从个人兴趣向职业兴趣的转换需要诸多因素，其中最重要的是能力。如果仅有兴趣而不具备从事这项职业必备的能力，那么个体将难以胜任这项职业，达到工作的要求。

中央电视台二套的《绝对挑战》有一期节目，是阿里巴巴旗下的淘宝网招聘商务谈判经理，当时，阿里巴巴总裁马云先生问了三个问题，其中一个问题是：

“如果你感兴趣的事情你的上司偏不让你做，而你不感兴趣的事情上司偏让你做，这时候，你会怎么办？”

二号选手说：“和上司沟通。”

“如果沟通不成呢？”

二号选手说：“那我要告诉他，不为结果负责任。”

马云先生意味深长地点了点头。

在日常生活中，我们对某件事产生兴趣或兴趣转移，不需要承担什么责任，可是在工作中不能以“个人兴趣为中心”，要为所从事的工作承担责任。因为工作内容不是单一的，经常有一部分令人感兴趣，一部分不令人感兴趣。例如，个体喜欢与人打交道，但并不一定喜欢和各种类型的人都打交道，客服人员有时会遇到特别难缠的客户，这时当然不能按照个人兴趣对客户置之不理。

所以，职业兴趣要求人们在选择职业时，要考虑自身的兴趣，但也不能“唯兴趣”论，还要考虑自己的能力和意识到所选职业要承担的责任。

根据专家的分析，二号选手的回答有失偏颇，专家给出的回答如下：“如果领导总是让我做不喜欢的事情，从短期来讲，我可以接受，毕竟工作是第一位的，不能按照我的喜好来行事，但是从长期来讲，我需要考察这个工作是不是符合我的兴趣，如果长期做不符合我兴趣的事情，我不能做到出色，我也不会接受这样的任用。作为管理人员，我一直在学会管理自己的兴趣，在工作中，尽量做到不要让自己失去兴趣的动力，同时也考虑企业的大局和利益，不被个人的兴趣所左右。”（《中国大学生就业》，2006）

我国学者（伍新春，2003）根据有关文献，整理了职业兴趣类型特点及相应的职业（见表8.5），这里选摘部分内容供参考。

表 8.5 职业兴趣类型特点及相应的职业

序号	职业类型	特征	相应的职业
兴趣类型 1	喜欢与工具打交道	这类人喜欢使用工具、器具进行劳动，不喜欢从事与人或动物打交道的职业。	修理工、建筑工、木匠等
兴趣类型 2	喜欢与人接触	这类人喜欢与他人接触的工作，他们喜欢销售、采访、传递信息一类的活动。	记者、营业员、邮递员、推销员、服务员
兴趣类型 3	喜欢有规律的工作	这类人喜欢常规的、有规律的活动，在预先安排好的条件下做细致的工作。	邮件分拣员、图书馆管理员、办公室职员、档案管理员、统计员等
兴趣类型 4	喜欢从事社会福利和助人的工作	这类人乐意帮助别人，试图改善他人的状况，喜欢独自与人接触。	医生、律师、护士、咨询人员等
兴趣类型 5	喜欢做领导和组织工作	这类人喜欢管理工作，爱掌握一些事情，他们在企事业单位中起着重要的作用。	辅导员、行政人员、管理人员等
兴趣类型 6	研究人的行为	这类人喜欢谈论涉及人的主题，他们爱研究人的行为举止和心理动态。	心理学、政治学、哲学、人类学研究者等
兴趣类型 7	喜欢从事科学技术事业	这类人喜欢分析的、推理的、测试的活动，擅长理论分析，喜欢独立解决问题，也喜欢通过实验获得新发现。	生物、化学、工程学、物理学研究者等
兴趣类型 8	喜欢从事抽象性和创造性的工作	这类人喜欢需要想象力和创造力的工作，爱创造新的式样和概念。	演员、创作人员、设计人员、画家等
兴趣类型 9	喜欢做操纵机器的技术工作	这些人喜欢动用一定的技术，操纵各种机械，制造产品或完成其他任务。	机床工、驾驶员、飞行员等
兴趣类型 10	喜欢从事具体的工作	这类人喜欢制作看得见、摸得着的产品，希望很快看到自己的劳动成果，他们从完成的产品中得到自我满足。	厨师、园艺师、理发师、美容师、室内装饰设计师等

2. 个性特征

个性是一个人对事物的稳定态度和习惯化了的行为表现。例如，有些人言谈举止之间尽显豪迈之气，有些人行为说话则多显拘谨之态；有些人开朗活泼，而有些人娴静少语。这些都是个人的个性特征，在不做细致区分的情况下也叫性格特点。个性是人格的重要组成部分。

霍兰德提出，兴趣只是描述人格特质的一种方法，可以看做一种广义的人格概念。“人格被认为是兴趣、价值观、技能、需要、信念、态度和学习风格的综合体。就职业选择来说，兴趣是人格中最重要的部分，是匹配人与职业的依据。”（侯志瑾译，2005）

霍兰德职业兴趣测验是职业生涯测验中常用的一种自我指导式测验。测验由两部分构成：一部分是职业类型测验；另一部分是职业搜寻表。学生先测定自己的兴趣特性（也叫人格特点），然后根据自己的人格特点查找适合自己的职业。霍兰德把人格分成六种类型：现实性、研究型、艺术型、社会型、企业型、常规型（本章第二节中介绍了与人格类型相应的职业，可对应查找）。人们都会尽量寻找那些能发挥自己的才能、体现自己的价值并感受到愉悦的职业，如一个研究型的人会尽力去寻找研究型的工作。一个人的行为是人格和环境交互作用的结果，一个艺术型的人处于现实型的环境，他也许觉得很难受，不能表达自己的情感，进而想办法离开这种环境。

霍兰德提出的人格类型是理想的形式，个体一般不会是单纯的一个类型，而是多个类型的混合，但是以一个或几个类型最为突出。霍兰德提出的人格类型如下：

■现实型（R）：典型现实型职业倾向的人比较稳重，动手能力强，协调性好，喜欢与具体有形的物体打交道，乐于从事操作性工作，喜欢有秩序、有规则的工作环境。他们更喜欢干一些实际工作，关注任务的完成，通常通过行动来学习，而不喜欢通过静坐思考等方式来学习。

■研究型（I）：典型研究型职业倾向的人考虑问题很理性，做事喜欢精确，好奇心强，喜欢逻辑分析和推理，不断探讨未知的领域，偏好对各种现象进行分析、判断和推理，并进行系统和研究性的探究。工作中，独立性强，富有创造性，勇于向不很明确的问题挑战，不喜欢高度结构化的环境。

■艺术型（A）：典型艺术型职业倾向的人有创造力，灵活多变，乐于创造新颖、独特的成果，渴望表现自己，实现自身价值。一般擅长音乐、戏剧、绘画或表演等文艺活动，喜欢通过自由、非系统化的活动表现自己。他们做事理想化，追求完美，不拘泥于现实和规则，期望通过艺术创造来寻求展现自己的机会。

■社会型（S）：典型社会型职业倾向的人喜欢与人交往、不断结交新朋友，擅长言谈，愿意指导别人。他们通常看重人与人之间的关系，愿意帮助照顾周围的人，喜欢参加集体活动，热衷于帮助别人解决人际方面的问题。他们一般都有强烈的社会责任感，关心社会问题，渴望发挥自己的社会作用。

■企业型（E）：典型企业型职业倾向的人精力充沛，成就欲高，喜欢竞争，自信心强，具有较强的冒险意识和较强的领导欲望。喜欢交际，乐于参与需要说服他人的活动，如推销产品等，善于运用领导能力、人际交往能力与说服他人的能力来达成组织目标。但他们往往不擅长常规性的日常工作。

■常规型（C）：典型常规型职业倾向的人一般都是服从权威、细心认真、善始善终、讲究秩序且责任感很强的人，让人觉得值得信赖。他们往往喜欢整理数字、资料等标准化和结构化的工作，不习惯模糊和不明确的环境。做事较为谨慎和保守，不喜欢冒险和竞争。

3. 职业兴趣和个性特征的测量

可用《库德职业兴趣调查表》测量职业兴趣，可用《霍兰德职业倾向测验》测量职业兴趣和人格类型，还可以用《卡特尔16种人格因素量表》《青年人格问卷测验》《MBTI职业性格测试》等帮助学生了解自己的职业兴趣和个性特点。

MBTI（Myers-Briggs Type Indicator，简称MBTI）性格类型系统是目前国际上使用最普遍的性格类型系统，广泛应用于职业定位、职业生涯规划。MBTI性格理论始于著名心理学家荣格心理类型说的内—外向人格理论，后经美国的凯瑟琳·库克·布里格斯（Katharine Cook Briggs）与伊莎贝尔·布里格斯·迈尔斯（Isabel Briggs Myers）母女俩的深入研究而发展成型。MBTI是一种迫选式、自我报告式的性格评估测试，用以衡量和描述人们在获取信息、做出决策、对待生活等方面的心理活动规律和性格类型。

中国MBTI性格类型系统分为四个维度，每个维度有两个方向（见表8.6），四个维度的两个方向通过排列组合形成16种性格类型，组合如下：

感观型：ISTJ，ISFJ，INFJ，INTJ，ISTP，ISFP，INFP，INTP。

直觉型：ESTP，ESFP，ENFP，ENTP，ESTJ，ESFJ，ENFJ，ENTJ。

16种类型又归于四个大类之中，分类如下：

■SJ型：忠诚的监护人。这种类型的人有很强的责任心与事业心，他们忠诚、按时完成任务，推崇安全、礼仪、规则和服从，他们被一种服务于社会需要的强烈动机所驱使。他们意志坚定，尊重权威、等级制度，持保守的价值观，充当着保护者、管理员、稳压器、监护人的角色。例如，为政府部门及军事部门工作的人。

■SP型：天才的艺术家。这个类型的人有冒险精神，反应灵敏，在任何要求技巧性强的领域中游刃有余，他们常常被认为是喜欢活在危险边缘寻找刺激的人。他们冲动、享受现在。他们喜欢艺术、娱乐、体育和文学。

■NT型：科学家、思想家的摇篮。这类人有着天生的好奇心，喜欢梦想，有独创性、创造力、洞察力，有兴趣获得新知识，有极强的分析问题、解决问题的能力。他们是独立的、理性的、有能力的人。大多数NT类型的人喜欢物理、研究、管理、电脑、法律、金融、工程等理论性和技术性强的工作。

■NF型：理想主义者、精神领袖。NF偏向的人在精神上有极强的哲理性，他们善于言辩、充满活力、有感染力、能影响他人的价值观并鼓舞其激情。他们帮助别人成长和进步，具有煽动性，被称为传播者和催化剂。他们在教育界、文学界、宗教界、咨询界以及心理学、文学、美术和音乐等行业显示着他们非凡的成就。

表 8.6　MBTI二元四维度

人们的精神能量指向，注意力集中在何处	（E）外倾—内倾（I）
人们获取信息的方式	（S）感觉—直觉（N）
人们做决定和得出结论的方法	（T）思维—情感（F）
人们对待外界和处世的方式	（J）判断—知觉（P）

每一种性格类型都既有优点，也有缺点，没有绝对的“好坏”之分，但是不同的性格特点对不同的工作存在“适合与否”的区别。

四、职业能力

如果说兴趣是“喜欢做什么”的话，能力就是“能做什么”。前者表达了个体的偏好，后者指出了个体胜任与否的资格。职业能力直接影响工作的效率和成果，是能够较好地完成工作的基本条件。例如，外科医生需要手指的灵活性很高，因为这涉及他完成手术的状况。因此，“能做什么”是聘用方最关心的事。职业能力分为一般职业能力和特殊职业能力。

一般职业能力指人的观察力、记忆力、注意力、想象力、思维能力等，这些能力是正常人从事任何活动都不可缺少的。在职业活动中表现为语文能力、数学能力、表达能力、交往与合作能力、自我调控能力、适应变化能力、自我反省能力、收集和处理信息能力、创新能力等。这些能力的培养是在潜移默化中进行的，学生在基础学科如语文、数学等的学习中逐渐得到了一般职业能力的培养，所以，学生不能忽视基础学科的学习。

特殊职业能力指从事特定活动所必须具备的能力，是一般能力的专门化。例如，财会人员对数字的敏感性、汽车司机的眼手脚协调能力等。这些特殊的职业能力是在职业环境下长期实践过程中得到发展和提高的。

职业能力类型划分的依据不同，划分的类型也不一致。按照个体的身心发展特点来说，职业能力可分为如下几种。

1. 一般学习能力

一般学习能力（又称智力）是人们认识、理解客观事物并运用知识、经验解决问题的能力，包括记忆能力、观察能力、注意能力、想象能力、思维能力，核心是逻辑思维能力。一般学习能力是人在学习、工作、日常生活中必须具备、广泛使用的能力。职业或专业的水平越高，对人的一般学习能力要求也越高，如当一名科学研究者和当一名建筑工人都要求具备一般学习能力，但是能力水平会有程度之分。

2. 言语能力

言语能力是指对词及其含义的理解和使用能力，对句子、段落、篇章的理解能力、善于清楚而正确表达自己的观点和向别人介绍信息的能力。简单来说，它包括语言文字的理解能力和口头表达能力。不同职业对人的言语能力的要求也不同。例如，要想做一个称职的营业员或服务员必须具备较强的言语能力，而对于机床工人或野外地质工作者来说，不一定需要很强的言语能力。

3. 运算能力

运算能力指迅速而准确地运算的能力。大部分职业都要求工作者有一定的运算能力，但不同职业的要求程度是不同的。例如，对于会计师、审计师、精算师来说必须具备很强的运算能力；而对于演员、理发师、话务员来说，要求的运算能力相对较低。

4. 空间判断能力

空间判断能力是指能看懂几何图形、识别物体在空间运动中的联系的能力，即对立体图形的理解能力、解决几何问题的能力。与图纸、工程打交道的工作者及牙科医生、内外科医生等，要求具有较高的空间判断能力。

5. 形态知觉能力

形态知觉能力是指对物体或图形的有关细节具有正确的知觉能力，具体来说指对图形的敏感、线的宽度和长度做出视觉的区别和比较，能看出细微的差异的能力。生物学家、建筑师、测量员、制图员、画家需要有较强的形态知觉能力，而对于历史学家、政治学家、人类学家等来说，形态知觉能力就显得不是那么重要了。

6. 符号知觉能力

符号知觉能力指对语言或表格式的材料具有知觉细节的能力，发现错字和正确校对数字的能力。像出纳、经济事务管理者、办公室职员等，都必须具备一定的符号知觉能力。

7. 运动协调能力

运动协调能力指眼和手等迅速、准确、协调地做出精确的动作和运动反应的能力。对于司机、飞行员、运动员、舞蹈家来说，这种能力是不可缺少的，甚至要求很出色。

8. 手指灵活能力

手指灵活能力是指手指迅速而准确地活动和操作小的物体的能力。纺织工人、打字员、画家和裁缝的手指要比一般人灵活。

9. 手腕灵巧能力

手腕灵巧能力是指手腕迅速而灵巧地活动的能力。像运动员、舞蹈家、画家、兽医等和一些从事操作性活动的人，手腕必须能灵巧地活动。

学生的能力确实存在差异，教师应当引导学生正确看待自己的能力差异，不要觉得自己某方面的能力低就妄自菲薄，也不要因为某方面的能力高就狂妄自大，能力高低并不是职业成功与否的决定因素，而且能力是可以发展和提高的。中学生要结合自己的职业兴趣和个性，在职业道路上自己完善自己，发挥潜能。

第四节

慎重决策，驶向未来

生活中，人们不可避免地要做决定，也经常需要做出决策，小到今天选择穿什么衣服、放学后参加什么活动，大到大学志愿的填报，都属于决策。结果影响越大决策越难做。但是，人们每次面对两个或两个以上的选择时都要做决策，正如中学生必须要选择是继续接受教育还是中学毕业就参加工作，或者自己从事哪个职业一样，必须给出一个确定的答案。

在做决策时，学生的表现不尽相同。有些学生似乎很有自知力，在了解各种选择后迅速做出自己的决定；而有些学生做了大量的测验，了解了自己的兴趣、能力和价值观，收集了不少相关职业的信息，但是还是难以做出一个选择。教师固然不能代替学生做决定，但是在学生面临重大选择和决策的时刻，应当给学生提供相应的辅导和帮助，使学生少走弯路。

一、文理分科的选择

（一）易见误区

大多数初中生毕业后都选择继续读书，升入普通高中。根据我国教育制度，普通高中一般会对学生进行文理分科。

文理分科的选择对学生未来的发展起着重要的作用，它直接关系到大学填报志愿以及将来所读的专业，从长远来说是影响到了未来职业的选择。许多学生在文理科的选择上没有顾及自己发展的需要，盲目地服从家长的建议读文科或读理科；也有些学生随大流走，从众心理严重。具体而言，学生在进行文理科选择时通常会进入一些误区。

不少师兄、师姐会对师弟、师妹说，“一定要选理科，考大学专业好选，工作也好找”，这体现了“重理轻文”的思想。所以，在文理分科时，成绩优秀的学生很少选择文科，不管自己是否喜欢，基本上都会进入理科班。而选择文科的学生认为自己的理科成绩（如数学、物理成绩）不好，才进入文科班。

分班之后就会明显发现，文科班女生数量要远远大于男生数量。传统思想认为，男孩子应该从事理工领域的工作，所以，选择文理科时自然偏重理科，而有些家长认为女孩子不适宜从事理工科的工作，而且理科学习不如男孩子，因此让女孩子选择文科，认为文科只要背内容、记内容就可以了，升学把握相对大一些，不像理科，如果不会做的话就真的没办法了。

（二）学生表现

我们发现，在文理分科中，学生有不同的反应和表现，可以归为三类：

1. 完全依赖外界因素

这类学生没有自己的判断，父母、亲友或老师说什么好、建议选择哪个就选择哪个。

2. 依靠直觉型

这类学生表面上看起来做决定很快，但是是凭个人一时的喜好决定，冲动行事，过后就会发现原来选的并不是自己想要的。

3. 冷静理智型

这类学生会综合自己的兴趣、能力考虑以后选择专业的方向，分析各方面因素之后，做出相应的选择。

（三）文理分科的依据

在文理分科时，应该依据什么样的标准才能做出科学合理的分科选择呢？教师对学生进行辅导时，要指导学生考虑如下几个因素：

1. 了解优势所在

大脑两半球分工有差异。一般来说，大脑左半球侧重于人的抽象思维、逻辑分析和语言表达等方面，而右半球侧重于空间知觉、形象知觉、色彩感知、音乐等内容。对大多数人而言，大脑左右半球的发展并不均衡，总是其中一侧占优势。抽象思维发达、数理推理能力较强的学生选择物理、化学等学科比较能发挥其优势；而对那些想象力丰富、善于形象思维的学生来说，选择文学或艺术类学科则比较适合。

2. 了解兴趣和爱好

经过十多年的读书生涯，每个学生都会有自己相对喜欢的科目，一般在这类科目上成绩也比较好。如果选择了自己喜欢的方向，就能扬长避短，易取得更理想的成绩。所以，喜欢写作、阅读或喜欢思考社会问题的学生较适合文科，而喜欢搞点小制作、摆弄机械或喜欢做实验的学生更偏向于理科。

3. 考虑当前的社会需求

学生在选择分科方向时，在充分考虑自己的兴趣和优势时，也应该考虑一下以后国家经济建设发展的需求，从大的层面把握职业选择，为文理分科提供参考。

偏科的学生较容易做出决定，他们一般都摒弃自己不擅长的科目，选择自己擅长的方向。各科水平相对均衡的学生，则不容易下决心，教师需要帮助他们认真分析。

以下几个案例就体现了在文理分科选择时，学生容易出现的困惑和问题。

向左走？向右走？

在老师们的眼里，小如应该是个标准的优秀生，成绩不错，大方斯文。小如高一的成绩非常好，一上高二，成绩急速下滑，老师们也反映她上课心不在焉。小如来到辅导室这样告诉辅导员：“我觉得这样念书没意思。我不喜欢上课，不喜欢做作业。我真的觉得挺难过的，现在的学习对我来说很痛苦。”在辅导员的引导下，小如逐渐说出了自己的心事：“我不想学文科，我喜欢理科。我现在读文科根本不是我自己的选择，那是我爸爸让选的。我姐姐比我大三岁，她的成绩也很好，现在在重点大学读书。当初她也是喜欢理科，可是爸爸说‘女孩子，不要学什么理科，太辛苦了，将来也没什么成就’。姐姐就读了文科，虽然成绩也很好，可是她很不开心。她大学的专业也是爸爸给报的。现在，爸爸又这样说我，我知道他为我好，可是我就是不喜欢文科。我从小就对生物感兴趣，希望自己能读生物专业，然后读研深造，当一名女生物学家。可是，爸爸这样做我就永远都不能实现我的理想了。”

小如对于文理分科有自己的看法。学校文理分科后，学生可以选择自己感兴趣的科目集中学习。为了做出合适的选择，学生应从生涯规划的角度，考虑自己的选择，因为现在的选择对以后生涯的发展有很大影响，小如已经考虑到了这一点，虽然不是特别详细的生涯规划，至少已经有萌芽了。

一般来说，感受能力和洞察能力强、形象思维发达、文史地成绩好的学生可以考虑选文科；分析能力和判断能力强、逻辑思维发达、数理化成绩好的学生可以选择理科。但是，这两者之间并没有绝对的界限，关键在于兴趣所在。

另外，文理分科时，家长的意见有参考价值，但是并不能左右学生自己真正的感觉。辅导员在和小如的爸爸沟通后，小如和爸爸做了一次深入的交谈，畅谈了自己的想法，最终如愿以偿转到了理科。

不知道如何选择的学生

一个高一的女生来到辅导室，说她觉得很迷茫，不知道该选文科还是理科，也不知道自己喜欢哪一科。她说她的理科在上了高一后一落千丈，完全没有把握学好理科，而对于文科，从初中以来一直当副科在学，也没怎么上心，所以现在根本不知道自己该选什么。

这个女孩子不像小如那样有明确的目标和选择性，她对自己和自己的生涯几乎没有想法，处于混沌中。这种情况下，辅导教师建议这个学生做个能力测试，看看她的文理偏向。虽然这个女孩子文科成绩不是很突出，但是测试报告显示，她的兴趣、动机、能力和个性显示出她学文科的潜力是很大的。

接着，辅导教师分析了她成绩下滑的具体原因。她还是按照初中的学习方法学习高中的物理、化学，但是因为课容量的增加、课程进度加快，使她感到不适应。能力测验显示这个女生的数学逻辑思维能力属于中等水平，语言表达能力最强，这样的学生学文科比学理科优势要大些。当然，要提醒学生不能偏科，每一门课都有其重要性。

二、高考志愿填报

合理的志愿是升学考试的关键，历年高考都有学生因为志愿报得过高落榜，或因为志愿报得太低而失去进入更好学校的机会。这种由于填报志愿失误而导致的升学失利，给学生带来了诸多不良影响。教师必须对学生提供辅导支持。

志愿填报就是在全面了解高校招生信息和专业信息的基础上，根据自己的考试成绩，结合兴趣、能力倾向和个性特征，确定报考哪些学校哪个专业。影响志愿录取的因素很多，教师应在尊重学生和家长意愿的基础上，提供一些必要的建议。

1. 帮助学生认真考虑自己的客观条件

学生在选择专业时很注重自己的兴趣和志向，会优先考虑与感兴趣职业相关的专业，但是也要考虑自身的客观条件。客观条件包括以下几点：

- ■实际水平。看看自己的分数在班级和学校所处的位置，以本校在全省的位置作为参考，初步了解自己在本地全部考生中的位置，确定相应层次的学校和专业。
- ■家庭经济条件。有些专业学费比较高，有些学校所在城市的消费水平较高，家庭如果负担有困难就不要强求。
- ■身体状况。有些院校专业对考生的身体素质要求很高，如军事类院校，近视眼或色盲学生报此类学校要受限制。

2. 指导学生全面了解招生形势

学生在填报志愿时不能只从主观愿望出发，盲目填报，这样很可能因高不成、低不就而落榜。因此要指导学生注意收集以下有关材料：

- ■了解当年当地生源总数，各院校专业在本地招生的人数，各专业有无特殊要求。
- ■了解前三年在本地招生院校的最高录取分和最低录取分及终点线、一般本科线、大专线的提档分数及录取比例。
- ■通过招生咨询会与招生院校接触，了解当年本院校各专业咨询报名人的基本情况。

3. 有“技术”地填报志愿

经过来人的总结，他们认为填报志愿基本可以遵循以下原则：“胆子稍微大一点，层次分得清楚一点，梯度拉得开一点，余地留得宽一点。”（贾晓波，2002）

- ■“胆子稍微大一点”，是指填报志愿时可以填得稍微高一些，不那么保守，或者说“冲”一下，以免高分低报。
- ■“层次分得清楚一点”，是指填报的各档次志愿之间专业和院校等级不要靠得太近，以免一个志愿不能录取，而其他志愿靠得太近即使降档仍不能录取。

■“梯度拉得开一点”，是指同一个档次内的志愿要拉开距离，尽量避免降档录取。

■“余地留得宽一点”，是指在填写最后一个志愿时要“保底”，填保险系数大一些的。另外，要注意把所有志愿都填满，为录取争取最大可能。

下面案例中王超遇到的情况在实际辅导中较常见，看看辅导教师是如何处理的。

填报大学志愿

王超高考成绩出来了，比重点线高一分，全家人既喜又忧。喜的是上了重点线，忧的是超过重点线的分数太少，自己可能不会被重点大学录取。王超也不知道该怎么办，报重点大学怕上不了，报普通大学觉得太亏，报好专业人太多，差的专业自己又不想去。他想报管理或经济类的专业，但是觉得好学校录取的可能性又小。爸爸想让他学医，他不喜欢，但是自己又不确定自己非常喜欢的专业，所以打算就听爸爸的，选医学，但是他觉得自己真的不喜欢。

（改编自：钟志农等，2007）

辅导教师建议王超做了一份《霍兰德职业倾向测验》，报告显示，得分最高的职业类型是管理类，而且也显示出他的个性特征属于比较自信、喜欢与人相处、反应灵敏、有支配愿望等，这与他想选择的管理和经济类的专业是比较相符的。他个人也比较喜欢管理方面的书籍，在学校也喜欢组织一些活动。在大方向定了以后，就要确定专业方向了。因为大学的专业划分比较细，辅导教师建议王超再收集一些专业方向的信息。另外，在填报高考志愿时要注意一些技巧。例如，第一志愿和第二志愿之间应该有多大的分数梯度；同一批次的学校，可能因地区差异而分数不同；学校录取分数的最大年和最小年等，可以通过一些媒体、渠道获得专业人士的指导。

【活动】给自己选个大学吧

活动目的：

通过活动使学生理性思考大学的选择。

活动过程：

1. 活动背景：假如你要去上大学了，不太肯定自己该选择什么样的职业或大学专业。工程艺术、电脑或绘图你都想过，但不确定。做个决策表（见表8.7）吧，写下你关注的价值观和教育能力，给考虑范围中的大学做个综合评定。

表 8.7　大学选择权衡表

价值观	加权分	××大学	××大学	××大学
教育价值观				
教学质量	8	0（0）	+（0）	+（8）
学费	8	－（－8）	+（8）	0（0）
学校位置	7	+（7）	0（0）	+（7）
专业设置	5	+（5）	－（－5）	0（0）
学校声誉	3	+（3）	－（－3）	+（3）
生活条件	4	+（4）	0（0）	+（4）
学业上成功的机会	7	+（7）	+（7）	+（7）
教育方面的能力				
工程技术	9	+（9）	+（9）	+（9）
绘图能力	8	+（8）	－（－8）	－（－8）
电脑技能	6	+（6）	－（－6）	+（6）
空间想象能力	6	－（6）	+（6）	+（6）
语言逻辑能力	4	0（0）	0（0）	+（6）
总分	96	35	8	48
排序		第二	第三	第一
理想分		36%	8%	50%

2. 具体步骤：

（1）将大学名称列在矩阵顶部。

（2）在矩阵的左侧，列出你希望在大学的选择中体现的自己的价值观和技能。

（3）给各种价值观和技能一个加权指数1—10，指数越高重要性越大。

（4）将每所大学与各项价值和技能一一对应，使用如下代码标示：+表示价值观得到了体现，技能得到了应用；0表示不知道/无法确定；－表示价值观未得到体现，技能未得到应用。

（5）将加权指数与各项价值和技能代码相乘，1代表+，0代表0，－1代表－。

（6）将每列所有括号内的数字加起来，得出每一种选择的总分。将所有总分进行比较。计算理想分=各大学得分/加权的总分。

（活动改编自：Robert D. Lock，2006）

参考文献

[1] 毕淑敏. 我的成长我做主：青少年心灵快乐游戏10+1［M］. 桂林：漓江出版社，2005.

[2] 车静，刘长江. 中学生涯辅导探索［J］. 辽宁教育行政学院学报，2006（1）.

[3] 陈华安. 中学毕业生不可或缺的补课：职业生涯规划教育［J］. 广东教育（综合版），2006（9）.

[4] 戴安·泰尔曼. 青年生活价值训练广场［M］. 张金秀，韩幼萍，译. 北京：北京师范大学出版社，2005.

[5] 戴海崎，张锋，陈雪枫，主编. 心理与教育测量［M］. 广州：暨南大学出版社，2002.

[6] 董月玲. 别和青春期孩子较劲［N］. 中国青年报·冰点，2005－08－03.

[7] 黄希庭，主编. 大学生心理健康教育［M］. 上海：华东师范大学出版社，2004.

[8] 贾晓波，陈世平，主编. 学校心理辅导实用教程［M］. 天津：天津教育出版社，2002.

[9] 贾晓波，杨铮，主编，孙晶，等，编写. 初中生心理适应能力训练教程［M］. 天津：天津教育出版社，2001.

[10] 贾晓波. 心理适应的本质与机制［J］. 天津师范大学学报（社会科学版），2001（1）.

[11] 贾晓波，主编. 走出心理误区——中小学心理辅导与咨询案例［M］. 天津：天津教育出版社，2001.

[12] 江菲. 最失败的教育［N］. 中国青年报·冰点，2004－07－21.

[13] 姜道春. 学会表达你的愤怒［J］. 心理与健康，2005（11）.

[14] 柯云路. 中学生成功法：天才少年的12把金钥匙［M］. 北京：新华出版社，2001.

[15] 雷雳，张雷. 青少年心理发展［M］. 北京：北京大学出版社，2003.

[16] 李本华. 孩子隐私，非请莫入 [J]. 好家长（青春版），2007（6）.
[17] 李开复. 做最好的自己 [M]. 北京：人民出版社，2005.
[18] 李晓文. 学生自我发展之心理学探究 [M]. 北京：教育科学出版社，2001.
[19] 林崇德，名誉主编. 俞国良，主编. 高中心理健康教育教材（一年级教师使用）[M]. 北京：中国和平出版社，2002.
[20] 刘华山，主编. 学校心理辅导 [M]. 合肥：安徽人民出版社，1998.
[21] 刘嘉方. 初中学生学习适应性培养的实践与探索 [J]. 上海教育，2000（2）.
[22] 刘文献，肖建中，主编. 叶素贞，曾振华，编著. 情绪管理与心理健康 [M]. 北京：北京大学出版社，2007.
[23] 刘晓伟. 情感教育：塑造更完整的人生 [M]. 上海：华东师范大学出版社，2007.
[24] 卢春莉. 大学生心理适应能力问卷的编制及应用分析 [D]. 太原：山西大学，2004.
[25] 陆勇强. 每秒摆一下 [J]. 世界中学生文摘，2004（8）.
[26] 马丽丽，裘丽红，蔡慧敏，邢秀萍. 中学生抑郁原因分析 [J]. 中国校医，2006（4）.
[27] 马志国. 青少年性心理，性教育讲座（十三）：怎样指导孩子与异性同学交往 [J]. 家长，2001（11）.
[28] 孟昭兰，主编. 情绪心理学 [M]. 北京：北京大学出版社，2005.
[29] 聂衍刚，郑雪，张卫. 中学生学习适应性状况的研究 [J]. 心理发展与教育，2004（1）.
[30] 齐伟. 概念图/思维导图（4）——概念图/思维导图在教学中的应用实例 [J]. 软件导刊，2005（8）.
[31] 钱铭怡，编著. 心理咨询与心理治疗 [M]. 北京：北京大学出版社，1994.
[32] 桑标，主编. 当代儿童发展心理学 [M]. 上海：上海教育出版社，2003.
[33] 陕西省《心理健康教育》编写组. 心理健康教育·高中 [M]. 西安：陕西师范大学出版社，2003.
[34] 沈安. 林肯“不寄出的信件”[J]. 大众健康，2004（6）.
[35] 孙金霞，齐庆军. 心灵之间架桥梁——学会沟通 [J]. 中小学心理健康教育，2006（8S）.
[36] 孙云晓，郑新蓉，主编. 中国青少年研究中心，北京师范大学教育学院，编写. 21世纪教师与父母必读 [M]. 北京：北京出版社，2006.

[37] 谭维智. 精神关怀: 教育本质的回归 [N]. 教育文摘周报, 2003 - 08 - 27.
[38] 唐银. 因为她是我最好的朋友 [J]. 出版参考, 2005 (17).
[39] 王玲, 主编. 陈筱洁, 编著. 初中生常见心理问题及疏导 [M]. 广州: 暨南大学出版社, 2006.
[40] 王庆芳. 中小学心理健康教育应注意的几个问题 [J]. 中国健康教育, 2003 (6).
[41] 王效道, 主编. 心理卫生 [M]. 杭州: 浙江科学技术出版社, 1990.
[42] 王志红. 由“喜欢”引出的青春期教育 [J]. 班主任, 2006 (11).
[43] 魏汉明. 倾听: 一种容易被忽视的教学能力 [J]. 课程教材教学研究 (中教研究), 2005 (Z6).
[44] 吴国平. 怎样摆脱悲伤的折磨 [J]. 人生与伴侣 (月末版), 2007 (10).
[45] 吴增强, 蒋薇美. 心理健康教育课程设计 [M]. 北京: 中国轻工业出版社, 2007.
[46] 吴增强, 主编. 学校心理辅导通论: 原理 · 方法 · 实务 [M]. 上海: 上海科技教育出版社, 2004.
[47] 伍新春, 叶斌, 主编. 中职心理健康阳光教育 (教师用书) [M]. 北京: 北京师范大学出版社, 2003.
[48] 伍新春, 叶斌, 主编. 中职心理健康教育 (学生用书) [M]. 北京: 北京师范大学出版社, 2003.
[49] 肖恩 · 柯维. 杰出青少年的七个习惯: 美国杰出青少年训练计划 [M]. 陈允明, 等, 译. 北京: 中国青年出版社, 2002.
[50] 新东方学校, 编. 新东方精神 [M]. 西安: 西安交通大学出版社, 2006.
[51] 徐中收. 让悲伤的心灵重享阳光 [J]. 中小学心理健康教育, 2007 (5).
[52] 严育洪, 编著. “事”说师生关系 [M]. 北京: 首都师范大学出版社, 2007.
[53] 杨彦平. 中学生社会适应量表的编制 [D]. 上海: 华东师范大学, 2007.
[54] 俞国良. 我国中小学心理健康教育的现状与发展 [J]. 教育科学研究, 2001 (7).
[55] 曾文星, 编著. 青少年的心理与治疗 [M]. 北京: 北京医科大学出版社, 2001.
[56] 张利主编. 没有不上进的学生: 名师最有效的激励智慧 [M]. 北京: 九州出版社, 2006.
[57] 张廷艳, 江琦, 蹇琼. 中学生生活适应辅导及其内容探析 [J]. 重庆职业技术学院学报, 2005 (3).
[58] 郑巍. 没有鱼鳔的鱼 [J]. 成才之路, 2007 (24).
[59] 郑雪, 主编. 中小学心理健康教育实验专题指导 [M]. 广州: 广东高等教育出

版社，2004.

[60] 钟志农，刘鹏志，周波，编著. 高中生心理辅导案例解析 [M]. 上海：华东师范大学出版社，2007.

[61] 周之良，主编. 许燕，等，编著. 滋润心田的春雨：青少年情感陶冶 [M]. 青岛：青岛出版社，2005.

[62] Robert C Reardon，等. 职业生涯发展与规划 [M]. 侯志瑾，伍新春，等，译. 北京：高等教育出版社，2005.

[63] Robert D Lock. 把握你的职业发展方向 [M]. 钟谷兰，曾垂凯，时勘，等，译. 北京：中国轻工业出版社，2006.

[64] Robert J Sternberg，Wendy M Williams. 教育心理学 [M]. 张厚粲，译. 北京：中国轻工业出版社，2003.

万千教育 师生心理健康教育丛书

书号	书名	著、译者	定价(元)
	师生心理成长指导系列		
6609	教师心理健康教育	刘晓明　等　编著	26.00
6612	教师职业倦怠预防	伍新春　等　编著	26.00
6604	小学生心理健康教育（全体教师用书）	傅　宏　等　编著	24.00
6605	小学生心理健康教育（心理教师用书）	张　明　编著	26.00
6603	学生心理健康教育	姚本先　等　编著	28.00
6607	中学生心理健康教育（心理教师用书）	蒋　奖　编著	26.00
4403	中学生成长导航（初三·上册）	北师大发展心理所 申继亮　方晓义　主编	8.00
4404	中学生成长导航（初三·下册）	北师大发展心理所 申继亮　方晓义　主编	8.00
师生心理成长指导系列合计			172.00
	心理健康教育课程设计系列		
0059	中学生心理课——生涯发展	廖丽娟　等　编著	28.00
0060	中学生心理课——情绪管理	杨红梅　等　编著	32.00

0185	中学生心理课——综合篇	中学生心理课综合篇教研组	52.00
5834	心理健康教育课程设计	吴增强　蒋薇美　著	32.00
心理健康教育课程设计系列合计			144.00
学生常见心理问题系列			
8409	中小学生创伤后应激障碍——识别、评估和治疗	贺婷婷　等　译	25.00
8436	中小学生品行障碍——识别、评估和治疗	彭　维　等　译	25.00
8408	中小学生早发性精神分裂症——识别、评估和治疗	尉　玮　等　译	25.00
8446	中小学生自伤问题——识别、评估和治疗	唐苏勤　等　译	25.00
学生常见心理问题系列合计			100.00
学校心理教育与咨询系列			
1920	对校园欺凌说“不”！——如何重新掌控自己的人生	宋一辰　译	32.00
9603	学校里的叙事治疗	曾立芳　译	30.00
9295	中学班级心理团体活动142	袁章奎　主编	48.00
8446	教师必备的咨询技能——怎样更好地帮助学生和自己	吴艳艳　译	25.00
7037	“问题”青少年咨询和指导策略	陈芝蓉　译	24.00
7013	给教师一件“新武器”——教育诊疗	王晓春　著	26.00
学校心理教育与咨询系列合计			185.00

……

欲了解更多图书信息，请登录：www.wqedu.com

联系地址：北京市西城区三里河路6号院2号楼213室　万千教育
咨询电话：010-65181109，65262933

*本目录定价如有错误或变动，以实际出书为准。